国 家 出 版 基 金 资 助 项 目
"十四五"时期国家重点出版物出版专项规划项目
湖北省公益学术著作出版专项资金资助项目
工 业 互 联 网 前 沿 技 术 丛 书

高金吉　鲁春丛 ◎ 丛书主编
中国工业互联网研究院 ◎ 组编

设备大数据

郑泽宇 ◎ 著

BIG DATA OF DEVICES

华中科技大学出版社
http://press.hust.edu.cn
中国·武汉

内 容 简 介

针对我国设备大数据相关研究刚刚起步的现状,本书以设备健康管理为落脚点,从方法创新和探索应用两个方面对数据采集、存储以及处理分析进行了系统性介绍和阐释。本书介绍了传感器、PLC、工业网关等数据采集中比较重要的几个部分,以及多种不同类型设备大数据的存储方式。本书从模式识别、降维处理及分类与聚类三个方面介绍了设备大数据的分析方法,并利用实际工业过程中的四个案例讲解了大数据为设备状态分析带来的新方法,力图给设备健康领域的技术工程师、科研人员,以及对设备数据处理分析感兴趣的人员,提供系统全面的设备大数据理论知识与应用介绍。

图书在版编目(CIP)数据

设备大数据/郑泽宇著. —武汉:华中科技大学出版社,2023.5
(工业互联网前沿技术丛书)
ISBN 978-7-5680-9486-3

Ⅰ.①设… Ⅱ.①郑… Ⅲ.①数据处理-应用-设备管理 Ⅳ.①F273.4-39

中国国家版本馆 CIP 数据核字(2023)第 084065 号

设备大数据	郑泽宇 著
Shebei Dashuju	

出 版 人:阮海洪
策划编辑:俞道凯　张少奇
责任编辑:刘　飞
封面设计:蓝畅设计
责任监印:周治超
出版发行:华中科技大学出版社(中国·武汉)　　电话:(027)81321913
　　　　　武汉市东湖新技术开发区华工科技园　　邮编:430223
录　　排:武汉市洪山区佳年华文印部
印　　刷:湖北新华印务有限公司
开　　本:710mm×1000mm　1/16
印　　张:20.25
字　　数:369 千字
版　　次:2023 年 5 月第 1 版第 1 次印刷
定　　价:168.00 元

本书若有印装质量问题,请向出版社营销中心调换
全国免费服务热线:400-6679-118　竭诚为您服务
版权所有　侵权必究

工业互联网前沿技术丛书

顾　问

李培根（华中科技大学）　　　黄　维（西北工业大学）　　　唐立新（东北大学）

编委会

主任委员： 高金吉（北京化工大学）　　鲁春丛（中国工业互联网研究院）

委　员：

朱洪波（南京邮电大学）　　　　刘　驰（北京理工大学）

江志农（北京化工大学）　　　　孙建国（西安电子科技大学）

李　骏（南京理工大学）　　　　李军旗（富士康工业互联网股份有限公司）

邱才明（华中科技大学）　　　　佟为明（哈尔滨工业大学）

沈卫明（华中科技大学）　　　　张　俊（武汉大学）

明新国（上海交通大学）　　　　郑　英（华中科技大学）

郑泽宇（中国科学院沈阳自动化研究所）　　贾云健（重庆大学）

黄　罡（北京大学）　　　　　　黄　韬（北京邮电大学）

彭木根（北京邮电大学）　　　　蔡　亮（浙江大学）

蔡鸿明（上海交通大学）　　　　管海兵（上海交通大学）

工业互联网前沿技术丛书

组编工作委员会

组编单位: 中国工业互联网研究院

主任委员: 罗俊章　　王宝友

委　　员: 张　昂　孙楚原　郭　菲　许大涛　李卓然　李紫阳　姚午厚

作者简介

▶ **郑泽宇** 男,汉族,日本文部科学省统计数理研究所博士,中国科学院沈阳自动化研究所研究员,博士研究生导师,中国科学院"百人计划"A类人才,人工智能专家,大数据专家,国家重大专项课题负责人。先后在理化学研究所、新加坡国立大学等机构工作,主要从事人工智能、大数据的科研工作,发表论文近百篇,擅长工业领域的大数据研究。

总序一

工业互联网是新一代信息通信技术与工业经济深度融合的全新工业生态、关键基础设施和新型应用模式。它以网络为基础、平台为中枢、数据为要素、安全为保障,通过对人、机、物全面连接,变革传统制造模式、生产组织方式和产业形态,构建起全要素、全产业链、全价值链全面连接的新型工业生产制造和服务体系,对提升产业链现代化水平、促进数字经济和实体经济深度融合、引领经济高质量发展具有重要作用。

"工业互联网前沿技术丛书"是中国工业互联网研究院与华中科技大学出版社共同发起,为服务"工业互联网创新发展"国家重大战略,贯彻落实深化"互联网+先进制造业""第十四个五年规划和2035年远景目标"等国家政策,面向世界科技前沿、面向国家经济主战场和国防建设重大需求,精准策划汇集中国工业互联网先进技术的一套原创科技著作。

丛书立足国际视野,聚焦工业互联网国际学术前沿和技术难点,助力我国制造业发展和高端人才培养,展现了我国工业互联网前沿科技领域取得的自主创新研究成果,充分体现了权威性、原创性、先进性、国际性、实用性等特点。为此,向为丛书出版付出聪明才智和辛勤劳动的所有科技和工作人员表示崇高的敬意!

中国正处在举世瞩目的经济空前高速发展时期,应用工业互联网前沿技术振兴我国制造业天地广阔,大有可为!丛书主要汇集高校和科研院所的科研成果及企业的工程应用成果。热切希望我国IT人员与企业工程技术人员密切合作,促进工业互联网平台落地生根。期望丛书绚丽的科技之花在祖国大地上结出丰硕的工程应用之果,为"制造强国、网络强国"建设作出新的、更大的贡献。

中国工程院院士

中国工业互联网研究院技术专家委员会主任

北京化工大学教授

2023 年 5 月

总序二

工业互联网作为新一代信息通信技术与工业经济深度融合的全新工业生态、关键基础设施和新型应用模式,是抢抓新一轮工业革命的重要路径,是加快数字经济和实体经济深度融合的驱动力量,是新型工业化的战略支撑。习近平总书记高度重视发展工业互联网,作出深入实施工业互联网创新发展战略,持续提升工业互联网创新能力等重大决策部署和发展要求。党的二十大报告强调,推进新型工业化,加快建设制造强国、网络强国,加快发展数字经济,促进数字经济和实体经济深度融合。这为加快推动工业互联网创新发展指明了前进方向、提供了根本遵循。

实施工业互联网创新发展战略以来,我国工业互联网从无到有、从小到大,走出了一条具有中国特色的工业互联网创新发展之路,取得了一系列标志性、阶段性成果。新型基础设施广泛覆盖。工业企业积极运用新型工业网络改造产线车间,工业互联网标识解析体系建设不断深化。国家工业互联网大数据中心体系加快构建,区域和行业分中心建设有序推进。综合型、特色型、专业型的多层次工业互联网平台体系基本形成。国家、省、企业三级协同的工业互联网安全技术监测服务体系初步建成。产业创新能力稳步提升。端边云计算、人工智能、区块链等新技术在制造业的应用不断深化。时间敏感网络芯片、工业 5G 芯片/模组/网关的研发和产业化进程加快,在大数据分析专业工具软件、工业机理模型、仿真引擎等方向突破了一批平台发展瓶颈。行业融合应用空前活跃。应用范围逐步拓展至钢铁、机械、能源等 45 个国民经济重点行业,催生出

平台化设计、智能化制造、网络化协同、个性化定制、服务化延伸、数字化管理等典型应用模式,有力促进提质、降本、增效、绿色、安全发展。5G 与工业互联网深度融合,远程设备操控、设备协同作业、机器视觉质检等典型场景加速普及。

征途回望千山远,前路放眼万木春。面向全面建设社会主义现代化国家新征程,工业互联网创新发展前景光明、空间广阔、任重道远。为进一步凝聚发展共识,展现我国工业互联网理论研究和实践探索成果,中国工业互联网研究院联合华中科技大学出版社启动"工业互联网前沿技术丛书"编撰工作。丛书聚焦工业互联网网络、标识、平台、数据、安全等重点领域,系统介绍网络通信、数据集成、边缘计算、控制系统、工业软件等关键核心技术和产品,服务工业互联网技术创新与融合应用。

丛书主要汇集了高校和科研院所的研究成果,以及企业一线的工程化应用案例和实践经验。囿于工业互联网相关技术应用仍在探索、更迭进程中,书中难免存在疏漏和不足之处,诚请广大专家和读者朋友批评指正。

是为序。

中国工业互联网研究院院长

2023 年 5 月

前言

随着物联网相关技术的不断进步和 5G 通信技术的普及,越来越多的设备可以方便地接入互联网。互联网开始从人与人的链接工具逐步进化到人与物、物与物的链接工具。与传统互联网相比,在物联网的场景下,以设备为来源的数据量更加庞大,场景也更加复杂多变,因此针对设备大数据的分析和研究就显得尤为重要。

和通常意义上互联网来源的大数据不一样,设备来源的大数据本身大多数都不是为了传达信息,通常真正有价值的信息只有在对大数据进行解读和分析以后才能获得。当前,专门针对设备来源大数据的分析技术与研究尚处于起步阶段,拥有数据分析能力同时也对设备的情况比较了解的人员少之又少。与此同时,随着智能制造的推广普及,设备大数据产生速度在快速增长,因此我们亟待研究设备大数据的分析方法,为科研人员提供通用的面向设备大数据的分析方法与解决思路。本书凝聚了作者团队近十年来在设备大数据的分析处理过程中积累的方法与经验,希望能够为广大读者起到抛砖引玉的作用,激发读者对设备大数据的科研热情。同时,如果能够帮助读者解决一些实际问题,作者会尤为高兴。

本书分为四个部分,共计 7 章。我们希望通过这四个部分的内容帮助读者进一步了解设备大数据的概念与应用范畴。

第一部分为第 1 章绪论,系统性地介绍了设备大数据的概念、设备大数据的必要性与重要性等。

第二部分为设备大数据分析基础,包括第 2、3 章,详细介绍了设备大数据的采集与存储方法。本书选取数据采集中的传感器、PLC、工业网关、工业控制网络分别进行介绍,以便读者可以了解数据采集的多种技术及运用方法。关于设备大数据存储,主要针对工业制造业生产及管理过程中涉及的多种类型数据(海量的时序数据、文档数据、信息化数据、接口数据、视频数据、图像数据、音频数据等)进行了数据存储方法及技术的介绍。

第三部分为针对设备大数据分析的核心内容,包括第 4~6 章,详细介绍了几种数据分析方法:卷积神经网络、循环神经网络以及自编码器等深度学习方法;主成分分析、t-分布式随机邻域嵌入算法、主成分追踪及低秩矩阵表示等数据降维方法。此外,还介绍了一些设备大数据的分类与聚类方法,包括即时学习、决策树、K-means、模糊聚类等。

第四部分为第 7 章案例分析,用四个案例介绍了设备大数据的应用领域,包括工业过程故障检测与识别、工业设备寿命预测、载人深潜器设备管理、大型高炉系统故障检测。通过案例分析,进一步说明了大数据对设备运行管理的重要性。

设备大数据分析是一个新兴的领域,也是一个非常有前景的研究方向,希望读者阅读本书时抱着探求和存疑的心态,在获得知识的同时也可以有所疑问,对工作有所帮助,同时也希望更多的读者通过本书对设备大数据分析产生兴趣。

本书既可以作为大学理工科学生的专业入门书籍,帮助学生对设备大数据有一个基本的了解;同时本书也适合对数据分析有一定基础的专业科研人员,可以帮助研究人员在设备大数据领域获得有针对性的提高。

感谢中国科学院沈阳自动化研究所为本书提供的资源以及平台,感谢为本书提供参考的国内外学术专著的作者,感谢华中科技大学出版社对本书出版给予的帮助,感谢家人朋友一如既往的支持和鼓励。由于作者水平所限,书中难免会有疏漏之处,还望读者不吝指正。

作 者

2023 年 1 月

目录

第1章 绪论 /1
  1.1 设备大数据概述 /1
  1.2 设备健康的"体魄"离不开大数据支持 /3
  1.3 从波音事件看设备数据分析的重要性 /4
  1.4 没有大数据就无从谈智能制造 /6
  1.5 本书概况 /8
  本章参考文献 /10

第2章 设备数据采集方法 /12
  2.1 设备数据采集 /12
    2.1.1 简介 /12
    2.1.2 数据采集方式 /12
    2.1.3 数据采集常用模式 /13
    2.1.4 设备数据采集系统 /14
  2.2 设备数据采集的感觉器官——传感器 /15
    2.2.1 简介 /15
    2.2.2 传感器的组成 /16
    2.2.3 传感器的分类 /16
    2.2.4 传感器的原理及特性 /17
    2.2.5 常见传感器简介 /17
  2.3 设备数据采集的神经元——PLC /18
    2.3.1 简介 /18
    2.3.2 硬件基本结构 /19
    2.3.3 软件结构设计 /20

   2.3.4 PLC的特点　/21

   2.3.5 PLC的应用领域　/22

   2.3.6 常用的PLC　/23

  2.4 工业网关　/24

   2.4.1 工业网关的功能与特点　/24

   2.4.2 工业网关的基本构成　/26

   2.4.3 工业网关的关键技术　/31

  2.5 工业控制网络　/36

   2.5.1 集散控制系统　/37

   2.5.2 现场总线控制系统　/47

   2.5.3 监控和数据采集系统　/62

  2.6 工业控制系统的实际案例　/70

   2.6.1 概述　/70

   2.6.2 需求分析　/71

   2.6.3 解决方案　/72

  2.7 本章小结　/78

  本章参考文献　/78

第3章　设备数据存储方法　/79

  3.1 设备大数据存储简介　/79

  3.2 关系型数据库　/83

   3.2.1 Oracle数据库　/85

   3.2.2 MySQL数据库　/87

   3.2.3 Microsoft SQL Server数据库　/88

   3.2.4 PostgreSQL数据库　/90

   3.2.5 总结　/91

  3.3 非关系型数据库　/93

   3.3.1 Key-Value数据库　/95

   3.3.2 文档存储数据库　/99

   3.3.3 列式存储数据库　/101

   3.3.4 时序存储数据库　/105

  3.4 本章小结　/108

  本章参考文献　/109

目录

第4章 深度学习方法 /111
4.1 卷积神经网络 /112
- 4.1.1 卷积神经网络的历史与发展 /112
- 4.1.2 卷积神经网络的原理与常见应用 /113
- 4.1.3 卷积神经网络常用模型 /115
- 4.1.4 卷积神经网络在设备大数据中的应用 /117

4.2 循环神经网络 /118
- 4.2.1 神经机器翻译 /119
- 4.2.2 情感分析 /121
- 4.2.3 摘要生成 /121
- 4.2.4 循环神经网络在工业领域中的应用 /122

4.3 自编码器及其变种 /125
- 4.3.1 自编码器介绍 /125
- 4.3.2 自编码器与其他方法的比较 /129
- 4.3.3 自编码器的应用 /131

4.4 本章小结 /136
本章参考文献 /136

第5章 数据降维方法 /146
5.1 主成分分析法 /146
- 5.1.1 基本思想 /146
- 5.1.2 主要计算步骤 /147
- 5.1.3 主成分分析法的优缺点 /148

5.2 t-SNE算法 /149
- 5.2.1 算法思想 /150
- 5.2.2 算法举例 /152
- 5.2.3 算法的优缺点 /155
- 5.2.4 算法的应用 /155
- 5.2.5 算法的改进 /156

5.3 主成分追踪 /156
5.4 鲁棒主元分析 /161
5.5 低秩矩阵表示 /163
5.6 本章小结 /164
本章参考文献 /164

第6章　数据分类与聚类方法　/168
　6.1　分类算法的背景及现状　/168
　　6.1.1　背景　/168
　　6.1.2　国内外研究现状　/168
　6.2　基本概念　/169
　6.3　常用的算法详述　/170
　　6.3.1　即时学习分类算法　/170
　　6.3.2　基于统计学的分类算法　/171
　　6.3.3　决策树分类算法　/177
　6.4　组合分类器　/180
　6.5　聚类　/183
　　6.5.1　基本概念　/184
　　6.5.2　聚类算法的分类　/186
　6.6　基于划分的聚类算法　/187
　　6.6.1　K-means 算法　/187
　　6.6.2　K-modes 算法　/188
　　6.6.3　PAM 算法　/189
　　6.6.4　CLARA 算法　/189
　　6.6.5　MMACA 算法　/190
　6.7　基于层次的聚类算法　/191
　　6.7.1　传统的凝聚层次聚类算法　/191
　　6.7.2　改进的凝聚层次聚类算法　/192
　　6.7.3　分裂层次聚类算法　/193
　6.8　基于密度的聚类算法　/193
　　6.8.1　DBSCAN 聚类算法　/193
　　6.8.2　OPTICS 聚类算法　/195
　　6.8.3　DENCLUE 聚类算法　/196
　　6.8.4　CLIQUE 聚类算法　/197
　　6.8.5　DPC 算法　/198
　6.9　其他聚类算法　/199
　　6.9.1　模糊聚类算法　/199
　　6.9.2　基于图论的聚类算法　/201
　　6.9.3　基于模型的聚类算法　/201

            6.9.4　基于神经网络的聚类算法　/202
    6.10　本章小结　/204
    本章参考文献　/204

第7章　案例分析　/213
    7.1　工业过程故障检测与识别　/213
        7.1.1　故障检测和识别方法的分类　/214
        7.1.2　基于模型的故障检测和识别方法　/215
        7.1.3　基于信号的故障检测和识别方法　/216
        7.1.4　基于人工智能的故障检测和识别方法　/217
        7.1.5　多层和网络化工业过程中的故障检测和识别　/219
        7.1.6　仿真案例　/220
        7.1.7　总结　/225
    7.2　工业设备寿命预测　/226
        7.2.1　引言　/226
        7.2.2　时序卷积-长短期记忆网络　/228
        7.2.3　数据规约方法　/232
        7.2.4　实验数据　/234
        7.2.5　实验及分析　/238
        7.2.6　讨论及建议　/249
    7.3　数据驱动技术在载人深潜器设备管理中的应用　/249
        7.3.1　案例背景　/249
        7.3.2　技术框架　/252
        7.3.3　应用结果　/259
        7.3.4　小结讨论　/283
    7.4　主成分追踪在高炉炼铁故障检测中的应用　/284
        7.4.1　案例背景　/284
        7.4.2　技术框架　/287
        7.4.3　应用结果　/294
        7.4.4　小结讨论　/299
    7.5　本章小结　/299
    本章参考文献　/300

第 1 章 绪论

1.1 设备大数据概述

随着信息技术的不断发展,科技水平的不断提高,当今已经进入大数据时代。在新闻和各种媒体中经常出现大数据这个词,但读者可能对大数据还没有概念,下面简单介绍一下大数据的相关内容。

大数据,顾名思义就是非常多的数据,指在一定时间范围内无法用常规软件工具进行捕捉、管理和处理的数据集合。最早的权威定义是由 IBM 提出的,IBM 把符合以下 5 大特点的数据称为大数据。

(1) Volume:数据量大,包括采集、存储和计算的量非常大。大数据的起始计量单位至少是 PB(1000 个 TB)、EB(100 万个 TB)或 ZB(10 亿个 TB),可能读者对数据量没有直观的印象,1PB 相当于美国学术研究图书馆藏书的信息内容的 50%。

(2) Variety:种类和来源多样化。大数据包括结构化、半结构化和非结构化数据,具体表现为网络日志、音频、视频、图片、地理位置信息等,多类型的数据对数据的处理能力提出了更高的要求。

(3) Value:数据价值密度相对较低。随着互联网以及物联网的广泛应用,信息感知无处不在,虽然数据量很大但价值密度较低,难以发现数据背后隐藏的规律,如何结合业务逻辑并通过强大的数据分析算法来挖掘数据价值是大数据时代最需要解决的问题。

(4) Velocity:数据增长速度快,对处理速度和时效性要求高。比如搜索引擎要求几分钟前的新闻能够被用户查询到,个性化推荐算法要尽可能实时推荐,这是大数据区别于传统数据挖掘的显著特征。

(5) Veracity:数据的准确性和可信赖度,即数据的质量。

读者也许很难理解大数据的概念,可以简单地将其理解为用传统手段非常难以处理却又有价值的数据。处理大数据需要用大数据的思想,基于大数据的解决问题的思路主要包括三个步骤:第一,获取大数据,建立数据采集系统获取海量异构数据;第二,建立大数据的计算和存储系统来处理和存储采集到的海量异构数据;第三,设计大数据分析算法与建立大数据分析系统来挖掘存储的海量异构数据背后蕴藏的规律。

  本书的研究对象"设备"主要指工业设备,常见的工业设备有机床、仓储设备、车间设备、起重设备、运输设备、包装设备、清洁设备等。工业设备和大数据结合是一个漫长的逐步发展的过程,从工业设备的发展进程来看,在最初出现工业设备的工业1.0时代,工业机械化使得自动化的工业设备取代了人力劳动,这时的人们并没有发现设备状态数据对于工业设备的意义。在工业2.0时代,电气化的自动化设备使得工业生产变得更加复杂,当技术工人无法直接从设备表象了解设备出现的问题时,一些仪表、检测工具就应运而生用来获取设备的状态。由于当时没有自动化记录数据的信息系统,而只能通过人工手动记录设备的运行状态,有经验的技术工人可以通过设备的表象数据简单评估设备的运行状态。随着工业3.0时代的来临,自动化的设备监控系统开始登上历史舞台,PLC(可编程逻辑控制器)和PC(个人计算机)的普及使得设备的数据状态可以通过自动化的方式集中获取,让设备的数据分析成为可能。

  我们现在正处于工业3.0向工业4.0过渡的时代,随着物联网、大数据、智能制造概念的不断普及,信息化与工业化深度融合,设备的自动化水平越来越高,信息技术渗透到工业产业链的各个环节,设备数据分析成为当下工业界关注度最高的热点话题之一。工业技术的不断发展,数据采集与存储设备价格的降低,使得越来越多的设备数据被采集并保存下来。先进的工业传感器、嵌入式系统、工业自动控制系统、工业物联网、ERP(企业资源计划)、CAD(计算机辅助设计)、CAM(计算机辅助制造)、CAE(计算机辅助工程)、CAI(计算机辅助教学)等技术在工业过程中得到广泛应用,尤其是互联网、移动互联网、物联网等新一代信息技术在工业领域的应用,使得制造企业进入了基于物联网和云端大数据分析的智能制造新阶段。制造企业的生产线正在高速运转并不断提升产量,由工业设备所产生、采集和处理的数据量急剧增加且日益丰富,数据种类也越来越多样,远大于传统企业中计算机和人工记录的数据量。数据挖掘、数据分析概念的不断普及使得人们越来越重视设备数据对于设备维保、调优、自动化的重要性,如何将这些数据保存下来并进行处理和充分利用已经成为困扰许多企业的重要问题。然而,当前大数据与设备数据分析相结合的研究才刚刚起步,可参照的内容十分有限,急需大力发展针对设备数据的大数据技术与产业。

1.2 设备健康的"体魄"离不开大数据支持

设备数据分析领域真正意义上的大数据技术与应用还不普遍,但是随着物联网在行业中的逐渐普及和云计算的初步应用,为设备数据分析进入大数据时代奠定了良好基础。物联网、移动互联网和传统工业互联网,每天都在产生海量的工业设备数据,而大数据需要通过新的计算方式,将这些数据筛选、处理、分析,提炼出有用的信息。物联网、移动互联网、工业网络等是大数据的来源,而大数据技术则为物联网和移动互联网提供有用的分析价值。通过 RFID(射频识别)、传感器、PLC、GPS(全球定位系统)技术可以实现工程机械的智能化识别、定位、跟踪、监控和管理,使得各种工业设备实现异地、远程、动态监控与操作。而作为大数据的一项重要成果,云计算在设备分析方面也有巨大作用。云计算是由专业的云计算公司将硬件和软件封装成为服务,通过互联网提供给企业和个体的一种服务模式。在云计算时代,企业不必购置不断增长且无法估量的硬件资源,也不必安装和维护众多的软件,当需要使用计算资源时,技术人员可以通过互联网来使用云提供商提供的计算服务。随着时代的进步与变迁,设备分析数据与分析方法正在向大数据、多源异构的高端分析领域发展。可以说,云计算的出现使得设备数据分析出现了很多新的特点,也使得原来不能进行的数据分析成为可能。

在设备诊断工作的进展中,需要获取大量的数据和信息,这些数据信息大部分反映的是设备的常规现象,小部分信息反映的是非常规现象,这种定期收集到的数据对设备在寿命周期的维修与管理是有重要意义的。设备数据可以从以下几方面对设备进行支持。

(1) 探索各类设备运行的规律　设备的运行遵循一定的规律,开展设备诊断工作,对每台设备建立数据档案,将运行状态监测数据进行统计分析,描绘出设备运行状态的轨迹,从而掌握设备的运行规律,在以后的生产中提高生产效率,减少设备损耗。

(2) 对制定设备维修策略和技术改造方案提供数据支撑　设备的运行状态很多时候会在设备状态数据上有直观的体现,在判定设备运行是否正常时,正常数据与异常数据常常有较大的区别。由于同一种故障在设备数据中常常以相同的模式出现,因此可以用其对设备故障进行诊断,进而减少故障时间、提高生产效率。

(3) 优化设备使用　设备使用过程中的不当使用是造成设备故障的主要原因之一。通过监控设备运行时的设备参数变化情况,可以了解导致设备故障的真实原因和主要参数。改进运行方式可以显著提高设备寿命和生产产量。通过对零部件的运行参数进行监控,也可以为后续的故障排除及设备维护提供重要的参考。

(4) 提高设备自动化水平　许多设备在操作时需要通过人工调节将设备参数维持在参考范围内,并且随着生产周期的不同需要不断调节设备的参数。通过分析传感器监测设备在不同生产阶段、不同工况下的设备参数,生成最优的设备参数控制方案,并将自动控制程序录入 PLC,可实现传感器与 PLC 对设备的生产过程全面协同控制,减少设备运行过程中的人工参与,减少人为操作失误,实现设备的控制自动化。

以笔者在实际工作中参与的一个项目为例,某国内著名生产企业的设备以前都是靠人工方式记录设备状态,且记录的设备状态数据都保存为纸质资料,很多时候工人需要在强度大的生产劳动后记录设备状态,有时会发生记录丢失,有时会发生记录错误,有时会忘记记录,因此很多数据是不完整、不连续的。当想要获取设备的原始数据进行分析时,数据的不完整、不正确带来了许多困难,专家只能参考一些简单经验来分析设备状态。历史数据的缺乏导致专家对设备状态的分析陷入被动。后续该企业根据需求添置了数据采集设备及软件,连同工业网络、工业计算设备、设备数据分析软件等组成了数据分析系统,最终积累了海量的设备数据。专家通过设计大数据分析技术方案,获取了设备运行中存在的故障及其演变过程数据,并在此基础上对设备数据进行分析与挖掘,最后设计出生产优化方案。该方案在减少技术工人参与时间的基础上大规模提高了生产效率,获得了企业的好评。

当前设备数据分析在国内尚属起步阶段,对设备数据分析有很多工作可以开展。以后随着技术的普及、政策的倾斜,设备数据分析对设备健康与控制的作用会越来越大,对企业的生产效率、安全保障、成本控制等也有着重要的意义。

1.3　从波音事件看设备数据分析的重要性

不仅在工业领域,在日常生活中我们与设备也息息相关,如发电设备、蓄水设备、公交设备、供暖设备等,设备存在于我们生活中的每一个角落。设备安全是一个永恒不变的话题,设备数据分析是当前解决设备安全的最重要手段,因此设备数据分析对工业生产、人民生活、社会发展有着重要意义。下面我们通过波音飞机事故的例子来了解设备数据分析对我们生活的重要意义。

2018年10月29日,一架载有189名乘客和机组人员的印尼Lion航空公司波音737 MAX8客机,从雅加达苏加诺哈达国际机场飞往邦加勿里洞省槟港。飞机起飞13分钟后失联,随后被确认在西爪哇省加拉璜(Karawang)附近海域坠毁,机上人员全部遇难,震惊世界。时隔不到半年,2019年3月10日,一架载有157名乘客和机组人员的埃塞俄比亚航空公司波音737 MAX8客机(航班号ET302),从亚的斯亚贝巴飞往内罗毕。飞机起飞6分钟后失联,随后被确认坠毁,机上人员全部遇难。这是继Lion航空公司客机坠毁后5个月内该机型遭遇的又一次空难;两次空难使得波音737 MAX8面临前所未有的信任危机。两起空难为航空界带来了巨大阴影,时至今日,具体空难原因也是众说纷纭,但是设备健康与安全的重要性引起了人们的重视。

以波音737飞机为例,波音现已销售近万架737型号的客机,飞机包括数百万个零部件,零部件的组成与安装极其复杂,如果需要对飞机的健康状态进行监控,需要海量的传感器、先进的数字信息系统与大数据处理能力。如果需要实时了解飞机所在位置与实时传送飞机飞行时的设备状态数据,则需要对海量的数据进行存储、实时处理与分析,如此大量的数据处理与存储在工业界前所未有。这为飞机设备的检测与分析带来巨大的难度,因此只有用大数据的方法才有可能解决海量数据的存储与处理问题。不仅如此,现有的设备检测与分析方法也很难对海量设备数据的状态进行分析与诊断,需要新的数据分析方法才能够分析设备状态。

发生了这两次空难之后,飞机日常检测维修成了热议的话题,在所有讨论中,"数字孪生"的概念逐渐被认为是最有可能解决飞机设备数据监测与分析的一种检测设备状态的新技术。该技术最早用来解决美国空军战斗机的维护问题。数字孪生的概念起源于2002年密歇根大学教授Dr. Michael Grieves发表的一篇文章,该概念认为通过物理设备的数据,可以在虚拟(信息)空间构建一个可以表征该物理设备的虚拟实体和子系统,并且这种联系不是单向和静态的,而是在整个产品的生命周期中都联系在一起的。数字孪生英文名叫Digital Twin,通过上述意思我们可以知道这是重塑一个与现实实体一模一样的虚拟模型,其中一组模型数据来自真实的飞机参数,比如说本次飞行的气温、气压、能见度、油箱的油量、乘客数量、飞机载重、飞机的航道设定、飞机的起飞时机与高度、飞机颠簸时的倾斜角度等。将这些来自真实飞机的大量数据传输到一个软

件上,这个软件会根据飞机提供的真实数据来模拟飞行,通过模拟飞行来判断此次飞行的安全性。

数字孪生是一种大数据分析设备状态的新模式,波音 CEO 宣称数字孪生技术已经让波音公司飞机的质量提升了 40%~50%,波音正在向基于模型的工程数字化转型。从供应链、生产链,再到服务客户的整个工程和研发系统,波音为产品建立了数字生命周期。飞机的数字孪生,将会在未来释放不可预估的价值。虽然数字孪生技术尚处于起步阶段,但是其在设备状态诊断与预测领域的光明前景被广泛看好。

目前我国工业装备普遍存在能耗高、故障率高和寿命周期短等突出问题,如许多压缩机组的实际运行效率比设计效率低 5%~20%,事故时有发生,不能确保压缩机组安全可靠、长周期运行。利用传统的自动化和信息化管理方式实现工业制造的智能化已无法满足目前的需求。目前对于工业制造的自动化和制造设备的质量监管很大程度依赖于技术工人的技术水平和职业操守,这极大地制约了后续设备的扩展与维护。针对这些问题,积极推广大数据技术在设备状态分析领域的应用,利用大数据技术对设备状态进行全面分析与评估,在实现中国制造 2025 目标的进程中保证生产安全与质量。

1.4　没有大数据就无从谈智能制造

智能制造是一种由智能机器和人类专家共同组成的人机一体化智能系统,它在制造过程中能进行智能活动,诸如分析、推理、判断、构思和决策等。人与智能机器的合作共事可以扩大、延伸和部分地取代人类专家在制造过程中的脑力劳动。智能制造把制造自动化的概念更新,然后扩展到柔性化、智能化和高度集成化领域。大数据与智能制造之间具有密不可分的关系,制造系统中产生的问题和解决过程会产生大量的数据,通过对这些数据进行分析和挖掘可以了解问题产生的过程、造成的影响和解决的方式;当这些信息被抽象化建模后可以转化成知识,再利用这些知识去认识、解决和避免问题。当这个过程能够自动循环时,就是智能制造。在智能制造过程中,问题、知识和数据是相辅相成、不可分割的关系,解决问题和获取知识是目的,而数据则是一种手段。在制造系统和商业环境日益复杂的今天,利用大数据去推动智能制造解决问题和积累知识或许是更加高效和便捷的手段。

制造业企业在实际生产过程中,总是努力降低生产过程的消耗,同时努力提高制造业环保水平,保证安全生产。智能制造的生产过程,实质上也是不断自我调整、自我更新的过程,同时也是实现全面服务个性化需求的过程。在这个过程中,会实时产生大量数据。依托大数据分析系统,采集现有工厂设计、工艺、制造、管理、监测、物流等环节的信息,实现生产的快速、高效及精准分析决策。这些数据能够帮助发现问题,查找原因,预测类似问题重复发生的概率,帮助实现安全生产,提升服务水平,改进生产水平,提高产品附加值。

智能制造需要高性能的计算机和网络基础设施,传统的设备控制和信息处理方式已经不能满足需要。应用大数据分析系统可以对生产过程自动进行数据采集并分析处理。制造业已经进入大数据时代,云计算系统可以提供计算资源专家库。现场数据采集系统和监控系统将数据上传云端进行处理、存储和计算,计算后发出云指令,对现场设备进行控制,例如控制工业机器人,从而实现智能制造。

大数据在智能制造领域主要有四大应用。

(1) 调度优化　在智能车间里,机台与机台之间的产品传递主要靠机械手臂来完成,而车间与车间之间的产品传递则是通过传动带来完成的。调度优化就是通过数据分析,了解每个产品在每个机台上需要处理的时间,然后决定把某个产品送到某个机台去处理的最优解决方案。这个事情说起来容易,操作起来却很难,正如车辆在路上突然抛锚造成交通拥堵一样,如果一个机台出了问题,就会扰乱整个调度的优化方案。更糟的是,如果发现不合格产品,该产品就需要被重新分配到某个机台进行处理,那么整个调度将变得非常复杂,稍有不甚就会造成"拥堵",甚至停工。

(2) 设备监控　产品制造分许多步骤,如果某道工序出了故障而未被立刻发现,等产品生产出来之后经检测才发现问题,那就意味着这段时间里生产的全部产品都要报废,这是个很严重的问题。设备监控就是在每个机台上都安置多个传感器来监测设备是否有故障。美国有个大型制造企业,曾经成品率总是不高,经多方面查找后才发现,原来是一个机台在清理时出现瑕疵,早班清洁工从上往下清理,晚班清洁工从下往上清理,就是这样一个小小的不同就对整个生产线造成了几百万甚至几千万美金的损失。

(3) 虚拟测试　在制造业中,测试占整个制造成本的 $25\%\sim50\%$,用大数据降低测试成本最根本的一点就是利用数据的相关性,也就是用数据去分析不同的数据量之间是否相关,如果存在相关性就可以用一个数据量去估计另一个数据量。这里有两个例子,一个例子是空间的相关性。在集成电路制造中,一块硅片包含很多芯片,传统的方法需要对每个芯片进行测试,如果把整块硅片

看作一幅图像,那么不同的像素对应不同的芯片,像素点之间是有相关性的,可以通过测试少数几个像素点的值,利用统计学方法来估计另外的像素点,从而大大减少测试量。另一个例子是给金属块钻孔。检测钻孔的圆度和平整度在制造业上是一个非常昂贵的测试过程。但若在钻孔机上安装各种廉价的传感器,包括振动传感器、声音传感器、压力传感器等,用这些传感器的测试值构建一个模型,然后预估钻孔的平整度和质量状况,则可以大大节省成本。

(4) 故障追踪　监控生产线中产品的制造过程,发现故障的根源。故障的根源可能是某一个机台,可能是某一种原材料,也可能是某一位操作员。大数据分析在制造业应用有两大技术难点,第一个就是数据的变异性。不同机台,在不同时间、不同环境下的数据具有不同的统计特性,也就是说,在这个机台上采集的数据不可能直接用于另一个机台的建模。当把采集到的数据分配到每个机台、每个时间点、每个不同的环境条件下去做分析的时候,你会发现数据的变化是很大的,寻找模式是困难的。另外一个难点是工艺的变化。制造工艺随时间在不断演变,同样一个产品,由于生产线在不断变化,今年制造出来的产品的测试结果和明年制造出来的产品的测试结果完全不同,这是大数据分析需要解决的一个重要问题。由于分析的数据都是历史数据,所以大数据分析实际上分为两步,第一步记录历史数据,第二步根据这些历史数据去预测未来。如果工艺发生变化,那么就需要用大数据的方法来预测未来数据的变化趋势及数值。

《中国制造 2025》及《智能制造发展规划(2016—2020 年)》明确了"十三五"期间我国智能制造发展的指导思想、目标和重点任务。特别在《智能制造发展规划(2016—2020 年)》重点任务第四项"构筑工业互联网基础"中明确了开展工业云和大数据平台的建设任务。相信随着科技的发展,在国家的重点扶持下,大数据在智能制造领域发挥的作用会越来越大,大数据在智能制造领域的应用范围会越来越广,大数据在智能制造领域的应用前景会越来越光明。

1.5　本书概况

本书总结了笔者多年有关设备大数据研究方面的经验,借鉴了笔者查阅的资料以及相关领域专家的概述,如有错误希望读者指正,如有未标明引用资料来源的内容,请相关作者联系笔者。本书作为一本设备大数据分析领域的入门读物,力图给设备健康领域的技术人员、设备数据分析人员以及对设备数据处理感兴趣的人员一个全面的设备大数据理论与应用的原理介绍。设备的种类繁多,不同设备的研究方法差异也很大,本书减少了基于特定设备特性的相关介绍,主要从大数据处理及分析的角度研究大数据为设备状态分析带来的新方法。由于篇幅有限,相关内容不能详尽叙述,笔者会向读者提供参考文献及后续的修正及补充内容到网上供读者参考。

本书第 2 章主要介绍设备数据的采集方法。据笔者经验,国内现有工业设备数据采集的自动化程度较低,令许多数据分析专家最头疼的问题就是企业没有数据。对于如何获取设备数据,本章提供了一些参考方法及方案,介绍了设备数据采集常用的结构、传感器、PLC、工业网络,对相关结构的原理及使用方法进行了介绍,并在最后提出了一种典型的设备数据采集方案。本章介绍的相关内容参考了比较主流的数据采集方案设计,中间穿插了一些较高级的数据采集技术,可供相关数据采集人员参考。

第 3 章主要介绍设备数据的存储与平台建设方法。传感器的飞速发展使得数据采集变得越来越方便,许多企业在设计数据处理方案时,并没有考虑到如何存储数据和处理数据,致使许多采集的设备历史数据并没有保存下来,为后续的数据分析带来了极大的难度。笔者在相关实践中发现,数据平台的相关建设对设备数据分析起着至关重要的作用,却常被企业忽视,希望设备数据分析人员能够在数据平台建设方面加强关注程度。本章主要从大数据的角度介绍了许多数据存储的相关方法及技术,涉及的常用数据库主要参考了一些大型企业的重点建设工程。许多中小企业并不适合自己搭建数据平台,随着云计算及云存储的兴起,中小企业可以采用一些公用的云计算平台推出的工业数据存储与处理方案,特别是某些云计算平台推出的 IOT 服务,这样可以大大简化开发周期与应用成本。本章的相关概念对新型云平台的应用也有很好的参考价值。

第 4 章开始介绍大数据的分析方法,传统数据分析方法在设备分析相关资料中已经有较详细的介绍,本书不再赘述。本书根据笔者的经验重点介绍了当前最重要的一种数据分析方法"深度学习的分析方法"。在工作中,笔者发现深度学习已经成为一种通用、高级的大数据分析方法,它不仅能快速、简单地发现设备蕴藏的规律,而且可以代替许多传统的设备数据分析方法,并取得相似或者更好的结果,因此深度学习技术可以作为设备数据分析算法领域中首要考虑的新技术。

第 5 章介绍了大数据的压缩方法——数据降维方法。在实际设备数据分析中发现,设备数据可采集的参数太多,并且不容易梳理数据的相关性和重要性,使得海量数据分析无法进行。为了减少数据量,数据降维是必需的。数据降维是从成百上千的参数数据中筛选出最重要的几十个甚至几个参数进行重点分析。实际经验表明,现实中经过数据降维后的数据分析常常与降维前的数据分析有相同的效果,但是数据量会缩小几十倍、几百倍,甚至几千倍,所以在进行大数据分析之前,可以首先考虑数据降维。本章列举了常见的几种数据降维算法,它们对稀疏数据与强关系型数据有着非常好的压缩效果。

第 6 章介绍了设备分析中最常用的两种数据分析方法——分类与聚类。通过这两种分析方法的介绍,读者会对数据分析过程有简单的了解。分类常用在设备故障预测、设备工况识别、生产质量甄别等领域,聚类常用在生产过程优化、工业新知识发现、设备运行自动化领域。分类和聚类是数据分析领域最简单最有效的方法,本章介绍了几种典型的分类和聚类技术。新的技术层出不穷,如最近出现的强化学习、知识图谱等技术在工业数据分析技术领域十分流行,由于篇幅限制,本书不做过多介绍,感兴趣的读者可以参考机器学习和数据分析方面的最新书籍。

第 7 章是案例分析,通过选取工业设备分析中常见的案例让读者理解设备大数据技术的应用方法,从而简单了解什么是设备大数据,如何解决设备大数据的问题,并希望读者对大数据技术应用在设备数据分析领域的过程有一个比较深入的了解。设备数据分析中最主要的分析是故障分析,工业过程故障检测与识别介绍了设备故障检测的方法与案例。设备寿命预测也称为设备故障预测,是物料存储以及设备检修中常用的方法,在工业设备寿命预测中详细讲述了一种新的寿命预测方法。为了让大家更深入地了解设备大数据的应用,后两节参考了两个高级设备大数据的案例:大数据驱动技术在蛟龙号深海探测设备管理中的应用和主成分追踪方法在高炉炼铁故障检测中的应用。希望通过这些案例让读者了解大数据分析技术在设备数据分析领域的应用方法。

大数据在设备数据分析领域的技术与应用研究在国内才刚起步,许多新技术正在不断出现与更新,比如 IOT、工业网络、工业云计算等概念正在不断发展,读者在阅读本书的时候需要抱着探索的思想,通过多查最新的资料来学习本书,而不是将本书当作一本工具书来使用。希望本书能向读者较好地介绍关于设备大数据分析实践方面的内容。由于篇幅限制,想要了解更多内容可以参考书中的参考文献或者与笔者联系。

本章参考文献

[1] 维克托·迈尔·舍恩伯格,肯尼思·库克耶. 大数据时代:生活、工作与思

维的大变革[M].杭州:浙江人民出版社,2013.
[2] 司小胜,胡昌华.数据驱动的设备剩余寿命预测理论及应用[M].北京:国防工业出版社,2016.
[3] 乔乔·莫雷伊.当大数据遇见物联网——智能决策解决之道[M].北京:清华大学出版社,2019.
[4] 李杰,倪军,王安正.从大数据到智能制造[M].上海:上海交通大学出版社,2016.
[5] HWANG KAI,FOX GEOFFREY C,DONGARRA JACK J.云计算与分布式系统——从并行处理到物联网[M].北京:机械工业出版社,2013.
[6] 邵新杰.复杂装备故障预测与健康管理技术[M].北京:国防工业出版社,2013.
[7] 周林,赵杰,冯广飞.装备故障预测与健康管理技术[M].北京:国防工业出版社,2015.
[8] GILCHRIST ALASDAIR. Industry 4.0: the industrial internet of things[M]. Apress,2016.

第 2 章
设备数据采集方法

2.1 设备数据采集

2.1.1 简介

随着设备的不断运行,在生产过程中会产生各种各样的故障与问题,但是由于设备不会"说话",操作者很难及时了解设备的运行状态。电流、电压、温度、振动、压力等是了解设备运行状态的常用参数。通过获取设备运行状态,可以为后续设备运行状态分析、设备故障检测、设备检修方案提供参考依据。设备数据采集在生产过程中对工艺参数进行采集、监测,为提高产品质量、提高设备自动化水平、提高经济效益、降低成本提供数据支撑。在科学研究中,设备数据采集为设备状态分析、设备故障检测、设备全生命周期研究提供研究数据。

2.1.2 数据采集方式

1. 传统人工手动记录设备数据采集方式

设备状态的获取需要采集设备数据。获取设备数据的手段包括外观检测、声波检测、振动检测、采样检测、温度检测等。传统手段一般是技术工人手持检测仪器,用纸和笔记录检测仪器的数据,并记录设备数据采集位置等。记录数据时,需要丰富的经验且手动操作较多,由于记录位置和手持操作具有不稳定性且存在误差,因此有时记录会出现错误。人工记录速度慢,设备检测周期较长,长期周期性记录设备数据对记录员的要求较高。

2. 信息化设备数据自动采集方式

随着设备自动化水平和检测仪器的性能不断提升,新型传感器记录设备数据的方法逐渐取代了传统人工记录设备数据的方法,通过传感器可以自动获取设备检测状态并将采集数据自动上传至数据采集系统保存。在新设计的设备中,信息化设备数据采集方式几乎已经取代人工手动记录的数据采集方式,成为当前主流的数据采集方式。自动化的数据采集方式多基于无线传感器网络、设备监测传感器、智能测控装置、智能网关、监控服务器、MES 制造执行系统等形成的数据采集系统。

2.1.3 数据采集常用模式

1. 组态软件采集

组态软件又称组态监控系统软件,是一些数据采集与过程控制的专用软件。对于非数控类的、采用 PLC 控制的设备可用组态软件来直接读取 PLC 中的相关信息,包括 PLC 中保存的各种状态信息和模拟量信息(如温度、压力等)。组态软件是在工业自动化领域兴起的一种新型软件开发工具,开发人员通常不需要编制具体的指令和代码,只要利用组态软件包中的工具,通过硬件组态、数据组态、图形图像组态等即可完成所需应用软件的开发工作。组态软件控制串口或网口并与 PLC 设备相连,采用计算机发送指令来采集、处理数据并实时输出各种曲线,从而提高了设备的监控效果。

2. RFID 无线采集

RFID 技术即射频识别技术,是一种通信技术,可通过无线电信号识别特定目标并读写相关数据,而不需要在识别系统与特定目标之间建立物理或光学接触。通过 RFID 设备来采集人员、物料、设备、工装等的编码、位置、状态信息,类似于条码扫描方式,需要在人员、物料、设备、工装等上绑定 RFID 芯片。

3. 人工记录方式

对于很多非自动化设备或不具备自动信息采集功能的自动化设备,可以采用手工填表、条码扫描、手持终端(手机)上报等方式实现数据采集。

(1) 手工填表:填表既可以使用纸和笔或专用的设备实现,也可以使用普通 PC 结合软件的方式实现,此时需要在车间放置若干采集终端,可以一台设备配置一个终端,也可以几台设备共用一个终端。

(2) 条码扫描:采用条码扫描仪时,可以将常用采集信息打印在一个条码模板上,条码扫描仪扫描的信息通过串口输出到数据采集器服务端。

(3) 手持终端(手机)上报:采用移动手持终端(手机)来采集上报数据信息,可及时有效地反馈现场的各种过程化信息,是一种简单的设备数据采集方法,适用于移动场景较多的数据采集。

4. 数据采集卡

数据采集卡是实现数据采集功能的计算机扩展卡,可以通过 USB、PXI、PCI、PCI Express、火线(1394)、PCMCIA、ISA、Compact Flash 等总线接入个人计算机。此方法与生产设备的控制系统类型无关,只要与生产设备的相关输入/输出点、对应传感器连接,采用专门的采集卡即可采集到相关设备信息。此种方式适合于系统采用无串口和无局域网络设备的情况,目前主要有开关量采集卡和模拟量采集卡。

(1) 开关量采集卡:主要采集设备的开关机情况,运行的开始时间、结束时间、报警等信息;

(2) 模拟量采集卡:主要采集设备的主轴功率、温度、压力等模拟量。

目前市面上出现了同时具备采集设备输入/输出点信息和各类模拟量的混合型采集卡。

5. TCP/IP 协议的以太网模式

随着技术的发展,数控设备配置以太网功能已是大势所趋,而以太网方式的信息采集内容更加丰富,可以实现数据的远程采集与控制,是未来的发展方向。目前,各主要数控系统厂商,如 FANUC、西门子、MAZAK、三菱等均配备了局域网接口,并提供了大量方便与其他系统集成的接口,据此可以开发如下功能。通过局域网卡式的网络,可以实时采集数控设备程序运行的开始/结束信息、设备运行状态信息、系统状态信息、设备所有报警信息、程序运行内容、操作履历数据、刀具/设备参数表、设备的实时坐标信息、主轴功率、进给倍率、转速等。

2.1.4 设备数据采集系统

数据采集系统是指用来采集温度、压力、电流、电压等设备参数,并将其转换成数字量,由计算机进行存储、处理、展示过程的系统。数据采集系统的任务主要是将采集传感器输出的模拟信号转化成数字信号,然后通过工业网络送入计算机,在计算机中对数字信号进行处理并保存。设备数据采集首先需要安装传感器,传感器负责获取设备的监测状态,用模拟信号或者数字信号将其转换成固定的数字信号并进行采集,使设备的物理状态转换为能够计算的数字。数字信号的转化和简单处理需要利用计算单元,常用的计算单元是下位机,最典型的是 PLC。PLC 通过工业网关将数字信号传入工业网络,工业网络将设备状态数据上传至上位机。采集系统一般来说可以分为七大模块:硬件电路模块、传感器模块、下位机应用软件模块、网络通信模块、数据服务器管理软件模块、数据库模块、上位机应用软件模块。

一种典型的数据采集系统架构如图 2-1 所示,传感器采集设备状态数据,通过工业网关进行格式转化后,传到远端的数据中心,数据中心通过简单数据处理后将数据保存到数据库中,为后续数据使用与分析提供支持。

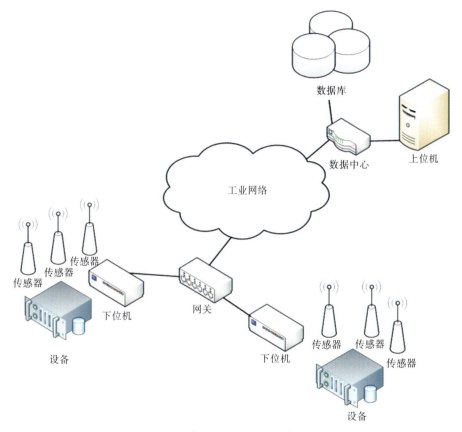

图 2-1 典型的数据采集系统架构

2.2 设备数据采集的感觉器官——传感器

2.2.1 简介

在信息技术得到飞速发展的时期,作为信息技术三大支柱之一的传感器技术取得了长足进步。如果把信息技术的传递过程比作一个人,人从外界获取信息必须借助于感觉器官,那么传感器就是人类的感觉器官。比如视觉传感器相当于人的眼睛,声波传感器相当于人的耳朵,酸碱传感器相当于人的舌头,压力、湿度、温度传感器相当于人的皮肤。传感器可以看作将被测非电量信号转化为与之有确定对应关系的电量信号的器件或装置,因此也称为变换器、换能器或探测器。

2.2.2 传感器的组成

传感器一般由敏感元件、传感元件、信号调节转换电路和辅助电路组成(见图2-2)。敏感元件是直接感受被测非电量信号并按一定规律将被测非电量信号转换成与其有对应关系的其他量的元件。传感元件是能将敏感元件感受到的非电量信号直接转换成电量信号的元件。信号调节转换电路能把传感元件输出的电量信号转换为便于显示、记录、处理和控制的有用电量信号的电路。常用的电路有电桥、放大器、变阻器、振荡器等。辅助电路通常包括电源等。传感器能够获取被测量设备的信息,并能将获取的信息按一定规律变为电量信号或者其他所需形式的信息输出,以满足信息的传输、处理、存储、显示、记录和控制等要求。

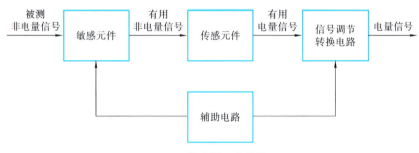

图 2-2 传感器组成结构图

2.2.3 传感器的分类

传感器通常有以下分类方法。

按工作机理分类:根据物理、化学和生物等学科的原理、规律和效应进行分类,包括基于物理效应(光、电、声、磁、热)的传感器、基于化学效应(化学现象、化学反应)的传感器、基于生物效应(酶、抗体、激素等的分子识别和选择功能)的传感器。

按被测量分类:根据输入物理量的性质进行分类,例如位移传感器、速度传感器、温度传感器、压力传感器、气体成分传感器、浓度传感器。

按敏感材料分类:根据制造传感器所使用的材料进行分类,可分为半导体传感器、陶瓷传感器等。

按能量的关系分类:根据能量观点进行分类,可将传感器分为有源传感器和无源传感器两大类。有源传感器是将非电量转换为电量,也称为能量转换型传感器,通常配合有电压测量的电路和放大器。无源传感器又称为能量控制型传感器。被测非电量仅对传感器中的能量起控制或调节作用,所以必须配有辅助能源。

2.2.4 传感器的原理及特性

一种传感器就是一种转换结构,一个转换结构总可以用一个数学方程式或函数来描述,即用某种方程式或函数表征传感器的输出和输入间的关系和特性。由传感器的静态输入/输出关系建立的数学模型称为静态模型。由传感器的动态输入/输出关系建立的模型称为动态模型。传感器所测量的非电量信号一般有两种形式:一种是稳定的,即不随时间变化或变化极其缓慢,称为静态信号;另一种是随时间变化而变化,称为动态信号。由于输入量的状态不同,传感器所呈现出来的输入/输出特性也不同,因此存在静态特性和动态特性。为了降低或消除传感器在测量控制系统中的误差,传感器必须具有良好的静态特性和动态特性,才能使信号按规律准确地转换。传感器的静态特性主要由下列几种性能指标来描述。

线性度:传感器的线性度就是其输入变量与输出变量之间的实际曲线与拟合直线之间的偏差。

灵敏度:传感器的灵敏度是其在稳态下输出增量与输入增量的比值。

重复性:指传感器在同样环境下按同一方向做多次试验所得结果的一致性程度。

迟滞性:指输出数据变化相较于输入数据变化延迟的时间。

精确度:指测量结果与真实值之间的差异程度。

分辨率:指输入数据变化所能带来输出数据变化的最低程度。

稳定性:指输入数据不变时输出数据的稳定程度。

2.2.5 常见传感器简介

1. 电阻式传感器

电阻式传感器是将被测量,如位移、形变、力、加速度、湿度、温度等物理量转换成电阻值的器件，主要有电阻应变式、压阻式、热电阻式、热敏、气敏、湿敏等类型。

2. 变频功率传感器

变频功率传感器通过对输入的电压、电流信号进行交流采样，再将采样值通过电缆、光纤等传输系统与数字量输入二次仪表相连，数字量输入二次仪表对电压、电流的采样值进行运算，可以获取电压有效值、电流有效值、基波电压、基波电流、谐波电压、谐波电流、有功功率、基波功率、谐波功率等参数。

3. 称重传感器

称重传感器是一种能够将重力转变为电信号的力电转换装置，是电子衡器的一个关键部件。能够实现力电转换的传感器有多种，常见的有电阻应变式、电磁力式和电容式等。电磁力式称重传感器主要用于电子天平，电容式称重传感器主要用于电子吊秤，而绝大多数衡器产品所用的是电阻应变式称重传感器。

4. 压阻式传感器

压阻式传感器是根据半导体材料的压阻效应在半导体材料的基片上经扩散电阻制成的器件。其基片可直接作为测量传感元件，扩散电阻在基片内接成电桥形式。当基片受到外力作用而产生形变时，各电阻值将发生变化，电桥就会产生相应的不平衡输出。

5. 激光传感器

激光传感器利用激光技术进行测量，由激光器、激光检测器和测量电路组成。激光传感器是新型测量仪器，它的优点是能实现无接触远距离测量，速度快、精度高、量程大、抗光、电干扰能力强等。利用激光的高方向性、高单色性和高亮度等特点可实现非接触远距离测量。激光传感器常用于距离、振动、速度、方位等物理量的测量，还可用于探伤和大气污染物的监测等。

2.3 设备数据采集的神经元——PLC

2.3.1 简介

设备数据采集的计算主要由下位机来完成，最常见的下位机是PLC。PLC控制系统是工业生产设计中一种用于数字运算操作的电子装置，是工业控制的核心部分。它采用一类可编程的存储器来执行逻辑运算、顺序控制、定时、计数与算术操作等面向用户的指令,并通过数字或模拟式输入/输出控制各种类型的机械或生产过程。PLC 设计按功能划分,由硬件功能和软件功能两部分组成。硬件主要包括数据采集接口、主控模块、存储模块、串口通信模块、电源模块、液晶显示和键盘功能模块;软件主要包括数据采集命令、时钟控制指令、存储指令、串口通信指令、中断处理程序、芯片温度预警程序、采集参数上下限预警指令等。

2.3.2 硬件基本结构

1. 中央处理单元

中央处理单元(CPU)是 PLC 控制器的控制中枢。它按照 PLC 控制器系统程序赋予的功能接收并存储从编程器键入的用户程序和数据;检查电源、存储器、I/O 模块以及警戒定时器的状态,并能诊断用户程序中的语法错误。当 PLC 控制器投入运行时,首先它以扫描的方式接收现场各输入装置的状态和数据,并分别存入缓存,然后从用户程序存储器中逐条读取用户程序,经过命令解释后按指令执行逻辑或算术运算,并将结果送入缓存或数据寄存器内。等所有的用户程序执行完毕之后,将缓存的各输出状态或输出寄存器内的数据传送到相应的输出装置,不断循环,直到停止运行。

2. 存储器

存放系统软件的存储器称为系统程序存储器。存放应用软件的存储器称为用户程序存储器。系统程序存储器由 PLC 生产厂家设计并以 ROM 形式固化在芯片上,用户不能直接读取。用户程序存储器用来存储满足用户要求的特定功能的程序。这些程序主要存放在可读写的存储器中。

PLC 使用以下几种物理存储器。

随机存取存储器(RAM):RAM 是一种可读写的存储器。用户可以用编程软件读出 RAM 中的内容,也可以改写 RAM 中的数据。它是一种易失性的存储器,RAM 芯片电源中断后,储存的信息将会丢失。RAM 的存储空间一般比较小,但是读写速度快,价格便宜,读写方便。PLC 离开外部供电后,需要使用锂电池持续供电来保存 RAM 中的用户程序和数据。

只读存储器(ROM):ROM 与 RAM 的不同之处在于 ROM 中保存的内容只能在初始时设置一次,以后不能修改,但是 ROM 是一种非易失性的存储器,在写入内容后,没有外部供电仍能保存存储的内容。ROM 常用来保存系统软件和系统数据。

带电可擦可编程只读存储器(EEPROM):EEPROM是一种非易失性的存储器,在脱离供电后仍能保存数据,PLC在运行时可以读写,它兼有ROM的非易失性和RAM的随机存取的优点,但是写入数据所需时间通常比RAM的长,改写的次数有限制。因此PLC常用EEPROM来保存开发者初始设置的用户参数以及修改次数少的重要数据。

3. 电源

PLC控制器的电源在整个系统中起着十分重要的作用。如果没有一个良好的、可靠的电源系统,PLC是无法正常工作的,因此PLC的制造商对电源的设计和制造十分重视。一般工业交流电压有较大波动,电源必须满足不采取其他措施就能将PLC控制器直接与波动的交流电网连接的要求。

4. 输入/输出(I/O)模块

输入模块和输出模块分别负责接收外部输入元件信号和外部输出元件信号。开关量输入模块用来接收从按钮、选择开关、数字拨码开关、限位开关、接近开关、光电开关、压力继电器等提供的开关量输入信号,模拟量输入模块用来接收电位器、测速发电机和各种变送器提供的连续变化的模拟量电流、电压信号。开关量输出模块用来控制接触器、电磁阀、电磁铁、指示灯、数字显示装置和报警装置等输出设备;模拟量输出模块用来控制电动调节阀、变频器等执行器。

2.3.3 软件结构设计

1. PLC的编程语言与程序结构

PLC常用的编程语言可以分为以下几类:① 顺序功能图;② 梯形图;③ 功能块图;④ 指令表;⑤ 结构文本。梯形图是使用最多的PLC图形编程语言,有时也将梯形图称为电路。梯形图与继电器控制系统的电路图很相似,具有直观易懂的优点,很容易被工厂熟悉继电器控制的人员掌握,特别适合用于数字量逻辑控制。PLC的控制程序通常由主程序、子程序和中断程序组成。主程序是程序的主体,每个扫描周期都要执行一次主程序。每一个项目都必须有且仅有一个主程序,在主程序中可以调用子程序,子程序又可以调用其他子程序。子程序是可选的,仅在被其他程序调用时执行。同一个子程序可以在不同的地方被不同的子程序多次调用。使用子程序可以简化程序代码和减少扫描时间。中断程序用来及时处理与用户程序的执行时序无关的操作,或者用来处理不能事先预测何时发生的中断事件。中断程序不由用户程序调用,而是在中断事件发生时由操作系统调用。

2. 数据类型与寻址方式

PLC常用的数制包括二进制数、十六进制数、BCD码等。PLC常用的数据类型包括位、字节、字、双字、16位整数、32位整数、32位浮点数、ASCII码字符、字符串等类型。PLC寻址方式分为直接寻址和间接寻址。直接寻址是一种基本的寻址方法，其特点是：在指令格式的地址字段中直接指出操作数在内存中的地址。在指令中直接给出参与运算的操作数及运算结果所存放的主存地址，即在指令中直接给出有效地址，所以称为直接寻址。间接寻址是相对于直接寻址而言的，指令地址字段的形式地址不是操作数的真正地址，而是操作数地址的指示器，或者说该存储单元的内容才是操作数的有效地址。

3. 功能指令

PLC的功能指令分为以下几种类型：

（1）较常用的指令，例如数据的传送与比较、数学运算、跳转、子程序调用等；

（2）与数据的基本操作有关的指令，例如字逻辑运算、求反码、数据的位移、循环移位、数据类型的转换等；

（3）与PLC高级应用有关的指令，例如与中断、高速计数、高速输出、PID控制、位置控制、通信有关的指令等；

（4）一些其他特殊指令，例如与字符串有关的指令、表格处理指令、编码指令、解码指令、看门狗复位指令、读/写实时时钟指令等。

2.3.4 PLC的特点

1. 编程方法简单易学

PLC编程常用的语言是梯形图，梯形图类似于继电器控制电路原理图。梯形图语言形象直观，简单易学，电气技术人员在熟悉继电器控制电路图的基础上可以很快熟悉PLC编程。

2. 功能强大且性价比高

一台小型的PLC可以集成成百上千个可供用户使用的编程元件，实现非常强大且复杂的功能，比相同功能的继电器控制系统性价比高。通过工业互联网，PLC可以实现分散控制、集中管理、远程操作，从而实现更强大的功能。

3. 硬件配套齐全、使用简单、应用领域广泛

PLC产品已经标准化、系统化、模块化，且配备有品类齐全的硬件装置供用户选用,用户能灵活方便地进行系统配置,组成不同功能、不同规模的系统。PLC的安装接线非常方便。PLC有较强的负载能力,可以直接驱动一般的电磁阀和小型交流接触器。

4. 可靠性高,抗干扰能力强

传统的继电器控制系统使用了大量的中间继电器和时间继电器,容易由于接触点接触不良产生故障。PLC使用软件代替大量的中间继电器和时间继电器,可以减少触点接触不良的故障。同时,PLC采用了一系列硬件和软件的抗干扰措施,具有很强的抗干扰能力,可以直接用于有强烈干扰的工业生产现场。PLC已被广大用户公认为最可靠的工业控制设备之一。

5. 系统的设计、安装、调试工作少

PLC用软件功能取代了继电器控制系统中大量的中间继电器、时间继电器、计数器等器件,使控制柜的设计、安装、接线工作量大大减少。PLC的梯形图程序一般用顺序控制设计法来设计,这种设计方法很有规律,容易被掌握,可以省大量的设计时间。PLC的用户程序可以在实验室模拟调试,输入信号用小开关或按钮来模拟,通过PLC上的发光二极管可以观察输入/输出信号的状态,系统的调试时间比继电器控制系统少得多。

6. 维修工作量少、维修方便

PLC的故障率很低,且有完善的自诊断和显示功能。PLC或外部的输入装置和执行机构发生故障时,工作人员可以根据PLC上的发光二极管或者软件提供的信息迅速地查明故障的原因,通过更换模块可以迅速地排除故障。

7. 体积小、功耗低

复杂的控制系统使用PLC后,可以减少大量的中间继电器和时间继电器,小型PLC的体积仅相当于几个继电器的大小。由于继电器数量的减少,系统功耗也减少。

2.3.5　PLC的应用领域

1. 数字量逻辑控制

PLC用"与""或""非"等逻辑控制指令来实现触电和电路的串、并联,代替继电器进行组合逻辑控制、定时控制与顺序逻辑控制。数字量逻辑控制可以用于单台设备,也可用于自动生产线,其应用领域已遍及各行各业。

2. 运动控制

PLC使用专用的运动控制模块,对直线运动或圆周运动的位置、速度和加速度进行控制,可以实现单轴和多轴的位置控制,使运动控制与顺序控制有机地结合在一起。

3. 闭环过程控制

闭环过程控制是指对温度、压力、流量等连续变化的模拟量的闭环控制。PLC 通过模拟量 I/O 模块,实现模拟量和数字量之间的 A/D 转换和 D/A 转换,并对模拟量实现闭环 PID(比例-积分-微分)控制。小型 PLC 用 PID 指令实现 PID 闭环控制。

4. 数据处理

现代的 PLC 具有数学运算、数据传送、转换、排序和查表等功能,可以完成数据的采集、分析和处理。

5. 通信联网

PLC 的通信包括 PLC 与远程 I/O 模块之间的通信、多台 PLC 之间的通信、PLC 与其他智能控制设备(例如计算机、变频器、数控装置)之间的通信。PLC 与其他智能控制设备一起,可以组成"集中管理、分散控制"的分布式控制系统。

2.3.6　常用的 PLC

常用的 PLC 按照大小分为超小型机、小型机、大中型机。其中:超小型机包含西门子的 S7-200 系列;小型机包括西门子的 S7-300 系列,日本三菱的 F1、F2、FX 系列,欧姆龙的 CPM、CP1、CQM 系列等;大中型机包括西门子的 S7-400 系列,日本三菱的 A 系列、QnA 系列、Q 系列,欧姆龙的 C200H、CJ1、CS1 系列。

PLC 按照品牌分为以下几种。

(1) 西门子:西门子公司生产的可编程逻辑控制器(PLC)在我国应用相当广泛,在冶金、化工、印刷生产线等领域都有应用。西门子公司最早的 PLC 产品是 1975 年投放市场的 SIMATIC S3,它实际上是带有简单操作接口的二进制控制器。1979 年,S3 系列被 S5 系列所取代,该系列广泛地使用了微处理器。到了 20 世纪 80 年代初,S5 系列进一步升级成 U 系列 PLC,较常用机型包括 S5-90U、95U、100U、115U、135U、155U。1994 年 4 月,S7 系列诞生,两年后,在过程控制领域,西门子公司又提出 PCS7(过程控制系统 7)的概念。

(2) 施耐德:施耐德 PLC 主要有原 Modicon 旗下的 Quantum、Compact(已停产)、Momentum 等系列,编程软件是 Concept;而 TE 旗下的 Premium、Micro 系列则使用 PL7Pro。施耐德在整合了 Modicon 和 TE 品牌的自动化产品后,将 UnityPro 软件作为未来中高端 PLC 的统一平台,并支持 Quantum、Premi-

um 和 M340 三个系列。

（3）日本三菱：三菱 PLC(Mitsubishi programmable logic controller)是三菱电机在大连生产的主力产品。它采用一类可编程存储器，用于其内部存储程序，执行逻辑运算、顺序控制、定时、计数与算术操作等面向用户的指令，并通过数字或模拟输入/输出信号控制各种类型的机械或生产过程。三菱 PLC 在中国市场常见的有以下型号：FR-FX1N、FR-FX1S、FR-FX2N、FR-FX3U、FR-FX2NC、FR-A、FR-Q。

（4）罗克韦尔：罗克韦尔可编程逻辑控制器主要包括大型控制系统、中型控制系统、Micro&Nano 控制系统、安全可编程逻辑控制器。罗克韦尔 PLC 编程软件的主要型号包括 RSLogix、RSLogix5(PLC5)、RSLogix500(SLC500、MicroLogix 系列)、RSLogix5000(ControlLogix 系统、FlexLogix、SoftLogix、CompactLogix、DriveLogix)。

（5）日本松下：松下可编程逻辑控制器于 1981 年开始上市销售，发展到现在，产品包括 FP-XH、FP7、FP-X0、FP0R、FP-e、FP-X、FPΣ、FP2SH、FP0 等系列。其中 FP-XH 具有高水平的基本性能，可灵活应对将来的设备扩充；最高指令处理时间为 0.04 μs；大容量，对应不同客户需求有 3 档可选；内置最大 6 轴 100 kHz 的高速脉冲输出功能（晶体管输出型），真正意义上满足了"以小型设备实施低成本的多轴定位控制"的需求。

（6）ABB：ABB 公司目前在产的控制器产品包括 AC800F、AC800M、AC700F、AC500、AC500-eco 五个系列。其中，AC800F 控制器是 ABB 公司于 2000 年推出的带现场总线功能的控制器，系统带有配套的组态软件 CBF、人-机监控软件 DigiVis 和相应的附加软件包。这款产品有丰富的现场总线接口，可实现控制器冗余、通信冗余和电源冗余等功用。

2.4 工业网关

网关又称网间连接器、协议转换器，在网络层上实现网络互联，是最复杂的网络互联设备，用于两个高层协议不同的网络互联。工业网关在工业生产过程中实现底层设备和上层设备的互联通信。

2.4.1 工业网关的功能与特点

1. 组织架构灵活

工业网关应具有开放式系统架构，可支持第三方应用平台的 SDK（软件开发工具包），同时支持 C 和 Python 二次开发环境，客户可自定义数据处理模型，实现对设备的预测性维护以及本地控制策略等不同应用。

2. 符合工业设计

较高的 IP 防护等级，坚固外壳，无孔散热，宽温宽压，符合工业级电磁兼容性（EMC）要求，可抵御各种极端气候和温度，无惧电压波动、高电磁辐射、潮湿、灰尘侵袭等恶劣条件。

3. 通信方式多样

工业网关具有强大的数据采集能力和丰富的接口（RJ45/RS232/RS485/CAN/IO/USB/Wi-Fi 等），并且兼容 Modbus、Profinet、CAN 等多种工业协议，支持 4G、Wi-Fi、有线、NB-IOT、MQTT（消息队列遥测传输）等多种通信协议，保障数据采集的准确完整。其中，MQTT 协议被广泛部署在新一代工业网关中。

MQTT 是 ISO 标准（ISO/IEC PRF 20922）下基于发布/订阅范式的消息协议。它工作在 TCP/IP 协议族上，是为硬件性能低下的远程设备以及糟糕的网络状况而设计的发布/订阅型消息协议，为此，它需要一个消息中间件。IBM 公司的安迪·斯坦福-克拉克及 Cirrus Link 公司的阿兰·尼普于 1999 年撰写了该协议的第一个版本。该协议的可用性取决于其使用环境。IBM 公司在 2013 年就向结构化资讯标准促进组织提交了 MQTT 3.1 版规范，并附有相关章程，以确保只对规范进行少量更改。MQTT-SN 协议是针对非 TCP/IP 网络上的嵌入式设备的主要协议的变种，与此类似的还有 ZigBee 协议。

"MQTT"中的"MQ"来自 IBM 的 MQ 系列消息队列产品线。然而队列本身通常不需要作为标准功能来支持。可选协议包含了高级消息队列协议、面向文本的消息传递协议、互联网工程任务组约束应用协议、可扩展消息与存在协议、数据分发服务、OPC UA 协议以及 Web 应用程序消息传递协议。

MQTT 协议目前已经扩展出数十个 MQTT 服务器端程序，可以通过 PHP、JAVA、Python、C、C♯ 等系统语言来向 MQTT 服务器端发送相关消息。此外，国内很多企业都广泛使用 MQTT 协议作为 Android 手机客户端与服务器端推送消息的协议。其中 Sohu、Cmstop 手机客户端中均使用到 MQTT 协议作为消息推送协议。Cmstop 主要负责消息推送的高级研发工程师李文凯称，随着移动互联网的发展，MQTT 协议由于开放源代码、耗电量小等特点，将会在移动消息推送领域有更多的贡献。在物联网领域，对于传感器与服务器的通信、信息的收集，MQTT 协议都可以作为考虑的方案之一。在未来，MQTT

协议会进入我们生活的各个方面。

MQTT 协议是为大量计算能力有限,且工作在低带宽、不可靠的网络中的远程传感器和控制设备通信而设计的协议,它具有以下主要特性。

(1) 使用发布/订阅消息模式,提供一对多的消息发布,解除应用程序耦合。

(2) 对负载内容屏蔽的消息传输。

(3) 使用 TCP/IP 提供网络连接。

(4) 有三种消息发布情况:

① "至多一次",消息发布完全依赖底层 TCP/IP 网络,会发生消息丢失或重复。这一级别可用于环境传感器数据,丢失一次读记录无所谓,因为不久后还会有第二次发送。

② "至少一次",确保消息到达,但可能会发生消息重复。

③ "只有一次",确保消息到达一次。这一级别可用于计费系统中,消息重复或丢失会导致不正确的结果。

(5) 小型传输,开销很小(固定长度的头部是 2 字节),协议交换最小化可以降低网络流量。

(6) 使用 Last Will 和 Testament 特性通知有关客户端异常中断的机制。

2.4.2 工业网关的基本构成

2.4.2.1 硬件层

1. 主处理芯片、无线网络处理芯片

在 ADSL、LAN 网关方面,以 MIPS 为主;在 PON 网关方面,ARM 占到一半。MIPS/DMIPS 是衡量芯片硬件处理能力的一个重要的指标,是指芯片硬件每秒可以处理的百万指令数。目前工业网关芯片的处理能力指标 MIPS/DMIPS 近万。MIPS 只代表硬件能力,还需要软件的配合及对驱动的优化。

在工业网关芯片方面,从 MIPS、PowerPC 架构向 ARM 架构转变的趋势比较明显,现在已有越来越多的工业网关使用 ARM 架构,大型的工业路由器之类的还是以 PowerPC 的为主。

主要的芯片供货商有博通(Broadcom,使用 MIPS,主要芯片为 68××系列)、MTK(Econet,使用 MIPS,主要芯片为 75××系列)、海思(Hisilicon,使用 ARM,主要芯片为 511×系列)、中兴微(ZXIC,使用 ARM,主要芯片为 ZX27V91××系列)、马维儿(Marvell,使用 ARM,主要芯片为 6F58 系列)、Realtek(使用 MIPS)和 Cortina。在主要的芯片供货商中，Broadcom 在用 MIPS，大多数供货商会选择 ARM，除功耗、授权费之外，一个重要的原因是围绕 ARM 的产业链比较丰富。很多 IP(专利)公司及软件公司的产品是基于 ARM 进行的，芯片供货商可以很方便地买一些专利及软件移植到芯片上去。而基于 MIPS 的产业链则比较少，Broadcom 自身积累的专利及软件比较多，这也是目前它坚持用 MIPS 的原因。

2. 接口

感知层信号接口：主要承担对接传感网内各设备的信号的任务。该模块包括对接不同电气信号的硬件接口，也包括对应的数据采集和指令发送的软件。为了应对感知层的复杂性，工业网关的生产企业一般会根据其目标应用领域的不同，设计相应的通信协议及与之相匹配的硬件接口。

网络层信号接口：主要承担对接网络层的信号的任务。相对感知层信号接口，网络层信号接口一般简单得多，因为通常整个系统中只需要一种标准的长输网络及其协议，所以对应的硬件接口和数据收发软件都相对单一，不过这并不是说网络层信号接口只能支持一种长输网络。在实际应用中，工业网关的生产企业为了产品的通用性往往将网络层信号接口设计成可以支持多种长输网络的形式。具体的形式可以是多种接口同时配备的方式，也可以是将产品设计成插卡可配置的形式，在出厂前让用户选择想要的配置。

2.4.2.2 驱动层

驱动层是介于嵌入式硬件和上层软件之间的一个底层软件开发包，主要用于联系下层硬件与上层软件。

该层一般拥有两部分功能。一是系统引导，包括嵌入式处理器和基本芯片的初始化；二是提供设备的驱动接口，负责嵌入式系统与外设的信息交互。驱动层程序一般包括硬件抽象层(HAL)、板级支持包(BSP)和设备驱动程序。

硬件抽象层(hardware abstraction layer，HAL)是位于操作系统内核与硬件电路之间的接口层，其主要用于将硬件抽象化。也就是说，可通过程序来控制所有硬件电路如 CPU、I/O、Memory 等的操作。这样就使得系统的设备驱动程序与硬件设备无关，从而大大提高系统的可移植性。

板级支持包(board support package，BSP)是介于主板硬件和操作系统中驱动层程序之间的一层，一般认为它是操作系统的一部分，主要用于实现对操作系统的支持，为上层的驱动程序提供访问硬件设备寄存器的函数包，使之能够更好地运行于硬件主板。BSP是相对操作系统而言的,不同的操作系统对应于不同形式的BSP。

设备安装后,需要安装相应的驱动程序才能使用。驱动程序为上层软件提供了设备的操作接口,上层软件只需要调用驱动程序提供的接口,而不用理会设备内部操作。驱动程序的好坏直接影响着系统的性能。

2.4.2.3 操作系统层

嵌入式操作系统是嵌入式系统极为重要的组成部分,通常包括与硬件相关的底层驱动软件、系统内核、设备驱动接口、通信协议、图形界面等。嵌入式操作系统可以分为分时操作系统和实时操作系统(real time operate system,RTOS)。

分时操作系统对软件执行时间的要求并不严格,时间上的延误或者时序上的错误一般不会造成灾难性的后果。

实时操作系统的首要任务是尽一切可能完成实时控制任务,其次是着眼于提高计算机系统的使用效率。实时性即调度一切可利用的资源完成实时控制任务,着眼于提高计算机系统的使用效率,满足时间的限制和要求。实时操作系统是面向具体应用,对外来事件在限定时间内能做出反应的系统。限定时间的范围很广,可以从微秒级(如信号处理)到分级(如联机查询系统)。目前,常用的嵌入式操作系统有以下几类。

1. 嵌入式 Linux

工业网关的操作系统很多采用的是 Linux,它是一款免费的操作系统,诞生于1991年,用户可以通过网络或其他途径免费获得,并可以任意修改其源代码。它能运行主要的 Unix 工具软件、应用程序和网络协议,并支持32位和64位硬件。

Linux能够支持 x86、ARM、MPS、ALPHA、PowerPC 等多种处理器体系结构,目前已经成功移植到数十种硬件平台,几乎能够运行在所有主流的 CPU 上。Linux 有着异常丰富的驱动程序资源,支持各种主流硬件设备和最新硬件技术,甚至可以在没有存储管理单元(MMU)的处理器上运行。

Linux 内核的高效和稳定已经在各个领域内得到了大量事实的验证,Linux 内核设计非常精巧,分成进程调度、内存管理、进程通信、虚拟文件系统和网络接口等五大部分。基于其独特的模块机制,用户可以根据需要,实时地将某些模块插入内核或从内核中移走某些特性,这使得 Linux 内核可以变得非常小巧,很适合嵌入式系统的需要。

嵌入式 Linux 为开发者提供了一套完整的开发工具,它利用 GNU 的 gcc 作为编译器,用 gdb、kgdb、xgdb 作为调试工具,能够很方便地实现从操作系统内核态到用户态应用软件各个级别的调试。

Linux 支持所有标准的 Internet 网络协议,并很容易移植到嵌入式系统中。此外,Linux 还支持 ext2、fat16、fat32、romfs 等文件系统。

由于上述这些优良特性,嵌入式 Linux 占据了很大的市场份额。常用的嵌入式 Linux 操作系统有 μCLinux、RTLinux、ETLinux、Embedix、XLinux 等。

2. Android

Android 是一种基于 Linux 的自由及开放源代码的操作系统,主要用于移动设备,如智能手机和平板电脑。Android 操作系统最初由 Andy Rubin 开发,主要支持手机。2005 年 8 月由 Google 收购注资。2007 年 11 月,Google 与 84 家硬件制造商、软件开发商及电信运营商组建开放手机联盟来共同研发改良 Android 系统。随后 Google 以 Apache 开源许可证的授权方式,发布了 Android 源代码。

3. Windows CE

微软公司 1966 年发布了 Windows CE 操作系统的第一个版本 Windows CE1.0,到 2006 年发布了 Windows CE6.0。2007 年发布了 Windows Embedded CE6.0R2,2009 年发布了 Windows Embedded CE7.0。目前,Windows Embedded CE 的主要应用领域为智能终端等消费类电子产品。此外,微软公司的 Windows Embedded 产品线还有多种,分别面向 POS、通信、工业控制、医疗等不同的嵌入式应用领域。

现代的嵌入式操作系统和其定制或配置工具紧密联系,构成了嵌入式操作系统的集成开发环境。就 Windows CE 来讲,个人无法购买 Windows CE 这个操作系统,但可以买到 Platform Builder for CE.NET4.2 的集成环境(简称 PB),利用它可以裁剪和定制出一个符合需要的 Windows CE.NET4.2 操作系统。为在 Windows CE 上进行应用软件开发,微软公司提供了 Embedded Visual B(EVB)、Embedded Visual C++(EVC)、Visual Studio.NET(VS.NET) 等工具,它们是专门针对 Windows CE 操作系统的开发工具。把 Windows CE 操作系统中的软件开发包 SDK 导出后安装在 EVC 下,即可变成专门针对这种设备或者系统的开发工具。VS.NET 中的 VB.NET 和 C# 也为开发以 Windows CE 为操作系统的智能设备提供了支持。

2.4.2.4 应用层

1. 数据处理模块

设备端的数据处理主要解决的是数据失配问题。也就是说,服务端需要获取数据的范围、频率、完整性等方面的差异。数据处理的目的是整理输入接口进入的数据,将其转化成适合输出的数据形式并推送到输出接口。这里的输入方和输出方既可以由设备端扮演,也可以由服务端扮演,因此数据的流动是双向的,而且因数据的类型不同也有所区别。

2. 数据库模块

处理后的数据在某些场景下还需要存储在网关本地的数据库内,以便复杂的数据处理流程或者其他的就地业务逻辑处理流程使用。因为工业网关一般属于嵌入式计算设备,所以此类数据库一般也采用嵌入式数据库。嵌入式数据库功能较为简单,一般有内存缓冲以提高存取速度。

3. 业务逻辑模块

业务逻辑模块主要处理与网关所关联的那部分传感网所连接的设备、传感器和执行器有关的局部系统的业务逻辑。不同网关的就地业务逻辑模块的丰富和复杂程度差异较大,如果一个工业网关中没有这部分功能模块,则经常被称为数据透传式的网关,或者称为协议转换器、通信管理机。

4. 其他模块

除了以上主要模块,一个网关往往还配置了实现功能的用户操作界面,可以采用按键、命令行(通过 telnet 或串口)或者图形界面的模式。如果网关具有就地业务逻辑模块,可能还需要向其加载本地业务逻辑所需要的脚本文件、配置文件的工具。

另一类极其重要的模块就是安全模块。与一般的网络设备一样,安全是必不可少的设计考量。除了要抵御来自外部的网络攻击,还要考虑设备接入服务端时的身份认证问题,也就是说,只有合法的设备才能连接服务端。这就要求每个设备端成员(工业网关或智能设备)必须有唯一的识别标志和授权标志才能进入工业物联网,否则极有可能会被冒名的外部恶意设备接入,从而干扰整个系统的正常运行。同样的,设备也只能接入合法的服务端,否则会被恶意冒名的服务端干扰设备的正常工作。

工业网关作为远程设备,其自维护性也很重要。一般要求其应利用自身连接服务端的优势,从服务端自动下载自身的软件更新包并完成更新,一些设定和配置工作也应该可以通过远程登录来完成,从而降低派驻人员现场维护的成本,提高对用户需求的响应速度。

2.4.3 工业网关的关键技术

工业网关的关键技术主要包括管理技术、QoS(服务质量)技术、安全技术、中间件技术、设备发现和资源共享技术等。以下对这些关键技术分别加以分析。

2.4.3.1 网关的管理技术

完整的网关远程管理系统在软件组件上包含主进程、南向接口组件、北向接口组件、自动配置组件、应用服务组件、数据库组件、文件服务组件等部分,各逻辑组件可以由独立组件服务器实现,也可以由统一的 RMS 服务器(权限管理服务器)实现。

自动配置组件(自动配置服务器 ACS) 负责与终端设备的交互会话,包括设备注册、信息上报、对设备进行管理等交互操作。自动配置服务使用 TR-069 对终端设备进行管理和配置。

文件服务组件 负责终端软件版本、配置文件等的存储和管理,用于对设备软件和业务配置的备份和更新,要求支持 HTTP、FTP 等传输协议。

数据库组件 用于远程管理系统中终端设备信息的管理,同时组织配置文件信息、工作计划信息、系统管理信息等,为用户提供检索和查询。数据库系统可以集中建立,多个应用服务器共享同一个数据库系统,以减轻数据同步和备份的需求。

应用服务组件 提供前台操作界面和业务处理逻辑,如制定工作计划、制定参数配置模板等,提供系统管理的交互环境。另外,应用服务组件可提供系统备份、监控等工具服务支持。RMS 服务器通过北向接口与 OSS/BSS 交互,电信运营商通过 OSS/BSS 系统平台提供业务,并建立 RMS 服务器实现的策略;RMS 服务器通过南向接口与网关和设备端交互,实现网络的远程管理。

对于远程和本地网关管理,都需要一个共同的管理抽象层和一个统一数据库访问的数据模型管理模块。该模块的主要管理接口包括:

(1) IHG-M 处理本地管理,是 HTML 接口。

(2) IHG-ACs 处理远程管理,是 CWMP 接口。

(3) ED-ACs 处理桥接 ED 的远程管理,是 CWMP 接口。

(4) IED-HG 是 HG/ED(端设备)的交互接口,可以是 DHCP 或 UPnP 接口。

网关的管理体系功能框架需包含以下功能:

设备管理、QoS 管理、安全管理、配置管理、硬件升级管理、性能检测、诊断与故障处理(报警/提示与日志管理)。

2.4.3.2 网关的 QoS 技术

服务质量(QoS)是网络提供更高优先服务的一种能力,包括专用带宽、抖动控制和延迟(用于实时和交互式流量情形)、丢包率的改进以及不同 WAN、LAN 和 MAN 技术下的指定网络流量等,同时确保为每种流量提供的优先权不会阻碍其他流量的进程。它有一套度量指标,包括业务可用性、延迟、时延抖动、吞吐量和丢包率。

业务可用性　用户到 IP 业务之间连接的可靠性。

延迟　也称为时延(latency),指两个参照点之间发送和接收数据包的时间间隔。

时延抖动　也称为抖动(jitter),指在同一条路径上发送的一组数据流中的数据包之间的时间差异。

吞吐量　网络中发送数据包的速率,可用平均速率或峰值速率表示。

丢包率　在网络中传输数据包时丢弃数据包的最高比率。数据包丢失一般是由网络拥塞引起的。

网关通过基于包、服务分类和队列分配实现对业务 QoS 的保障。关键技术和流程如下所述。

1. 流分类和标记

流分类和标记是 QoS 的基础。家庭网关支持两层和三层的 QoS 机制和多种方式的流识别和标记。一般在网络边界,利用接入控制列表(ACL)等技术,根据物理接口、源地址、目的地址、MAC 地址、IP 协议或应用程序的端口号等对报文进行分类,并同时设置报文 IP 头的 TOS 字段作为报文的 IP 优先级;在网络的内部则可使用边缘设置好的 IP 优先级作为分类的标准,以提高网络的处理效率,也可以根据业务分类标记 QoS。现阶段的应用型家庭网关采用不同端口配置不同的 PVC 或 VLAN 方式来进行业务标识。对于 ADSL2＋方式的设备,能够提供端口和 PVC 的绑定,使得不同业务终端通过不同的 PVC 上行的 DSLAM,由 DSLAM 根据 VLAN 规划来将 PVC 映射成 VLAN。

2. 流量控制和带宽保证

流量控制和带宽保证的作用是限制进入网络的某一连接的流量与报文的突发,在报文满足一定带宽的条件下,如果某个连接的报文流量过大,流量监管就可以选择丢弃报文,或重新设置报文的优先级,同时保证某项业务拥有一定的带宽和服务。通常使用约定访问速率(committed access rate,CAR)来限制某类报文的流量,如限制FTP、P2P报文不能占用超过50%的网络带宽。如果需要限制流出网络的某一连接的流量报文以比较均匀的速度向外发送,则使用流量整形。

约定访问速率利用令牌桶技术来实现带宽的分配和测量。根据流分类和标记结果,网关为不同类别的流分配不同的带宽,定义占用的带宽超过分配额度时的处理策略,通过限制某一端口的流量来保证服务质量。

3. 队列调度

当接口产生拥塞时,网关通过队列调度机制解决多个报文同时竞争使用资源的问题。在接口没有产生拥塞时,报文在到达接口后立即被发送出去;当报文到达接口的速度超过接口发送报文的速度时,接口就产生了拥塞,队列调度会按照一定的策略将分类的报文送入不同的队列,对不同优先级的报文分别进行处理,优先级高的报文会得到优先处理。不同的队列算法用来解决不同的问题,并产生不同的效果。

网关支持上行流、下行流统一做队列管理,支持多种队列调度方式,包括PQ、WFQ和这些队列调度方式的组合,以及SP和WRR两种重要的调度算法。

4. UPnP的QoS系统

UPnP的QoS系统是一种基于策略的QoS系统,允许网络中的实体定义各种规则去处理网络中同时发生的冲突和问题,比如谁能得到网络的资源、判断网络中优先级最高的信息等。

2.4.3.3 网关的安全性技术

网络中存在安全性需求的网络设备可划分为网关本身、接入工业网络且只能通过工业网络访问公网的设备、接入工业网络且同时具有其他公网接口的设备。针对各种不同的安全性需求,工业网络中存在以下安全策略和场景。

1. 防火墙功能

工业网关具备一定的防网络攻击能力,为工业网络内部提供一个相对安全的网络环境。网关防火墙具备接入控制能力、报文过滤能力、防DoS攻击能力、防端口扫描能力、防止非法报文攻击能力,并可以提供本地网络安全日志。网关可以保证业务流能够正常通过防火墙,支持DMZ(隔离区),提供DMZ Host

的配置查询功能。

2. 虚拟专用网络(VPN)

工业网关支持基于 IPSec 的解决方案,支持 VPN 穿越方案。

3. 认证鉴权功能

用户进行身份验证可以使用用户名加密码的方式。用户名加密码是一种最简单的认证方式,同时可以使用证书的方式,证书包含来自颁发机构的数字签名,可以保存在硬盘、智能卡等介质上。

用户进行身份验证可以使用终端设备标识的方式,例如该方式可以是直接存储在设备上面的设备识别码,或者是根据接入线路计算出来的固定的物理位置编码,或者是保存在智能卡(如 SIM 卡)上的验证信息和密钥等。

4. WLAN 接入安全

网络中可用的 WLAN 标准包括 Wi-Fi 和 WAPI。Wi-Fi 全称为 wireless fidelity,意为无线保真技术,指以电气与电子工程师协会 IEEE(Institute of Electrical and Electronics Engineers)的 02.11b 规范为基础的无线局域网。该技术因自身优点而受到厂商及用户的青睐。Wi-Fi 无须布线,传输范围为室外最大 300 m,室内有障碍情况下最大 100 m,同时还可以与现在已有的各种 IEEE802n 设备兼容。

无线局域网鉴别与保密基础结构(WAPI)由无线局域网认证基础结构 WAI(WLAN Authentication Infrastructure)和无线局域网保密基础结构 WPI(WLAN Privacy Infrastructure)组成。WAI 采用基于椭圆曲线算法的公钥证书体制,使无线客户端 STA 和接入点 AP 通过鉴别服务器 ASU 进行双向身份认证,提供安全策略协商、用户身份鉴别、接入控制等功能。中国无线局域网国家标准 GB15629.11 对这些技术要求进行了规定。

对无线安全接入和传输控制技术,主要包含加密、访问控制、认证等。

5. 接入控制

网关可采用 IPSec、SSL、TLS、HTTPS、SSH 等技术,使网络具有一定的信息传送安全功能。

6. 目的地址控制模块

网关目的地址控制模块支持用户定制控制策略的功能,控制策略可以是时间、应用以及时间和应用的结合;支持家长控制日志(包括非法攻击、对某些站点的访问等)。这些控制日志及控制策略的组合可实现家长控制功能。

2.4.3.4 网关的中间件技术

业界提出基于中间件的网关设计模式,以应对复杂的工业网关需求。工业网关的软件和硬件的设计将分离,而软件部分将以中间件为主体。中间件是一种相对通用的软件,但又设计为可实现某种特定的功能。工业网关中间件的本质是一套跨平台、功能统一并且可以被生产所完全自主控制的工业网关软件系统。

2.4.3.5 设备发现和资源共享技术

网关需支持网络内部的设备互联,遵从 UPnP UDA 1.0 或 SJ/T11310《信息设备资源共享协同服务》的规定,完成设备之间的自动发现和自动配置。

1. UPnP

UPnP 是各种各样的智能设备、无线设备和主机等实现遍布全球的对等网络连接(P2P)的结构。UPnP 的应用范围非常广,能够实现许多现成的、新的、令人兴奋的方案。工业网关需要支持 UPnP 协议,并通过 UPnP 对工业网络中的 UPnP 终端进行业务连接和管理。

UPnP 是一种分布式、开放式的网络架构,可以充分发挥 TCP/IP 和网络技术的功能,不但能对类似网络进行无缝连接,而且能控制网络设备并在它们之间传输信息。UPnP 架构以协议定义组织,避免出现设备驱动程序,以做到普遍使用和随时连接。UPnP 规定了控制设备和控制点两种设备类型,控制设备能够对控制点的要求做出回应,但是两种类型的设备可以在一个硬件设备中实现。

UPnP 设备应用流程包括分配 IP 地址、发现设备、描述、发起事件。

分配 IP 地址　控制设备以 DHCP 或 AutoIP 方式获取 IP 地址,并根据需要进行地址有效性判断和管理,同时包含设备名和设备地址的转换和维护。

发现设备　包含通告和搜寻两种发现模式。通过设备类型、设备号等信息,UPnP 设备发送通告并被控制点发现,或者控制点以搜寻的方式发现受控制设备。

描述　设备信息用描述表示,包含设备类型、设备标识号等,以 xml 描述文件格式完成。

发起事件　当控制点发现受控制设备并获取其描述后,即可以用发起事件的方式来完成应用。

UPnP 在 IP 链路层之上,以普通协议适配的方式,构建一个不需要驱动程序、可以随时对接的应用层网络连接。同时,由于 UPnP 构建在 TCP/IP 之上,因此 UPnP 对 LAN/WLAN 的内部连接基础不会造成显著影响。

2. 闪联

有线和无线网络技术的发展推动了从内容到终端的整个产业链的网络化,用户希望多种设备可以使用同一服务,或使用同一设备可以得到多个服务。闪联是信息设备资源共享协同服务(intelligent grouping and resource sharing, IGRS)的简称,IGRS 标准亦称为闪联标准。闪联标准是新一代网络信息设备的交换技术和接口规范,在通信及内容安全机制的保证下,支持各种 3C(computer,consumer electronics,communication devices)设备智能互联、资源共享和协同服务。

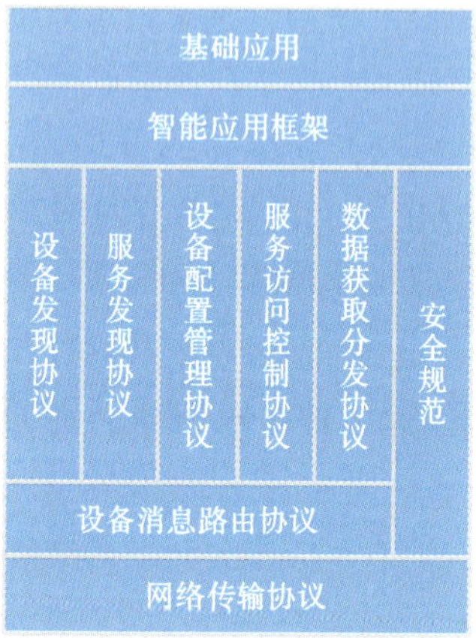

闪联提出了以协议和标准为核心的自主知识产权体系,对提升中国 IT 产业核心竞争力具有重大的战略意义。闪联的协议结构如图 2-3 所示。

图 2-3 闪联的协议结构

闪联在技术上已经成熟,网络传输协议包含以下内容:在 IGRS 基础协议的基础上,实现多平台的协议栈移植;设计实现了多种 IGRS 应用框架,包括 AV Profile、File Profile、驱动下载 Profile 等;提供丰富的网络配置工具,包括 Wi-Fi 智能发现及接入配置、IP 直接路由功能、网络接入共享等;提供平台支撑环境,即 IGRS 相关组件管理平台,包括组件注册、自动更新、运行监控等。

闪联技术标准具有以下优点:支持多平台,适用于各种类型的终端设备;支持多种应用框架的 Profile,可快速开发应用;具备可靠的 DRM 技术,可保护内容和知识产权;有极强的扩展性和兼容性,闪联技术与 UPnP 单向兼容。

2.5 工业控制网络

工业控制网络是将具有通信能力的控制器、传感器、执行器、测控仪表作为网络节点,以现场总线或以太网等作为通信介质连接成的开放式、数字化、多节点通信网络,用以完成测量控制任务。

2.5.1 集散控制系统

2.5.1.1 集散控制系统的概念

20世纪50年代末期,陆续出现了由计算机组成的控制系统,这些系统实现的功能不同,实现数字化的程度也不同。最初,它用于生产过程的安全监视和操作指导,后来用于实现监督控制,但还没有直接用于控制生产过程。

20世纪60年代初期,计算机开始直接用于生产过程的数字控制。由于当时计算机的造价很高,再加上当时硬件水平的限制,计算机的可靠性很低,实时性较差,因此,大规模集中式的直接数字控制系统基本上宣告失败。但人们从中体会到,直接数字控制系统确实有许多模拟控制系统无法比拟的优点,如果能够解决系统的体系结构和可靠性问题,计算机用于集中控制是大有希望的。

经过多年的探索,1975年出现了集散控制系统(DCS),这是一种结合了仪表控制系统和直接数字控制系统的优势而出现的全新控制系统,它很好地解决了直接数字控制系统存在的两个问题。如果直接数字控制系统是计算机进入控制领域后出现的新型控制系统,那么DCS则是网络进入控制领域后出现的新型控制系统。

在DCS出现的早期,人们还将其看作仪表系统,这可以从1983年DCS的定义中看出。"That class of instrumentation(input/output devices, control devices and operator interface devices) which in addition to executing the stated control functions also permits transmission of control, measurement, and operating information to and from a single or a plurality of user specifiable locations, connected by a communication link."——某一类仪器仪表(输入/输出设备、控制设备和操作员接口设备),它不仅可以完成指定的控制功能,还允许将控制、测量和运行信息在具有通信链路的、可由用户指定的一个或多个地点之间相互传递。

按照这个定义,可以将DCS理解为具有数字通信能力的仪表控制系统。从系统的结构形式看,DCS确实与仪表控制系统类似,在现场端它仍然采用模拟仪表的变送单元和执行单元,在主控制室端是计算单元和显示、记录、给定值等单元。但实质上DCS和仪表控制系统有着本质的区别。首先,DCS是基于数字技术的,除了现场的变送和执行单元外,其余的处理均采用数字方式;其次,DCS的计算单元并不是针对每一个控制回路设置一个计算单元,而是将若干个控制回路集中在一起,由一个现场控制站来完成这些控制回路的计算功能。DCS 的结构形式不只是为了成本上的考虑,与模拟仪表的计算单元相比,DCS 的现场控制站是比较昂贵的。之所以采用一个控制站执行多个回路控制的结构形式,是因为 DCS 的现场控制站有足够的能力完成多个回路的控制计算。从功能上讲,由一个现场控制站执行多个控制回路的计算和控制功能更便于这些控制回路之间的协调,这在模拟仪表系统中是无法实现的。一个现场控制站应该执行多少个回路的控制与被控对象有关,系统设计师可以根据控制方法的具体要求在系统中安排相应数量的现场控制站,每个现场控制站安排相应的控制回路。在这方面,DCS 有着极大的灵活性。

美国仪表协会(ISA)除了 1983 年对 DCS 作出定义外,还从许多不同角度作出解释。

"A system which, while being functionally integrated, consists of subsystems which may be physically separate and remotely located from one another."——物理上分立并分布在不同位置上的多个子系统,在功能上集成为一个系统。它解释了 DCS 的结构特点。

"Comprised of operator consoles, a communication system, and remote or local processor units performing control, logic, calculations and measurement functions."——由操作台、通信系统和执行控制、逻辑、计算及测量等功能的远程或本地处理单元构成。它指出了 DCS 的三大组成部分。

"Two meanings of distributed shall apply: (a) Processors and consoles distributed physically in different areas of the plant or building; (b) Data processing distributed such as several processors running in parallel,(concurrent) each with different function."——分布的两个含义:(a)处理器和操作台物理上分布在工厂或建筑物的不同区域;(b)数据处理分散,多个处理器并行执行不同的功能。它解释了分布的两个含义,即物理上的分布和功能上的分布。

"A system of dividing plant or process control into several areas of responsibility, each managed by its own controller(processor), with the whole interconnected to form a single entity usually by communication buses of various kinds."——将工厂或过程控制分解成若干区域,每个区域由各自的控制器(处理器)进行管理控制,它们之间通过不同类型的总线连成一个整体。它侧重描述了 DCS 各个部分之间的连接关系,是通过不同类型的总线实现连接的。

总结以上各方面的描述,可对 DCS 作一个比较完整的定义:

(1) 以回路控制为主要功能的系统。

(2)除变送和执行单元外,各种控制功能及通信、人机界面均采用数字技术。

(3)以计算机的阴极射线管显示器(CRT)、键盘、鼠标、轨迹球代替仪表盘形成系统人机界面。

(4)回路控制功能由现场控制站完成,系统可有多台现场控制站,每台控制一部分回路。

(5)人机界面由操作员站实现,系统可有多台操作员站。

(6)系统中所有的现场控制站、操作员站均通过数字通信网络实现连接。

上述定义的前三项与DDC(直接数字控制)系统无异,而后三项则描述了DCS的特点,也是DCS与DDC之间最根本的不同。

2.5.1.2 集散控制系统的特点

DCS有一系列特点和优点,主要表现在以下6个方面:分散性和集中性、自治性和协调性、灵活性和扩展性、先进性和继承性、可靠性和适应性、友好性和新颖性。

1. 分散性和集中性

DCS分散性的含义是广义的,不单是控制分散,还包括地域分散、设备分散、功能分散和危险分散。分散的目的是使危险分散,进而提高系统的可靠性和安全性。

DCS硬件积木化和软件模块化是分散性的具体体现。因此,可以因地制宜地分散配置系统。例如:直接控制层中的一台过程控制站(PCS)可看作一个子系统;操作监控层中的一台操作员站(OS)也可看作一个子系统。

DCS的集中性是指集中监视、集中操作和集中管理。

DCS通信网络和分布式数据库是集中性的具体体现,用通信网络把物理分散的设备构成统一的整体,用分布式数据库实现全系统的信息集成,进而达到信息共享。因此,DCS可以同时在多台操作员站上实现集中监视、集中操作和集中管理。当然,操作员站的地理位置不必强求集中。

2. 自治性和协调性

DCS的自治性是指系统中的各台计算机均可独立工作。例如:过程控制站能自主地进行信号输入、运算、控制和输出;操作员站能自主地实现监视、操作和管理;工程师站的组态功能更为独立,既可在线组态,也可离线组态,甚至可以在与组态软件兼容的其他计算机上组态,形成组态文件后再装入DCS运行。

DCS 的协调性是指将系统中的各台计算机用通信网络互联在一起,相互传送信息,相互协调工作,以实现系统的总体功能。

DCS 的分散和集中、自治和协调不是相互对立的,而是相互补充的。DCS 的分散是相互协调的分散,各台分散的自主设备是在统一集中管理和协调下各自分散独立工作的,构成统一的有机整体。正是这种分散和集中的设计思想,自治和协调的设计原则,使 DCS 获得进一步发展,并得到广泛的应用。

3. 灵活性和扩展性

DCS 硬件采用积木式结构,类似儿童搭积木那样,可灵活地配置成小、中、大各类系统。另外,还可根据企业的财力或生产要求,逐步扩展系统,改变系统的配置。

DCS 软件采用模块式结构,各类功能模块可灵活地构成简单、复杂的各类控制系统。另外,DCS 还可根据生产工艺和流程的改变,随时修改控制方案,在系统容量允许的范围内,只需通过组态就可以构成新的控制方案,而不需要改变硬件配置。

4. 先进性和继承性

DCS 综合了 4C(计算机、控制、通信和屏幕显示)技术,并随着 4C 技术的发展而发展。也就是说,DCS 硬件上采用先进的计算机、通信网络和屏幕显示;软件上采用先进的操作系统、数据库、网络管理和算法语言;算法上采用自适应、预测、推理、优化等先进的控制算法,建立生产过程数学模型和专家系统。

DCS 自问世以来,更新换代比较快。当出现新型 DCS 时,旧型 DCS 作为新型 DCS 的一个子系统继续工作,新、旧型 DCS 之间还可互相传递信息。这种 DCS 的继承性消除了用户的后顾之忧,不会因为新、旧型 DCS 之间的不兼容给用户带来经济上的损失。

5. 可靠性和适应性

DCS 的分散性使系统的危险分散,提高了系统的可靠性。DCS 采用了一系列冗余技术,如控制站主机、I/O 板、通信网络和电源等均可双重化,而且采用热备份工作方式,自动检查故障,一旦出现故障立即自动切换。DCS 安装了一系列故障诊断与维护软件,实时检查系统的硬件和软件故障,并采用故障屏蔽技术,使故障影响尽可能小。

DCS 采用高性能的电子元器件、先进的生产工艺和各项抗干扰技术,可使其适应恶劣的工作环境。DCS 设备的安装位置可适应生产装置的地理位置,尽可能满足生产的需要。DCS 的各项功能可适应现代化生产的控制和管理需求。

6. 友好性和新颖性

DCS 为操作人员提供了友好的人机界面,操作员站采用彩色显示器和交互式图形画面,常用的画面有总貌、组、点、趋势报警、操作指导和流程图画面等。DCS 运用图形窗口、专用键盘、鼠标等,使操作更简便。

DCS 的新颖性主要表现在人机界面,它采用动态画面、工业电视、合成语音等多媒体技术,图文并茂,形象直观,使操作人员有身临其境之感。

2.5.1.3 集散控制系统的发展历程

从 1975 年第一套 DCS 诞生到现在,DCS 经历了三个大的发展阶段,并出现了新一代 DCS。从总的趋势看,DCS 的发展体现在以下 6 个方面。

(1) 系统的功能从低层(现场控制层)逐步向高层(监督控制、生产调度管理)扩展。

(2) 系统的控制功能由单一的回路控制功能逐步发展到综合了逻辑控制、顺序控制、程序控制、批量控制及配方控制等的混合控制功能。

(3) 构成系统的各个部分由 DCS 厂家专有的产品逐步改变为开放的市场采购的产品。

(4) 开放的趋势使得 DCS 厂家越来越重视采用公开标准,这使第三方产品更加容易集成到系统中。

(5) 开放性带来的系统趋同化迫使 DCS 厂家向高层的、与生产工艺结合紧密的高级控制功能发展,以求得与其他同类厂家的差异化。

(6) 数字化的发展越来越向现场延伸,这使得现场控制功能和系统体系结构发生了重大变化,最终 DCS 将发展成为更加智能化、更加分散化的新一代控制系统。

1. 第一代 DCS(初创期)

第一代 DCS 是指 1975—1980 年出现的第一批系统,控制界称这个时期为初创期或开创期。这个时期的代表是率先推出 DCS 的 Honeywell 公司的 TDC-2000 系统,同期的还有横河(Yokogawa)公司的 Yawpark 系统、Foxboro 公司的 Spectrum 系统、Bailey 公司的 Network90 系统、Kent 公司的 P4000 系统、Siemens 公司的 Teleperm M 系统和东芝公司的 TOSDIC 系统等。

在描述第一代 DCS 时,一般都以 Honeywell 的 TDC-2000 为模型。第一代 DCS 是由过程控制单元、数据采集单元、CRT 操作站、上位管理计算机及连接各个单元和计算机的数据高速通道这五个部分组成的,这也奠定了 DCS 的体系结构,如图 2-4 所示。

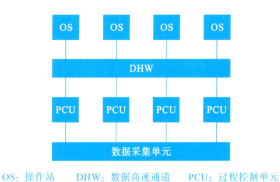

图 2-4　第一代 DCS 的体系结构图

这个时期系统的特点如下：

(1) 比较注重控制功能的实现,系统的设计重点是现场控制站,系统均采用当时最先进的微处理器来构成现场控制站,因此系统的直接控制功能比较成熟可靠。

(2) 系统的人机界面功能相对较弱,在实际应用中只用 CRT 操作站进行现场工况的监视,使得提供的信息也有一定的局限。

(3) 在功能上更接近仪表控制系统,这是由于大部分推出第一代 DCS 的厂家都有仪器仪表生产和系统工程的背景。其分散控制、集中监视的特点与仪表控制系统类似,所不同的是控制的分散不是到每个回路,而是到现场控制站,一个现场控制站所控制的回路从几个到几十个不等;集中监视采用的是 CRT 显示技术和控制键盘操作技术,而不是仪表面板和模拟盘。

(4) 各个厂家的系统均由专有产品构成,包括数据高速通道、现场控制站、人机界面工作站及各类功能性的工作站等。这与仪表控制时代的情况相同,不同的是 DCS 并没有像仪表那样形成 4～20 mA 的统一标准,各个厂家的系统在通信方面是自成体系的。由于当时网络技术的发展也不成熟,还没有厂家采用局域网标准,而是各自采用自有技术的高速数据总线(或称数据高速公路),各个厂家的系统并不能像仪表系统那样实现信号互通和产品互换。这种由独家技术、独家产品构成的系统形成了极高的价位,不仅系统的购买价格高,而且系统的维护运行成本也高。可以说这个时期是 DCS 的超利润时期,因此其应用范围也受到一定的限制,只在一些要求特别高的关键生产设备上得到了应用。

DCS在控制功能上比仪表控制系统前进了一大步,特别是采用了数字控制技术,许多仪表控制系统无法解决的复杂控制、多参数滞后、整体协调优化等控制问题得到了解决。DCS在系统的可靠性、灵活性等方面又大大优于直接数字控制(DDC)系统,因此一经推出就显示了强大的生命力,得到了迅速的发展。

2. 第二代DCS(成熟期)

第二代DCS是在1980—1985年推出的各种系统,其中包括Honeywell公司的TDGC-3000、Fisher PROVOX、Taylor公司的MOD300及Westinghouse公司的WDPF等系统。第二代DCS的体系结构如图2-5所示。

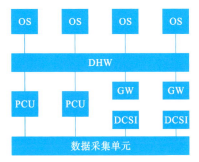

OS:操作站　　　　　DHW:数据高速通道
PCU:过程控制单元　GW:网间连接器
DCSI:第一代DCS

图2-5　第二代DCS的体系结构图

第二代DCS的最大特点是引入了局域网(LAN)作为系统骨干,按照网络节点的概念组织过程控制站、中央操作站、系统管理站及网关(gate way,用于兼容早期产品),这使得系统的规模、容量进一步增加,系统的扩充有更大的余地,也更加方便。这个时期的系统开始摆脱仪表控制系统的影响,逐步靠近计算机系统。

在功能上,这个时期的DCS逐步走向完善,除回路控制外,还增加了顺序控制、逻辑控制等功能,加强了系统管理站的功能,可实现一些优化控制和生产管理功能。在人机界面方面,随着CRT显示技术的发展,图形用户界面逐步丰富,显示密度大大提高,操作人员可以通过CRT显示器得到更多的生产现场信息和系统控制信息。在操作方面,从过去单纯的键盘操作(命令操作界面)发展到基于屏幕显示的光标操作(图形操作界面)、轨迹球、光笔等光标控制设备在系统中得到了越来越多的应用。

由于系统技术的不断成熟,更多的厂家参与竞争,DCS的价格开始下降,这使得 DCS 的应用更加广泛。但是，DCS 在系统的通信标准方面仍然没有进展，各个厂家虽然在系统的网络技术上下了很大的工夫，也有一些厂家采用了专业实时网络开发商的硬件产品，但在网络协议方面，仍然是各自为政，不同厂家的系统之间基本不能进行数据交换。系统的各个组成部分，如现场控制站、人机界面工作站、各类功能站及软件等都是各个 DCS 厂家的专有技术和产品。因此，从用户的角度看，DCS 仍是一种购买成本、运行成本及维护成本都很高的系统。

3. 第三代 DCS（扩展期）

第三代 DCS 以 1987 年 Foxboro 公司推出的 I/A Series 为代表，该系统采用了 ISO 标准 MAP（制造自动化规约）网络。这一时期的系统除 I/A Series 外，还有 Honeywell 公司的 TDC-3000/UCN、Yokogawa 公司的 Centum-XL 和 /1XL、Bailey 公司的 INFI-90、Westinghouse 公司的 WDPF II、Leeds&Northrup 公司的 MAX1000，以及日立公司的 HIACS 系列等。如图 2-6 所示为第三代 DCS 的体系结构。

这个时期的 DCS 在功能上实现了进一步扩展，增加了上层网络，将生产的管理功能纳入系统中。这样就形成了直接控制、监督控制和协调优化、上层管理三层功能结构，这实际上就是现代 DCS 的标准体系结构。这样的体系结构已经使 DCS 成为一个很典型的计算机网络系统，而实施直接控制功能的现场控制站，在其功能逐步成熟并标准化之后，成为整个计算机网络系统中的一类功能节点。进入 20 世纪 90 年代，各个厂家的 DCS 在直接控制功能方面的差异已经很难比较，各种 DCS 的差异则主要体现在与不同行业应用密切相关的控制方法和高层管理功能方面。

在网络方面，各个厂家已普遍采用了标准的网络产品，如各种实时网络和以太网等。到 20 世纪 90 年代后期，很多厂家将目光转向了只有物理层和数据链路层的以太网和在以太网之上的 TCP/IP。这样，在高层（即应用层），各个厂家依然使用自己的标准，系统间无法直接通信，但在网络的低层，系统间是可以互通的，高层的协议则通过开发专门的转换软件实现互通。

除了功能上的扩充和网络通信的部分实现外，多数 DCS 厂家在组态方面实现了标准化，由 IEC 61131-3 所定义的五种组态语言被大多数 DCS 厂家采纳，为用户提供了极大的便利。各个厂家对 IEC 61131-3 的支持程度不同，有的只支持一种，有的则支持五种，支持的程度越高，给用户带来的便利就越多。

在构成系统的产品方面，各个 DCS 厂家的现场控制站基本上还是专有产

第 2 章 设备数据采集方法

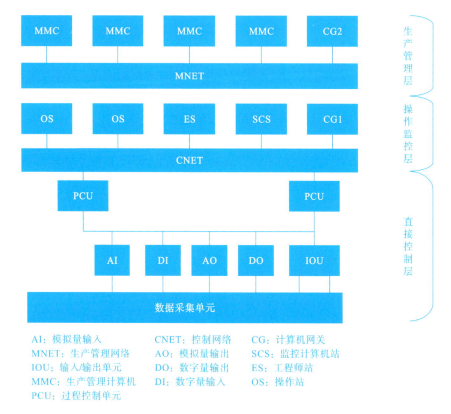

图 2-6 第三代 DCS 的体系结构图

品,但对于人机界面工作站、服务器和各种功能站的硬件和基础软件(如操作系统等),已没有厂家使用自己的专有产品了,这些产品已全部采用了市场采购的商品,这给系统的维护带来了很大的方便,也使系统的成本大大降低。目前 DCS 已逐步成为一种大众产品,在越来越多的应用中取代了仪表控制系统而成为控制系统的主流。

4. 新一代 DCS 的出现

DCS 发展到第三代,尽管采用了一系列新技术,但是生产现场层仍然没有摆脱沿用了几十年的常规模拟仪表。DCS 在输入/输出单元(IOU)以上的各层均采用了计算机和数字通信技术,唯有生产现场层的常规模拟仪表仍然是采用一对一的模拟信号(DC 4~20 mA)用于传输。生产现场层的模拟仪表与 DCS 各层形成极大的反差和不协调,并制约了 DCS 的发展。电子信息产业的开放潮流和现场总线技术的成熟与应用,造就了新一代的 DCS,其技术特点包括全数字化、信息化和集成化。

因此，人们要变革现场模拟仪表，将其改为现场数字仪表，并用现场总线（fieldbus）互联，由此带来 DCS 控制站的变革，即将控制站内的软功能模块分散地分布在各台现场数字仪表中，并通过统一组态构成控制回路，实现彻底的分散控制，也就是说，由多台现场数字仪表在生产现场构成虚拟控制站（virtual control station，VCS）。这两项变革的核心是现场总线。

20 世纪 90 年代现场总线技术有了重大突破，公布了现场总线的国际标准，而且现场总线数字仪表也成功生产。现场总线为变革 DCS 带来希望和可能，标志着新一代 DCS 的产生，它取名为现场总线控制系统（fieldbus control system，FCS），其体系结构如图 2-7 所示。该图中流量变送器（FT）、温度变送器（TT）、压力变送器（PT）分别含有对应的输入模块 FL-121、TL-122、PL-123，调节阀（V）中含有 PD 控制模块（PID-124）和输出模块（FO-125），用这些功能模块就可以在现场总线上构成 PID 控制回路。

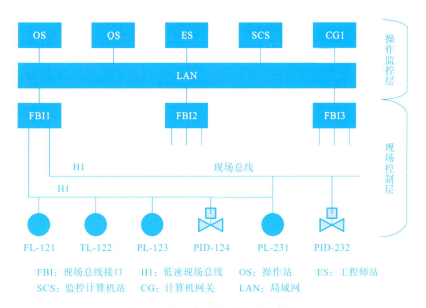

图 2-7 新一代 DCS 的体系结构图

现场总线接口（field bus interface，FBI）下接现场总线，上接局域网（LAN），即 FBI 作为现场总线与局域网之间的网络接口。FCS 革新了 DCS 的现场控制站及现场模拟仪表，用现场总线将现场数字仪表互联在一起，构成控制回路，形成现场控制层。即 FCS 用现场控制层取代了 DCS 的直接控制层，操作监控层及以上各层仍然与 DCS 的相同。

实际上,现场总线的技术早在 20 世纪 70 年代末就出现了,但始终只是作为一种低速的数字通信接口,用于传感器与系统之间交换数据。从技术上来看,现场总线并没有超出局域网的范围,其优势在于它是一种低成本的传输方式,比较适合数量庞大的传感器连接。现场总线大面积应用的障碍在于传感器的数字化,因为只有传感器数字化了,才有条件使用现场总线作为信号的传输介质。现场总线的真正意义在于这项技术再次引发了控制系统从仪表(模拟技术)发展到计算机(数字技术)的过程中,没有新的信号传输标准的问题,人们试图通过现场总线标准的形成来解决这个问题。只有这个问题得到了彻底解决,才可以认为控制系统真正地完成了从仪表到计算机的换代过程。

2.5.2　现场总线控制系统

目前,在工业过程控制系统中,有三大控制系统,即 DCS、PLC 和 FCS。它们在自动化技术发展的过程中都扮演了重要和不可替代的角色,虽然 FCS(现场总线系统)是现在和未来的发展方向,但由于受到一些主观和客观因素的制约,它现在还不能完全取代其他控制系统。本小节介绍这三大控制系统的区别,以及几种典型的现场总线,并对 FCS 的构成及设计方法等做简要的介绍。

2.5.2.1　现场总线及现场总线控制系统的定义

信息技术的快速发展引发了自动化技术的深刻变革,逐步形成了网络化的、全开放的自动控制体系结构。现场总线的出现,标志着自动化技术步入了一个新的时代。为了更好地理解现场总线及现场总线控制系统,本节对它们的概念进行介绍。

总线就是传输信息的公共通路。总线的种类很多,例如串行通信和并行通信,可按数据传输的方式将总线也分为串行总线和并行总线。串行总线是相对串行通信而言的总线,串行总线的特点是通信线路简单,只有一对传输线,但传输速度慢,适用于信息量较小的远距离通信,成本较低;而并行总线是相对并行通信而言的总线,并行总线的特点是传输速度快,但当传输距离远、位数多时,通信线路复杂、成本高。

在过去很长的时间中,现场总线有多种不同的定义。有人把它定义为应用于现场的控制系统与现场检测仪表、执行装置之间进行双向数字通信的串行总线,也有人把它称为应用于现场仪表与控制室主机间的一种开放式、数字化、多点通信的底层控制网络技术。这种技术被广泛地应用于制造业、楼宇、交通等领域的自动化系统中。不管如何定义,开放、数字化、串行通信等字眼在对现场总线的描述中是必不可少的。

国际电工委员会在 IEC 61158 中给现场总线下了一个定义,目前业内称它为现场总线的标准定义,即现场总线是指安装在制造或过程区域的现场装置与控制室内的自动控制装置之间的数字式、串行、多点、双向通信的数据总线。

在现场总线概念的基础上,人们把基于现场总线的控制系统称为现场总线控制系统。FCS 是工业自动控制中的一种计算机局域网络,以高度智能化的现场设备和仪表为基础,在现场实现彻底分散并以这些现场分散的测量点、控制设备点为网络节点,将这些节点以总线的形式进行连接,形成一个现场总线网络。因此 FCS 已经和某种现场总线技术联系在一起,FCS 是未来的主要发展趋势,但目前还不能完全取代其他控制系统。下面简要介绍 FCS 与 DCS、PLC 的区别。

DCS 是随着现代计算机技术、通信技术、控制技术和图形显示技术的不断进步及相互渗透而产生的,是 4C 技术的结晶。它既不同于分散的仪表控制系统,也不同于集中式的计算机控制系统,而是在吸收了两者优点的基础上发展起来的具有新型结构体系和独特技术风格的自动化系统。

最初,PLC 是为了取代传统的继电器接触器控制系统而开发的,所以它一般在以开关量为主的系统中使用。由于计算机技术和通信技术的发展,大型 PLC 的功能极大地增强,可以完成 DCS 的功能,再加上价格的优势,在许多过程控制系统中,PLC 得到了广泛的应用。

现场总线是顺应智能现场仪表而发展起来的一种开放型的数字通信技术,其发展的初衷是用数字通信代替一对一的 I/O 连接方式,把数字通信网络延伸到工业过程现场。根据国际电工委员会(IEC)和美国仪表协会(ISA)的定义,现场总线是连接智能现场设备和自动化系统的数字式、双向传输、多分支结构的通信网络。它的关键标志是能支持双向、多节点、总线式的全数字通信。

随着现场总线技术与智能仪表管控一体化(仪表调校、控制组态、诊断、报警、记录)的发展,这种开放型的工厂底层控制网络构成了新一代的网络集成式全分布计算机控制系统,即 FCS。FCS 作为新一代控制系统采用了基于开放式、标准化的通信技术,突破了 DCS 采用专用通信网络的局限;同时还进一步变革了 DCS 中的"集散"系统结构,形成了全分布式系统架构,把控制功能彻底下放到现场。FCS 的核心是总线协议,基础是数字智能现场设备,本质是信息处理现场化。

从结构上看,DCS实际上是"半分散""半数字"的系统,而FCS采用的是一个"全分散""全数字"的系统架构。FCS的技术特征可以归纳为以下几个方面。

(1) 全数字化通信　现场信号都保持着数字特性,现场控制设备采用全数字化通信。

(2) 开放型的互联网络　可以与任何遵守相同标准的其他设备或系统相连。

(3) 互可操作性与互用性　互可操作性的含义是指来自不同制造厂的现场设备可以互相通信、统一组态,互用性则意味着不同生产厂家的性能类似的设备可进行互换而实现互用。

(4) 现场设备的智能化　总线仪表除了能实现基本功能之外,往往还具有很强的数据处理、状态分析及故障自诊断功能,系统可以随时诊断设备的运行状态。

(5) 系统架构的高度分散性　它可以把传统控制站的功能块分散地分配给现场仪表,构成一种全分布式控制系统的体系结构。

简而言之,现场总线把控制系统最基础的现场设备变成网络节点连接起来,实现自下而上的全数字化通信,可以认为是通信总线在现场设备中的延伸,它把企业信息沟通的覆盖范围延伸到了工业现场。

可以说,FCS兼具了DCS和PLC的特点,而且它跨出了革命性的一步。目前,新型的DCS与新型的PLC能够取长补短,进行融合和交叉。例如,DCS的顺序功能已非常强,而PLC的闭环处理功能也不差,并且两者都能做成大型网络。

2.5.2.2　DCS与FCS的区别

FCS是全开放的系统,其技术标准也是全开放的。FCS的现场设备具有互操作性,装置互相兼容,因此用户可以选择不同厂商、不同品牌的产品,达到最佳的系统集成。DCS是封闭的系统,兼容性不好。

FCS的信号传输实现了全数字化,其通信可以从底层的传感器和执行器直到最高层,为企业的MES和ERP提供强有力的支持,更重要的是它还可以对现场装置进行远程诊断、维护和组态;DCS的通信功能受到很大限制,目前可以通过现场总线连接到底层。

FCS的结构为全分散式,它废弃了DCS中的I/O单元和控制站,把控制功能下放到现场设备,实现了彻底的分散,系统扩展也变得十分容易。DCS的分散只到控制器一级,它强调控制器的功能,系统不容易进行扩展。

FCS是全数字化系统,控制系统精度高,可以达到$\pm 0.1\%$;而DCS的信号系统是二进制或模拟式的,必须有 A/D、D/A 环节,所以其控制精度为±0.5%。

FCS 可以将 PID 闭环功能放到现场的变送器或执行器中,加上数字通信,缩短了采样和控制周期,目前可以从 DCS 的每秒 2～5 次,提高到每秒 10～20 次,从而改善了调节性能。

FCS 省去了大量的硬件设备、电缆和电缆安装辅助设备,节约了大量的安装和调试费用,但也增加了现场总线仪表等方面的投资,因此总的成本减少并不明显。使用现场总线技术的优点可从其技术的先进性所带来的效益来看,例如增加的信息量、故障的预测和智能诊断等。

FCS 将控制站中的部分功能下放到现场总线设备,FCS 的功能模块集中了 DCS 中功能模块的优点,因此说,FCS 是 DCS 的继承和发展,而不是对 DCS 的否定和消灭。现场总线技术将控制分散到现场设备,用数字通信代替模拟通信,但是它不能代替其他自动化装置的功能,如紧急停车 ESD 系统、企业资源管理 ERP 系统等。FCS 的目标并不是整个企业的自动化,而是与其他自动化装置和系统一起实现综合自动化。因此,在许多大型工程项目中,使用的多是 DCS、PLC 和 FCS 混合系统。

2.5.2.3　几种典型的现场总线

现场总线的思想一经产生,各国各大公司都致力于发展自己的现场总线标准,但每一种总线的生命力是否旺盛,取决于技术是否先进。现场总线的种类有百余种,根据每种总线的厂商支持情况、推广情况、国内应用业绩、是否遵循我国标准等因素综合考虑,本节主要选取了 Profibus、CAN、基金会现场总线、LonWorks 等现场总线进行简要介绍。

1. Profibus 现场总线

Profibus(process field bus)称为过程控制现场总线,是遵循德国国家标准 DIN19245 和欧洲标准 EN 50170 的现场总线。Profibus 产品的市场份额占欧洲首位,约 40%,在中国的市场份额为 30%～40%。目前许多自动化设备制造商如西门子公司、和利时公司等都为它们生产的设备提供 Profibus 接口。

根据不同的应用,Profibus 总线可分为 Profibus-FMS、Profibus-DP 和 Profibus-PA 三种。尽管这三种总线相互兼容,但它们应用的角度和针对的问题是不同的。

Profibus-FMS 协议旨在解决车间级通用性通信任务,为用户提供强有力的通信服务功能,实现中等传输速度的周期性和非周期性数据传输。建立在该协议基础上的网络通信系统，每次数据传输量可达上千个字节，可用于纺织、电气、楼宇等领域。

Profibus-DP 协议是专为现场级控制系统与分散 I/O 的高速通信而设计的，数据传输速率范围为 9.6 Kbit/s～12 Mbit/s，每次可传输的数据量多达 244 个字节，它采用周期性通信方式，可用于大多数工业领域。

Profibus-PA 协议是需要本质安全或在总线供电设备之间进行数据通信的解决方案，其数据传输速率是固定的，为 31.25 Kbit/s，每次可传输数据的最大长度为 235 个字节，采用周期性和非周期性通信方式，可用于石油、化工、冶金、发电等领域的工业自动化系统。

Profibus 同时考虑了数据量、传输时间和传输速率等测控网络中的重要因素，还兼顾了确定性和本质安全要求。因此，Profibus 产品得到了广泛的认可，至今已有十几万个中小系统在工业现场运行，其应用遍及制造、钢铁、石化、水泥、楼宇、电力、水处理等工业自动化领域。Profibus 已经成为现场总线技术的重要分支，其开放性、互操作性、可靠性也得到了学术界和工业界的一致认可，是目前应用最多的总线之一，既适合于自动化系统与现场 I/O 单元的通信，也可直接连接带有接口的各种现场仪表及设备。DP 和 PA 的完美结合使得 Profibus 现场总线在结构和性能上优于其他现场总线。

随着 Profibus 的迅速发展，Profibus 现场总线又增加了三个重要版本。

（1）ProfiDrive 它主要应用于运动控制方面，用于各种变频器及精密动态伺服控制器的数据传输通信。

（2）ProfiSafe 它是根据 IEC 61508 制定的首部通信标准，主要应用在对安全要求特别高的场合。

（3）Profinet 它是 Profibus 国际组织（PI）为自动化通信领域制定的开放的工业以太网标准，符合 TCP/IP 和 IT 标准。Profinet 为自动化通信领域提供了一个完整的网络解决方案，包括诸如实习以太网、运动控制、分布式自动化、故障安全及网络安全等当前自动化领域的热点话题。作为跨供应商的技术，Profinet 可以完全兼容工业以太网和现有的现场总线技术，保护现有投资。

Profibus 采用主从通信方式，支持主从系统、纯主站系统、多主多从混合系统等传输方式。主站具有对总线的控制权，可主动发送信息。按 Profibus 的通信规范，令牌在主站之间按地址编号顺序沿上行方向进行传递。主站在得到控制权时，可以按主从方式向从站发送或索取信息，实现点对点通信。主站可对所有站点广播（不要求应答），或有选择地向一组站点广播。

2. CAN 总线

CAN 是控制器局域网（controller area network）的简称，它是设备级现场总线，其最大特点是废除了传统通信中的节点地址，采用通信数据块编码。这样从理论上可以使节点不受限制，但因总线驱动电路的制约，目前节点最多可达 110 个，传输距离可达 10 km，传输速率可达 1 Mbit/s。该总线上的节点称为电子控制单元（electronic control unit，ECU），分为标准 ECU（如仪表盘、发动机、虚拟终端等控制单元）、网络互联 ECU（如路由器、中继器、网桥等）、诊断和开发 ECU 等类型。

由于 CAN 具有高性能、高可靠性及独特的设计，因此越来越受到工业界的重视。它最初是由 Bosch 公司为汽车监测、控制系统而设计的，是为了解决汽车中大量的控制与测试仪器之间的数据交换而开发的一种串行数据通信协议。它是一种多主总线，通信媒体可以是双绞线、同轴电缆或光纤。由于 CAN 总线本身的特点，其应用范围已不再局限于汽车工业，向着过程工业、机械工业、纺织机械、农用机械、机器人、数控机床、医疗器械等领域发展。

CAN 能灵活有效地支持具有较高安全等级的分布式控制。在汽车电子行业里，一般将 CAN 安装在车体的电子控制系统里，如雨刮器、电子门控单元、车灯控制单元、电气车窗等，用以代替接线配线装置。CAN 总线也用于连接发动机控制单元、传感器、防滑系统等。

CAN 总线遵从 ISO/OSI 参考模型，但只采用了 OSI 参考模型全部七层中的两层，即物理层和数据链路层。其中，物理层又分为物理层信号（physical layer signal，PLS）、物理媒体连接（physical medium attachment，PMA）与介质从属接口（media dependent interface，MDI）三部分，完成电气连接、定时、同步位编码解码等功能；数据链路层分为逻辑链路控制（LLC）子层与媒体访问控制（MAC）子层两部分。其中，LLC 子层为数据传递和远程数据请求提供服务、完成超载通知、恢复管理等功能；MAC 子层是 CAN 协议的核心，它的功能主要是控制帧结构、执行仲裁、错误检验、错误标定和故障界定。

CAN 有两种帧格式：一种是含有 11 位标识符的标准帧，另一种是含有 29 位标识符的扩展帧。当数据在节点间发送和接收时，是以四种不同类型的帧出现和控制的。其中：数据帧将数据由发送器传送至接收器；远程帧由总线节点来传送，以便请求发送具有相同标识符的数据帧；出错帧可以由任意节点发送，以便用于检测总线错误；超载帧用于提供先前和后续数据帧或远程帧之间的附加延时。此外，数据帧和远程帧都可以在标准帧和扩展帧中使用，它们借助于帧间空间与当前帧分开。

由于CAN总线采用了许多新技术,与其他类型的总线相比,它在许多方面具有独特之处,主要表现在以下几个方面。

CAN采用多主方式工作,网络上任一节点均可在任意时刻主动地向网络上的其他节点发送信息,而不分主从,通信方式灵活,且不需要站地址等节点信息。

CAN网络上的节点信息分成不同的优先级,可满足不同的实时要求,高优先级的数据最多可在134 μs内得到传输。

CAN采用非破坏性总线仲裁技术,当多个节点同时向总线发送信息时,优先级较低的节点会主动地退出发送,而最高优先级的节点可最终获得总线访问权,不受影响地继续传输数据,从而大大节省了总线冲突仲裁时间。

CAN只需通过报文滤波即可实现点对点、一点对多点及全局广播等几种方式传送/接收数据,无须专门"调度"。

CAN上的节点数主要取决于总线驱动电路,目前可达110个;报文标识符可达2032种(CAN 2.0A),而扩展标准(CAN 2.0B)的报文标识符的种类几乎不受限制。

采用短帧结构,总线上的报文以不同的固定报文格式发送,传输时间短,受干扰概率低,具有极好的检错效果,但长度受限。

CAN的每帧信息都有错误检测、错误标定及错误自检等措施,保证了极低的数据出错率。

通信距离与通信速率有关。通信距离最短为40 m,对应的通信速率是1 Mbit/s;通信距离最远为10 km,对应的通信速率在5 Kbit/s以下。不同的系统,CAN的速率可能不同。但在一个给定的系统里,速率是唯一的,并且是固定的。

3. 基金会现场总线

基金会现场总线的最大特点在于它不仅是一种总线,而且是一个系统;不仅是一个网络系统,也是一个自动化系统。按照基金会总线组织的定义,基金会现场总线是一种全数字、串行、双向传输的通信系统,是一种能连接现场各种仪表的信号传输系统,其最根本的特点是专门针对工业过程自动化而开发,在要求苛刻的使用环境、本质安全、总线供电等方面都有完善的措施。为此,有人称基金会现场总线是专门为过程控制设计的现场总线。

FF是现场总线基金会(Fieldbus Foundation)的缩写,在FF协议标准中,

FF 分为低速总线 H1 和高速总线 H2。H1 主要针对过程自动化,传输速率为 31.25 Kbit/s,传输距离可达 1900 m(可采用中继器延长),支持总线供电和本质安全防爆。高速总线 H2 主要用于制造自动化,传输速率分为 1 Mbit/s 和 2.5 Mbit/s 两种。但原来规划的 H2 高速总线标准现在已经被现场总线基金会所放弃,取而代之的是基于以太网的高速总线 HSE。

FF 总线的核心之一是实现现场总线信号的数字通信。为了实现通信系统的开放性,FF 通信模型是在 ISO/OSI 参考模型的基础上,根据自动化系统的特点建立的,如图 2-8 所示。

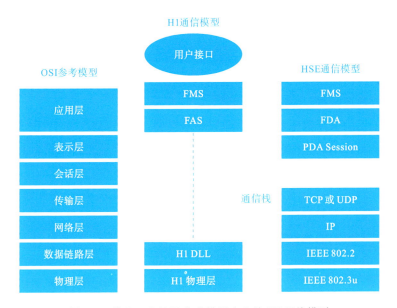

图 2-8 基于 ISO/OSI 参考模型建立的 FF 通信模型

H1 总线的通信模型包括物理层、数据链路层、应用层,并在其上增加了用户层。物理层采用了 IEC 61158-2 的协议规范;数据链路层 DLL 规定如何在设备间共享网络和调度通信,通过链路活动调度器 LAS 来管理现场总线的访问;应用层则规定了在设备间交换数据、命令、事件信息及请求应答中的信息格式。H1 的应用层分为两个子层——总线访问子层 FAS 和总线报文规范子层 FMS,功能块应用进程只使用 FMS,FAS 负责把 FMS 映射到 DLL。用户层则用于组成用户所需要的应用程序,如规定标准的功能块、设备描述等。不过,数据链路层和应用层往往被看作一个整体,统称为通信栈。

HSE 采用了基于 Ethernet 和 TCP/IP 的七层协议结构的通信模型。其中,第一到四层为标准的 Internet 协议;第五层是现场设备访问会话,为现场设备访问代理提供会话组织和同步服务;第七层是应用层,也划分为 FMS 和现场设备访问 FDA 两个子层,其中 FDA 的作用与 H1 的 FAS 相似,也是基于虚拟通信关系为 FMS 提供通信服务。

H1 总线的物理层根据 IEC 和 ISA 标准定义,符合 ISA S50.02 物理层标准、IEC 61158-2 物理层标准及 FF-816 31.25 Kbit/s 物理层行规规范。当物理层从通信栈接收报文时,在数据帧上加前导码和定界码,并对其实行数据编码,再经过发送驱动器把所产生的物理信号传送到总线的传输媒体上。相反,在接收信号时,需要进行反向解码。

基金会现场总线采用曼彻斯特编码技术将数据编码加载到直流电压或电流上形成"同步串行信号"。前导码是一个 8 位的数字信号 10101010,接收器采用这一信号同步其内部时钟。起始定界码和结束定界码标明了现场总线信息的起点和终点,长度均为 8 个时钟周期,二者都由"0""1""N+""N-"按规定的顺序组成。

通信栈包括数据链路层 DLL、现场总线访问子层 FAS 和现场总线报文规范子层 FMS 三部分。

DLL 最主要的功能是对总线访问的调度,通过链路活动调度器 LAS 来管理总线的访问,每个总线段上有一个 LAS。H1 总线的通信分为受调度/周期性通信和受非调度/非周期性通信两类。前者一般用于在设备间周期性地传送测量和控制数据,其优先级最高,其他操作只在受调度传输之间进行。

FAS 子层处于 FMS 和 DLL 之间,它使用 DLL 的调度和非调度特点,为 FMS 和应用进程提供报文传递服务。FAS 的协议机制可以划为三层:FAS 服务协议机制、应用关系协议机制、DLL 映射协议机制。它们之间及其与相邻层的关系如图 2-9 所示。

FAS 服务协议机制负责把发送信息转换为 FAS 的内部协议格式,并为该服务选择一个合适的应用关系协议机制。应用关系协议机制包括客户/服务器、报告分发和发布/接收三种由虚拟通信关系 VCR 来描述的服务类型,它们的区别主要在于 FAS 如何应用数据链路层进行报文传输。DLL 映射协议机制是对下层即数据链路层的接口。它将来自应用关系协议机制的 FAS 内部协议格式转换成数据链路层 DLL 可接收的服务格式,并送给 DLL,反之亦然。

FMS 描述了用户应用所需要的通信服务信息格式和建立报文所必需的协

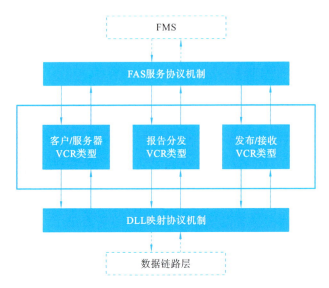

图 2-9　FAS 服务、应用关系、DLL 映射的关系

议行为。针对不同的对象类型，FMS 定义了相应的 FMS 通信服务，用户应用可采用标准的报文格式集在现场总线上相互发送报文。

用户层定义了标准的基于模块的用户应用，使得设备与系统的集成与互操作更加易于实现。用户层由功能块和设备描述语言两个重要的部分组成。

FF 现场总线的网络拓扑比较灵活，通常包括点到点型拓扑、总线型拓扑、菊花链型拓扑、树型拓扑及这些拓扑组合在一起构成的混合型拓扑。其中，总线型和树型拓扑在工程中应用较多。在总线型结构中，总线设备通过支线电缆连接到总线段上，支线长度一般小于 120 m，总线型结构适用于现场设备物理分布比较分散、设备密度较低的应用场合，分支上现场设备的拆装对其他设备不会产生影响。在树型结构中，现场总线上的设备被独立连接到公共的接线盒、端子、仪表板或 I/O 卡上，树型结构适用于现场设备局部集中的应用场合。HSE 网络拓扑如图 2-10 所示。

FF 总线是为适应自动化系统，特别是过程控制系统在功能、环境和技术等方面的需要而专门设计的底层网络。因此，FF 总线能够适应工业生产过程的恶劣环境，例如，它能够适应工业生产过程的连续控制、离散控制和混合控制等不同控制的要求，提供各种用于过程控制所需的功能块，使用户能够方便地组成所需的控制系统。FF 总线的主要功能如下：满足开放系统互联和互操作性

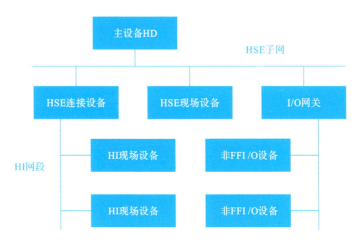

图 2-10　HSE 网络拓扑

及系统一致性测试要求；满足生产过程实时性要求；为满足 FF 总线的设备、非基金会现场总线的设备提供接口；在生产现场完成过程参数的检测、变送和显示功能；在现场完成过程参数的控制运算和其他所需的计算，在现场对生产过程的执行器实行控制和调节，使生产过程满足所需控制要求；将生产过程的信息，包括检测信号、控制信号和执行器的反馈信号等信息传送到控制室显示，将由控制室发送的调节指令传送到现场设备；当生产过程参数超过规定数值时，提供警告和报警等信息，并能够指导操作人员进行紧急处理或自动触发连锁系统；具有自诊断功能。

4. LonWorks 总线

LonWorks(local operating networks)总线是美国埃施朗(Echelon)公司于 20 世纪 90 年代初推出的一种基于嵌入式神经元芯片的现场总线技术，具有强劲的实力。它被广泛应用在楼宇自动化、家庭自动化、保安系统、办公设备、运输设备、工业过程控制等领域，具有极大的潜力。它采用了 ISO/OSI 参考模型的全部七层通信协议，运用了面向对象的设计方法，通过网络变量把网络通信设计简化为参数设置。其通信速率为 300 bit/s～1.5 Mbit/s，直接通信距离可达 2700 m，并开发出支持双绞线、同轴电缆、光纤、射频、红外线、电源线等多种通信介质的总线，以及相应的本质安全防爆产品，被誉为通用控制网络。

LonWorks 总线主要由以下部分组成：智能神经元芯片、LonTalk 通信协议、LonMark 互操作性标准、LonWorks 收发器、LonWorks 网络服务架构

LNS、Neuron C 语言、网络开发工具 LonBuilder 和节点开发工具 NodeBuilder。

如上所述，LonWorks 总线采用了 OSI 的全部七层通信协议，其各层的功能和所提供的服务如图 2-11 所示。

模型分层	作用	服务
第七层 应用层	网络应用程序	标准网络变量类型，组态性能，文件传送
第六层 表示层	数据表示	网络变量，外部帧传送
第五层 会话层	远程传送控制	请求/响应，确认
第四层 传输层	端端传输可靠性	单路/多路应答服务，重复信息服务，复制检查
第三层 网络层	报文传递	单路/多路寻址，路径
第二层 数据链路层	媒体访问与成帧	成帧，数码编码，CRC，冲突仲裁，优先级
第一层 物理层	电气连接	媒体特殊细节，收发种类，物理连接

图 2-11　OSI 模型的七层通信协议

LonTalk 通信协议是 LonWorks 技术的核心，该协议遵循 OSI 参考模型，提供 OSI 参考模型的所有七层协议。该协议提供一套通信服务，使装置中的应用程序能在网上与其他装置之间发送和接收报文，而无须知道网络拓扑、名称、地址或其他装置的功能。LonTalk 协议提供如下服务：物理信道管理（第一、二层）命名、编址与路由（第三、六层）；可靠地进行通信及有效地使用信道带宽（第二、四层）；优先级（第二层）远程控制（第五层）；证实（第四、五层）；网络管理（第五层）数据解释与外部帧传输（第六层）。

LonTalk 协议使用分层的以数据包为基础的对等通信协议，它的协议设计满足控制系统的特定要求。LonTalk 协议针对控制系统的应用而设计，因此，每个数据包由可变数目的字节构成，长度不定，并且包含应用层（第七层）的信息及寻址和其他信息。它能有选择地提供端到端的报文确认、报文证实、优先级发送服务。对网络管理业务的支持使远程网络管理工具能通过网络和其他设备相互作用，包括网络地址和参数设计、应用程序下载、网络故障报告和节点应用程序的启动、终止和复位等。LonTalk 协议为处理预测网络信息量发送优先级报文和动态调整时间槽数量，使网络在极高通信量出现时仍可正常运行，而通信量较小时仍不降低网络传输速率。

LonWorks 网络控制技术在控制系统中引入了网络的概念，在该技术的基

础上,可以方便地实现分布式的网络控制系统,并使得系统更高效、更灵活、更易于维护和扩展。具体来说,有以下几个特点:

(1) 开放性和互操作性。通信介质可采用双绞线、电力线、无线、红外线、光缆等在内的多种介质进行通信,并且多种介质可以在同一网络中混合使用,能够使用所有现有的网络结构,如主从式、对等式、客户/服务器式(C/S)。网络拓扑结构可以自由组合,支持总线、环状、自由拓扑形式等网络拓扑结构形式。

(2) 无中心控制的真正分布式控制模式能够独立完成控制和通信功能。依据通信介质的不同,控制系统具有 300 bit/s～1.5 Mbit/s 的通信速率,当通信速率达到最高值时,通信距离为 130 m,对 78 Kbit/s 的双绞线,直接通信距离为 2700 m。

(3) 网络通信采用面向对象的设计方法。采用域+子网+节点的逻辑地址方式,方便实现节点的替换,最大节点数为 255(子网/域)×127(节点/子网)=32385。采用可预测 P 坚持(predictive P-persistent)CSMA,解决了网络过载的冲突及响应问题。

(4) 提供一整套从节点到网络的开发工具。

除上述特点外,LonWorks 控制网络本身就是一个局域网,在功能上就具有网络的基本功能,和 LAN 具有很好的互补性,可方便地实现互联,易于实现更加强大的功能。LonWorks 以其独特的技术优势,将计算机技术、网络技术和控制技术融为一体,实现了测控和组网的统一,而在此基础上开发的 LonWorks/Ethernet 可以将 LonWorks 网络与以太网更方便地连接起来。

2.5.2.4 现场总线控制系统的构成

现场总线控制系统是第五代过程控制系统。虽然目前还处于发展阶段,但现场总线控制系统的基本构成可分为以下三类:两层结构的现场总线控制系统、三层结构的现场总线控制系统、由 DCS 扩展的现场总线控制系统。

1. 两层结构的现场总线控制系统

由现场总线设备和人机接口装置组成,两者之间通过现场总线相连接。现场总线设备包括符合现场总线通信协议的各种智能仪表如现场总线变送器、转换器、执行器和分析仪表等。由于系统中没有单独的控制器,系统的控制功能全部由现场总线设备完成。通常这类控制系统的规模较小,控制回路不多。两层结构的现场总线控制系统如图 2-12 所示。

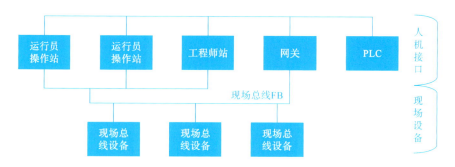

图 2-12　两层结构的现场总线控制系统

2. 三层结构的现场总线控制系统

在两层结构的基础上增加控制装置，组成三层结构的现场总线控制系统，即由现场总线设备、控制站和人机接口装置组成。其中：现场总线设备包括各种符合现场总线通信协议的智能传感器、变送器、转换器、执行器和分析仪表等；控制站可以完成基本控制功能或协调控制功能，执行各种控制算法；人机接口装置包括运行员操作站和工程师站，主要用于生产过程的监控及控制系统的组态、维护和检修。在这类控制系统中，控制站完成控制系统的基本控制运算，并实现下层的协调和控制功能。除了现场总线用于连接控制装置和现场总线设备外，还设置了高速通信网，如高速以太网，用于连接控制站和人机接口装置。与传统的 DCS 中的控制站不同，这类控制系统中的大部分控制功能是在现场总线完成的，控制站主要完成对下层的协调控制功能及部分先进控制功能。这类控制系统具有较完善的递阶结构，控制功能实现了较彻底的分散，常用于较复杂生产过程的控制。三层结构的现场总线控制系统如图 2-13 所示。

3. 由 DCS 扩展的现场总线控制系统

DCS 的分散过程控制站由控制装置、输入/输出总线和输入/输出模块组成。DCS 制造厂商在 DCS 的基础上，将输入/输出总线经现场总线接口连接到现场总线，将输入/输出模块下移到现场总线设备中，形成了由 DCS 扩展的现场总线控制系统，因此不可避免地保留了 DCS 的某些特征，例如：I/O 总线和高层通信网络可能使用的是 DCS 制造商的专有通信协议，系统开放性要差一些；不能在 DCS 原有的工程师站上对现场设备进行组态等。由 DCS 扩展的现场总线控制系统如图 2-14 所示。

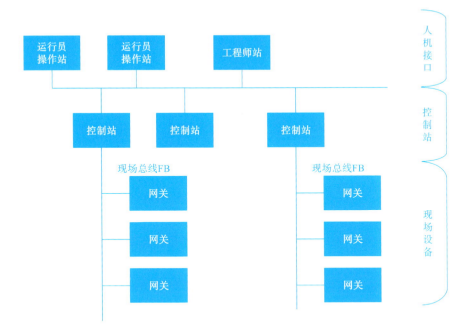

图 2-13 三层结构的现场总线控制系统

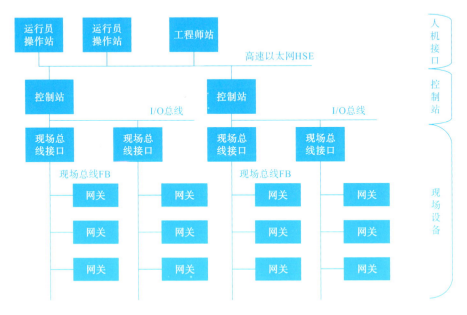

图 2-14 由 DCS 扩展的现场总线控制系统

2.5.3 监控和数据采集系统

2.5.3.1 监控和数据采集系统概述

监控和数据采集系统（supervisory control and data acquisition，SCADA），综合利用了计算机技术、控制技术、通信与网络技术，能够实现对测控点分散的各种过程或设备的实时数据采集、本地或远程的自动控制，以及生产过程的全面实时监控，并为安全生产、调度、管理、优化和故障诊断提供必要和完整的数据及技术手段。SCADA系统主要用于测控点十分分散、分布范围很广的生产过程或设备的监控，通常情况下，测控现场是无人或少人值守的生产环境。

SCADA系统主要工作在管理调度层、网络通信层和集中监控层，对现场控制层和采集执行层的现场设备进行数据采集和监视控制。SCADA系统可以看作控制A系统的B系统，典型的A系统包括远程终端设备（remote terminal unit，RTU）和PLC。

RTU主要用于将设备上的电气信号转换为数值，或者将控制命令转化为驱动信号，以便控制系统对现场设备进行遥测、遥信、遥调、遥控等操作。第一代RTU只是进行简单的数据采集和开关量的控制，此时RTU的数据处理能力十分有限，现场的数据必须要传送到中心控制站，由中心控制站或主站进行数据处理。另外，早期RTU的通信速率很低，大多采用的是自定义的非标准协议。随着半导体技术和网络技术的发展，RTU的核心芯片微处理器的功能日益强大，RTU的数据处理能力得到很大的提高，许多比较复杂的算法和通信协议得以实现，输出控制也不再单纯依赖于中心控制站，通常能提供本地的闭环控制和调节。如今，RTU技术正向着智能化方向发展。智能化RTU可以自动判断获取的数据是否需要立即上报给中心控制站，还是可以暂时保留在本地以后再上报，或直到中心控制站要求时再上报。智能化RTU还可以在传输前对数据进行加密，拒绝那些来自未知地址的访问，从源头提高工业控制系统的安全性。

2.5.3.2 SCADA系统的重要性

SCADA系统的重要性主要体现在以下几个方面。

1. 提高系统运行效率

在对生产系统进行运行监控的基础上，SCADA系统可以通过自动化的控制系统降低企业运维成本,提高运行效率。SCADA系统的管理调度层可以直接发送控制命令到采集执行层,简化企业架构,形成集约化运营模式。

在企业需要进行系统改扩建时,由于 SCADA 系统多采用通用操作系统和标准化接口,因此可以在原有系统的基础上增加新的设备和功能,从而降低企业的升级成本。

2. 保障生产系统安全

在生产活动过程中难免发生故障或运行异常,大部分事故的发生都十分迅速,如不能及时预测、判断或处理不当,很可能危及人身和设备安全,甚至会引发连锁反应,带来严重的经济损失。在生产系统正常运行过程中,SCADA 系统能够采集生产系统中不同节点、模块的运行状态数据,实时反馈给操作人员,便于监视和控制。一旦发生故障,SCADA 系统可以及时发出报警信息,提醒操作人员进行处置,防止故障引发连锁反应造成更大的损失。

生产系统规模庞大,需要不同身份的人员进行运维工作,包括管理员、调度员、操作员、维护人员等,SCADA 系统的用户权限机制可以为不同人员赋予不同的权限,便于管理系统的运行活动。

3. 辅助分析事故发生原因

在事故发生并完成现场处置后,需要进一步分析事故原因,总结经验。SCADA 系统的事故反演模块可以从历史数据库中调取与事故相关的数据,重现事故发生前后的系统运行状态和操作指令,辅助分析事故的发生原因。

2.5.3.3 SCADA 系统的发展历程

20 世纪之前,工业控制系统主要指气动控制系统,采用气体压力作为控制信号,以就地操作模式为主。随着电气技术的发展,逐渐出现了基于 0~10 mA 或 4~20 mA 的电流模拟信号,标志着电气自动控制时代的到来。20 世纪 70 年代之后,工业控制系统开始引入数字计算机,并率先应用在测量、模拟和逻辑控制等领域,由此出现了 SCADA 系统的雏形,所以 SCADA 系统自诞生之日起就与计算机技术的发展紧密相关。SCADA 系统发展到今天已经经历了四代。

1. 第一代 SCADA 系统——单体系统

第一代 SCADA 系统是基于专用计算机和专用操作系统的 SCADA 系统,计算由大型计算机(mainframe)完成。在 SCADA 系统开发的时候还没有网络存在,因此 SCADA 系统是一个单独的系统,没有和其他系统连接的能力。后来 RTU 供应商为了实现 SCADA 系统与 RTU 通信,设计了广域网,但多半使用各厂商专属的通信协议,这些协议可支持的功能非常贫乏,只支持在远程设备内需要扫描和控制的点,不支持与 RTU 进行混合的其他类型的数据通信。单体 SCADA 系统架构如图 2-15 所示。

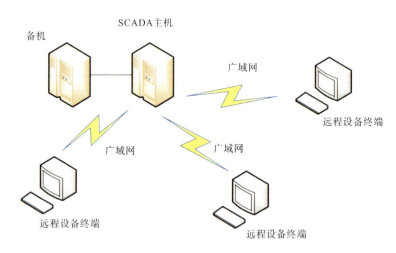

图 2-15　单体 SCADA 系统架构

系统供应商限制了 SCADA 系统的连接,使其只能在总线层通过专有适配器或插入 CPU 背板的控制器进行连接。当时的 SCADA 有冗余功能,做法是配备一台备用的大型计算机系统,在总线层互联,当主系统发生故障时,就使用备用的大型计算机系统接管。但这种冗余方式使得备用系统在主系统正常运行时,不能提供任何处理能力。

电力自动化研究院为华北电网开发的 SD176 系统以及日本日立公司为我国铁道电气化远动系统所设计的 H-80M 系统都属于第一代 SCADA 系统。

2. 第二代 SCADA 系统——分布式系统

第二代 SCADA 系统基于计算机微型化和局域网技术。多个站点通过局域网相互连接,实时共享信息,每个站点只需处理特定的工作。这些微型计算机设备与第一代系统相比,更小、更便宜。有的分布式站点作为通信处理器,与 RTU 等域设备通信;有的分布式站点作为操作界面,为系统操作人员提供人机界面;其他的分布式站点作为计算处理器或数据库服务器。第二代 SCADA 系统广泛采用 VAX 等其他计算机以及其他通用工作站,操作系统一般是通用的 UNIX。与单个处理器相比,SCADA 系统的功能分散到多个站点中可以提供更强的处理能力。这些分布式站点通过局域网协议在网络中连接在一起,局限在本地环境中。分布式 SCADA 系统架构如图 2-16 所示。

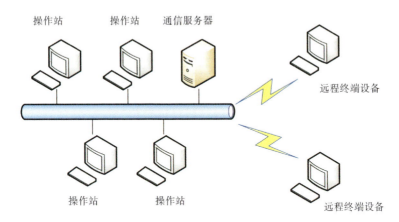

图 2-16 分布式 SCADA 系统架构

系统功能通过网络连接的分布式站点实现，不但增强了处理能力，还提升了系统的整体冗余和可靠性。不同于第一代系统简单的主系统失效、备用系统援助的策略，分布式的架构可以允许所有局域网中的站点保持实时在线。例如，如果一个人机界面站点失效，则可以使用另一个人机界面站点对系统进行操作，不需要等待主系统切换。

SCADA 系统的本地站点间可以通过局域网连接，但与域中的设备通过广域网通信一样，外部通信网络依旧受限于 RTU 协议，不能允许其他类型的网络通信。另外，与第一代系统情况一样，第二代系统也受限于厂商提供的硬件、软件以及外围设备。此时通信还是普遍使用厂商专属的通信协议，虽然可以优化实时通信，但限制了与其他厂商的 SCADA 局域网互联互通的能力。

因为使用厂商专属的通信协议，除了系统开发者及黑客之外，其他人很难评断一个 SCADA 系统的安全程度。由于隐晦式安全（security through obscurity）对安全问题保密的做法对系统开发者及黑客都有好处，因此 SCADA 系统的安全性普遍不佳，即使声称考虑了安全性，其实际的安全性也往往远低于其声称的情形。

在这一阶段，SCADA 系统在电网调度自动化中与经济运行分析、AGC（自动发电控制）和网络分析结合到一起构成了网元管理系统（EMS）。

3. 第三代 SCADA 系统——网络化系统

按照开放的原则，基于分布式计算机网络以及关系数据库技术，能够实现大范围联网的 SCADA/EMS 系统被称为第三代 SCADA 系统。第三代 SCADA 系统采用开放系统架构，消除了前面两代 SCADA 系统的一些局限，用户更容易将第三方的周边设备接入系统和网络，如显示器、磁盘驱动器和磁带驱动器等。网络化的 SCADA 系统可以由多个网络化系统共同承担主控站的功能，但 RTU 依旧使用供应商专属的协议。这一代 SCADA 系统的主要提升在于使用开放式的系统架构、标准及通信协议，可以借由广域网扩充其功能，而不局限在局域网上。随着 SCADA 系统转向开放的或现成的系统，供应商逐渐摆脱了硬件开发业务，转而关注开发基础计算机平台和操作系统软件的专业能力，像 Compaq、HP 和 SUN 等。至此，SCADA 供应商开始集中力量研发 SCADA 主控站软件新的功能。网络化 SCADA 系统架构如图 2-17 所示。

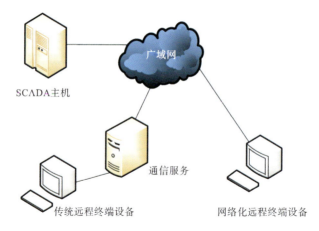

图 2-17　网络化 SCADA 系统架构

第三代 SCADA 系统的通信能力提升来源于主控站和通信设备之间的通信采用广域网协议，例如 IP 协议，这使得与主控站分离的域设备可以通过广域网和主控站通信。供应商开始生产用以太网与主控站通信的 RTU。通过广域网实现功能分散化，可以提高 SCADA 系统面对灾难的生存能力。第二代系统通过局域网实现 SCADA 处理分散化，可以提升可靠性，但是面对 SCADA 主机房设施全部损坏的情况，整个系统还是会失效。通过物理位置的分离实现分散化处理，使得 SCADA 系统在任一地点全部损坏的情况下数据仍得以保存成为可能，对于将 SCADA 系统作为关键功能的组织大有裨益。但是，因为使用标准的协议，许多网络化的 SCADA 系统可以借由以太网访问，这些 SCADA 系统会成为远程网络攻击的目标。另一方面，因为使用标准的协议及安全性技术，在日常维护及更新的情形下，针对一般网络的安全性标准也可以适用于 SCADA 系统。

第三代 SCADA 系统在我国发展最为迅速，各种最新的计算机技术都汇入 SCADA/EMS 系统中。科东公司的 CC-2000 采用康柏公司的 ALPHA 计算机和 Tru64 UNIX 操作系统，将电网调度的实时数据采集、数据处理及各种应用按功能差异分布在不同的 ALPHA 服务器和工作站节点上，具有成熟、稳定、可靠和实时性能好的特点。CC-2000 系统的人机界面是基于 X-Windows 及 Osf/Motif 技术开发的分布式全图形人机接口。CC-2000 系统目前已集成实现了 SCADA/EMS/AGC/DTS/DMS 等一体化功能，应用在国家电力调度通信中心、华北、东北等地区电力调度、辽宁省、黑龙江省、贵州省、甘肃省、内蒙古自治区、天津市等省级电力调度，以及长沙、珠海等地的电力调度。

南瑞公司于 2004 年 10 月推向市场的基于标准化平台的电网调度自动化集成系统 OPEN-3000 也属于第三代 SCADA 系统。OPEN-300 系统遵循 IEC 61970 等国际标准，具有开放的系统接口，其平台公共服务与应用彻底分离，便于系统升级和维护。

烟台东方电子公司开发的 DF8002 电力调度系统是跨平台的 SCADA/EMS/DTS 系统，总结了以往的主站开发经验，运用先进的计算机技术，并充分考虑了电力自动化不断增长的需求变化。其最突出的优势是开放性，属于第三代 SCADA 产品。操作系统可以是 Windows 或 UNIX；在 Windows 窗口上使用 MFC；在 UNIX 窗口使用 MOTIF 编程，采用 TCP/IP 协议，应用软件的开放性设计从基础层、应用软件平台层一直延伸到用户层。

4. 第四代 SCADA 系统

随着 Internet、面向对象、神经网络、Java、嵌入式系统、现场总线、数据库等技术的协同发展，SCADA 系统继续与其他系统深度集成，逐渐形成第四代 SCADA 系统。继续扩大 SCADA/EMS 系统与其他系统的集成，将进一步满足综合、安全、经济运行以及商业化运营的需要。

第四代 SCADA 系统不仅是一个以控制功能为主的控制系统，而且是一个充分发挥信息管理功能的综合平台系统，其结构规划设计应首先着眼于"信息性"的实现。因此，第四代 SCADA 系统的体系结构需要在以往的现场控制层、集中监控层、管理调度层的结构之上增加企业管理层，用统一、开放、不需要二次开发的标准接口连接第三方的管理软件平台（如 ERP、专家系统等），使第四代 SCADA 系统形成从现场到设备、从设备到场站、从场站到远端调控中心、从

调控中心到企业集团管理层完整的信息通道,并确保这些信息的全面性、准确性、实时性和系统性。第四代 SCADA 系统设计特点如下。

① 采用面向未来的、开放的体系结构,具有支持分层的分布式数据库体系结构,而且严格规定不同 SCADA 系统的数据库必须统一采用行业规范的数据库字典及数据格式标准,提供基于相同通信标准的开放的数据库接口。

② 考虑开放性的同时,首先要充分考虑系统的安全性和可靠性。系统结构规划设计中必须坚持安全分区、网络专用、横向隔离、纵向认证的原则。

③ 标准统一是实现系统开放的基础,第四代 SCADA 系统应建立在统一的通信标准之上,包括统一运行规约、统一系统间通信协议、统一通信接口。

④ 各子功能模块应能够不依赖于其他模块单独运行,而且能够建立在标准数据结构或数据库接口之上,允许多方协作、OEM 开发。

⑤ 制定统一的控制策略,提供系统间的互操作。

⑥ 集成广泛的第三方软件。

第一代到第三代的 SCADA 系统基本都是以满足特定用户需求的系统。第四代 SCADA 系统面向更广泛的集成,主要体现为功能的集成、产品的集成、数据的集成。除保留传统 SCADA 系统所实现的过程控制功能之外,还广泛支持第三方软硬件的集成。对第三方系统的集成也就意味着系统本身的开放,同时也意味着必须具备系统间的互操作能力。

第四代 SCADA 系统的开放性体现在可以从 3 个不同层面与第三方产品相互连接。

① 在企业管理层支持各种管理软件平台连接。

② 在集中监控层支持第三方先进控制产品平台、过程处理软件,同时支持多种网络协议(以以太网为主)。

③ 在现场控制层可以支持多种 PLC、RTU、智能控制单元等,以及各种标准的现场总线仪表与执行机构。

在系统开放的同时,还需支持互操作性,包括多 SCADA 系统间的互操作、集中监控层多种控制子系统之间的互操作,以及现场控制层多种 PLC、RTU、智能控制单元的互操作。

第四代 SCADA 系统的优点如下所述。

(1) 能实现网络化分布式的混合控制。

以往 SCADA 系统中主站与现场控制层(PLC、RTU)间分别执行过程控制和逻辑控制。随着网络化和现场总线、现场智能设备的技术进步,第四代 SCA-

DA 系统将广泛使用工业以太网。现场总线、现场智能设备将与 PLC 一起实现现场控制的网络化和分散化，实现网络化分布式混合控制。

分布式控制的一个优点是逻辑分割，工程师可以方便地把不同设备的控制功能分配到不同的控制单元，这样操作员可以根据需要对单个控制单元进行模块化的功能修改、安装和调试。另一个优点是各个控制单元分布、安装在被控设备附近，既节省电缆，又可以提高该设备的控制速度。

（2）采用高速智能的通信设计。

对于以往一般仅关注系统功能与控制的 SCADA 系统工程师来说，第四代 SCADA 系统规划设计的另一个最重要的变化是规划设计 IP 网络。

现代以太网的交换技术、全双工通信、快速以太网、吉比特以太网、VLAN、IGMP、端口优先级等网络技术的出现，加强了以太网的实时性和快速性，使之成为一个确定性的网络，也使工业以太网成为工业自动化网络中首选的传输方式。对于第四代 SCADA 系统，以太网已经不仅仅存在于调度中心与站控室内的计算机之间了。广域工业以太网、现场工业以太网已经密切融合到 SCADA 系统的各个层面，无论是在企业管理层、管理调度层、集中监控层和现场控制层还是各层之间，几乎所有的系统、PLC 和现场控制单元供应商均提供了支持 TCP/IP 的以太网接口的产品，并以 IP 传输为标准来传送程序、共享信息、进行故障分析和操作数据。

以往基于模拟或连续数字通道的 SCADA 系统网络，一般由多个点对点静态通道组成，这些通道可以完成固定的母线拓扑分析，不需要自动重新配置而直接进行通信，设计者无须予以过多关注。但对于使用广域工业以太网、现场工业以太网的基于 IP 网络通信的第四代 SCADA 系统，设计者、实施系统工程师都必须从拓扑分析、反应时间、地址规划、参数设置、网络安全，以及类似多业务传输平台设备等过程传输环节设备的性能和保证能力等方面全面把握，面向多种通信手段选择通信方式，以适宜的带宽、良好的冗余、高可靠性、低时延和高安全性为目标来很好地规划 IP 网络，同时保证系统易连、网络升级和扩展。

（3）注重全方位的网络安全。

第四代 SCADA 系统大量采用通用的操作系统、接口和系统模块，而且与 Internet 深度融合，所以依赖于单一的安全技术和解决方案无法实现系统整体安全，必须通过部署防火墙、进行入侵检测和分析等多种安全防护技术，才能提升系统的整体防御能力。

设备大数据

2.6 工业控制系统的实际案例

本节中的实际案例以铸管行业生产线智能管控系统的解决方案为例,展示工业控制网络在智能化生产中的应用。

2.6.1 概述

工业无线网络技术兴起于21世纪初,通过设备间的交互过程,提供低成本、高灵活的泛在制造信息系统和环境,代表着工业物联网技术和产业发展的重点方向。我国自主研发的WIA-PA技术规范已成为IEC标准,在产业竞争中占得先机。

据统计,冶金行业生产设备差距并不十分明显,工厂自动化与智慧化深度融合越来越成为助力企业在市场竞争中的重要因素,国家由此确立"工业4.0"的发展目标,提出深化互联网在制造领域的应用,加快开展物联网技术研发和应用示范,培育智能监测、远程诊断管理、全产业链追溯等工业互联网新应用,实施工业云及工业大数据创新应用试点,建设一批高质量的工业云服务和工业大数据平台。

我国自主研发的物联网WIA-PA标准,于2011年10月被IEC全票通过成为国际标准,2011年12月成为国家标准,使中国在国际物联网领域拥有重要的话语权。作为物联网国际标准的制定者,我国将会在"工业4.0""一带一路"应用和发展方面为企业提供强大的助力。

根据覆盖区域及现场无线采集节点数量,对厂区进行WIA-PA网络全覆盖,新建WIA-PA无线传输系统,智能无线网关采用分散式布置方式,与各生产车间的管理结构布局相同,这样也便于维护和管理系统实施后的设备。在各生产车间安放WIA-PA智能无线网关,负责采集该生产车间管理范围内的所有能耗仪表数据、生产过程数据、机泵振动和加速度数据、有毒气体监测数据、环境数据等。

本方案在图2-18中所示的1、4、6处,现场安装仪器仪表等智能机器,在工厂控制系统处安装无线网关,通过无线网关控制现场的无线智能机器,从而达到远程控制的目的。在现场安装好无线智能机器后,智能机器可以通过现场网络互相关联,用户可以通过云平台访问工厂控制系统,从而控制智能机器。

本系统的示范应用,在实现系统全部功能的同时,可为智能工厂建设形成

第 2 章 设备数据采集方法

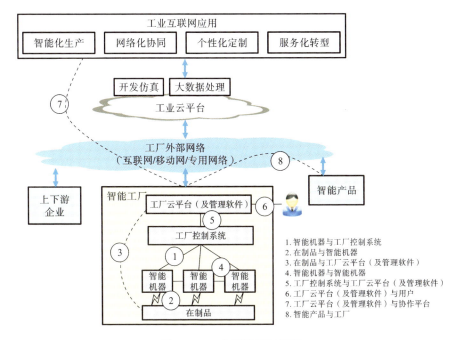

图 2-18 工业互联网示意图

生产信息标准化体系及工厂物联网标准化体系两套标准体系。标准体系的建立将聚焦企业优势领域，以兼顾传统产业转型升级为出发点，按照"共性先立、急用先行"的原则，统筹标准资源、优化标准结构，重点解决当前推进智能制造工作中遇到的数据集成、互联互通等基础瓶颈问题。

2.6.2 需求分析

2.6.2.1 工厂现状

据统计，铸管厂自动化及信息化水平一直较低，整个厂区面临着升级改造的紧迫问题，另外，新建生产线也需要引进先进的数字化、自动化技术的引进，以全面提升生产效率，达到高效、节能、环保、稳产的基本目标。

1. 能源管控不足

目前厂内风气表数据采集覆盖率约为 90%，水表数据采集覆盖率不超过 10%，电能表数据采集覆盖率约为 65%，能耗数据采集的不完整性与分散性导致无法根据生产计划实现能源的智能管控。

2. 关键设备健康状态无法在线诊断

不同区域所涉及的设备和工艺不同,同时大部分工序作业并没有相应的信息化系统参与控制,导致整个车间信息流阻塞。关键机泵运行状态采用人工定期检查的方式,没有设备健康状态实时监测及诊断系统,设备故障不能提前预判。

3. 危险区域气体泄漏未实时监测

危险区域没有气体泄漏实时监测装置,不能实时监测危险区域是否存在有毒气体泄漏,不能全面掌控厂区内的环境数据,离实现全厂安全环保生产还有一定的差距。

2.6.2.2 现状分析

钢铁行业属于资产密集型企业,相关机组结构庞大复杂,连续运行时间长、转速高、控制系统精密、制造周期长,检查、维修困难,一旦发生故障,轻者引起装置停产,重者造成机毁人亡的重大恶性事故。

根据上述情况,通过引入生产线能源计量与设备健康诊断系统,可同时实现生产线智能能源管控与关键设备健康状态管控。

(1)通过系统应用,全面采集生产过程中所有耗能设备的"水""电""气"的消耗情况,并将能耗数据与生产产量关联起来。通过长期数据积累及能耗模型的构建,最终提前预估不同投产需求所需的能耗,为生产管理决策者提供理论依据,合理安排调度生产,进而达到节能减排、最优生产的使用效果。

(2)通过系统应用,对厂内的关键机泵设备健康状态进行健康监测。控制系统通过在拟监测机组振动明显部位安装无线监测器或有线传感器进行设备运行数据的实时采集,同时通过在线监测系统整合已有监测系统数据,并根据机组的运行特性配置针对性的数据采集策略,抓取对分析定位机组故障有效的振动、温度数据,并借助智能报警策略,及时发现机组的运行异常状态,并自动推送异常状态短信和实现移动 App 报警。

2.6.3 解决方案

2.6.3.1 方案介绍

利用信息技术建立能源管理系统可为各种节能降耗手段的充分实施奠定数据基础,具有非常明显的现实意义。通过信息技术建立集中统一的智能能源管理子系统势在必行,该系统可对能源数据进行分析、处理和加工,使工作人员能实时掌握能源运行的状态:① 全方位监控能源运行、使用与分配;② 能源数据采集、能效分析;③ 能源供给的优化、负荷分配、负载均衡。利用智能能源管理子系统,在企业出现用能高峰或低谷时,工作人员可从全局角度了解能源的使用和变化情况,从而对能源进行合理调整,确保系统运行在最佳状态。

智能能源管理子系统还有利于工作人员及时采取措施,优化其他能源调度,有效地减少高炉煤气的排放,减少环境污染,进一步提高能源的合理利用率。智能能源管理子系统平台解决方案从能源使用的全生命周期角度实现灵活可靠的工业能源过程监控。通过集成重要的能源运行数据,建立透明度更高的能源调度与管理平台,在更低能耗、更低排放的水平下获取运行优化和最大化生产力;针对冶金行业对节能增效的需求,动态灵活地定制报表、管理和可视化功能,对各部门用电以及其他能耗情况、增长情况、节能情况进行自动或手工记录。为节能增效提供全方位多样性的追溯手段以及各种分析工具。

智能能源管理子系统解决方案从系统上改善了冶金企业能源使用的跟踪与追溯能力。通过对能源使用情况的可视化改善,提高各单位能源消耗过程以及记录的可追溯性,降低满足政府环保法规和国际标准遵从的时间成本和资金成本。从企业管理角度而言,智能能源管理子系统可为企业管理者提供高可视化的能源使用情况,辅助企业决策层制定和实施节能增效管理策略。

智能能源管理子系统将对企业能源环网采集的"水""电""气"数据进行汇集分析,通过使用符合 WIA-PA 技术标准的 WIA-PA 智能无线网关、WIA-PA 无线路由器、WIA-PA 无线 I/O 适配器等装置,建立基于 WIA-PA 技术标准的冶金生产物联网,实现全厂未进入能源环网的能耗仪表的数据采集或补充补全,并将能源环网与项目补充采集的能耗数据和生产产量关联起来,通过长期数据积累及能耗模型的构建,最终实现生产能耗预测,为生产管理决策者提供理论依据,合理安排调度生产,提高生产管理水平,提高产收率、降低资源浪费,进而达到节能减排、最优生产的使用效果。

2.6.3.2 系统架构

生产线智能管控系统技术支持体系分为三个部分:物联网部分、大数据部分和智能生产部分。简单来说:物联网部分负责底层数据的采集及传输,主要是将现场海量的生产过程数据、设备运行状态数据及危险告警环境数据实时采集并汇集到大数据平台上;大数据部分则通过各种算法模型对物联网部分采集到的海量数据进行分类、统计及大数据分析;智能生产部分关联各个生产环节功能模块的大数据分析结果并加以使用,从工厂全局的角度出发有效实现企业生产的运行管控、能源智能优化、设备智能管控及安全高效生产。生产线智能管控系统架构如图 2-19 所示。

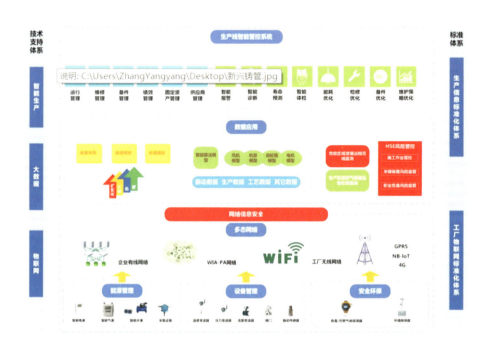

图 2-19　生产线智能管控系统架构

2.6.3.3　网络拓扑图设计

能源系统的工艺对象覆盖钢铁生产所涉及的各种大型能源设施,如变电站、水泵站、煤气站等。能源系统采集的数据点范围遍布整个生产运行与作业区,作为实时监控与信息处理系统,其实现功能包括信息的实时采集、海量储存、二次加工。因此,智能能源管理子系统方案立足于系统集成的高度,以信息为核心满足能源管理应用功能上的特殊性及能源生产利用的连续性。系统对各种能源介质进行集中监控、统一调度和平衡优化,对无人值守站所设备进行远程操作和控制,充分满足过程控制、信息管理和数据库的一体化系统集成需求。整个系统充分考虑了时间、空间上的可扩充性,采用开放的体系结构,增强与第三方的可连接性。其易于扩充的平台架构,延长了系统应用的生命周期,增强了发展后劲,适应了市场激烈竞争的需要。

智能能源管理子系统与企业已建成的能源环网进行充分结合,利用能源环网的海量能源数据作为系统的数据支撑,将需要的各种一级或二级能源实时数据集成起来,以便于进行后续能源管理和分析。系统是集过程监控、能源管理、能源调度为一体的厂级管控一体化计算机系统。随着企业规模的扩大、技术不断进步、信息产业的高速发展,智能能源管理子系统面向生产运行的能源介质(包括水、电力、重油、各种煤气、天然气、蒸汽、压缩空气、氧、氮、氩等),将成为能源消耗预测、实时监控的综合能源信息管理平台。

调研中发现现场仍存在约10%的气表、35%的电表、90%的水表不具备数据的远程采集功能。针对目前没有远程采集功能的能源仪表,通过建立工厂WIA-PA网络,并增加智能无线采集仪表来实现全厂能源数据的采集补全。该部分采集网络主要由WIA-PA无线路由器、WIA-PA智能无线网关、WIA-PA无线I/O适配器、WIA-PA涡轮流量计、WIA-PA无线水表等设备组成,智能能源管理子系统架构如图2-20所示。

根据工厂内能源仪表分布及无线传输环境按界区布置WIA-PA无线数据采集系统。WIA-PA无线设备采集现场能耗数据,并通过WIA-PA无线网络传输至WIA-PA智能无线网关内;WIA-PA智能无线网关管理网络、汇聚采集数据,并实现数据的统一解析与存储,再通过工厂内的企业通信以太网或工厂无线Wi-Fi网络接入工厂局域网,多个网关的数据传输至中控室数据服务区,实现对全厂能源仪表的数据监控。另外,可根据WIA-PA无线网络传输条件适当增加部分WIA-PA无线路由节点来扩大WIA-PA网络的覆盖半径。

2.6.3.4 功能设计

工厂部署WIA-PA网络,实现厂内标准化工业物联网全覆盖,用于现场能源仪表数据的全面采集。现场非数字电表、非数字气表更换为数字化仪表。现场水表进行数字化改造或更换为流量计,并通过WIA-PA网络实现数据远程传输。对现有数字仪表配套WIA-PA无线I/O适配器,实现仪表数据的远程采集。利用能源管理系统的计算功能对采集到的数据进行处理,并将结果通过报表、曲线等方式完全透明、准确地显示出来,方便用户实时查看。能源管理系统可以将所有的数据、报表、曲线通过工厂局域网或Internet发布在公司网络上,各级用户可以按照相应的访问权限通过IE浏览器轻松访问需要的信息,数据的同步性、可靠性也得到了保证。能源管理系统根据生产工序分级查询方式,可快速查找用户所需查看的数据,并自动生成生产能耗报表,展开报表可查看各个设备的单独能耗情况,具有强大的报表功能。依靠能源管理系统的分析

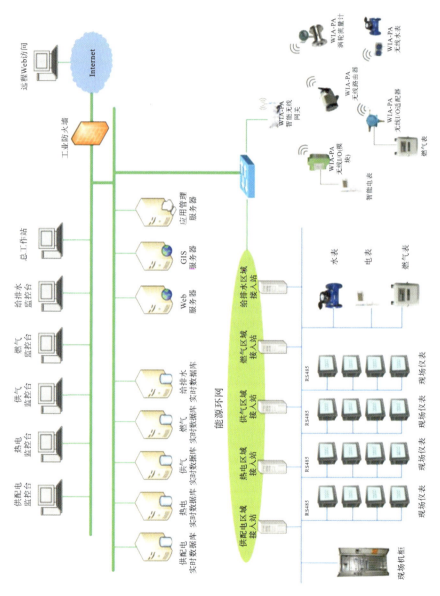

图2-20 智能能源管理子系统架构

模块,可以很好地实现能源预测、能源成本分析、绿色能源控制、能源采购预算等。引入标准日、节假日、比率、消耗种类、产品类型等概念,可分析不同车间、不同产品、不同时段、不同工段的能源需求。

2.6.3.5 安全及可靠性

针对新兴铸管建立的智能管控系统,每个系统区域将与实时数据库的制造执行系统(MES)进行 OPC(用于过程的对象连接与嵌入)通信连接,实现控制系统状态的上报。基于 OPC 基金会与工业控制系统应急响应中心(ICS-cert)给出的建议解决方案,在 OPC 客户端与服务器端之间,需要针对 OPC 协议增加安全防护技术,控制 OPC 客户端与服务器端的身份认证、访问的权限、访问的区域、开放的端口、不正常的 OPC 数据过滤等,实现权力的正确使用及权力的最小化约束。OPC 工业防火墙能有效实现以上安全防护功能,实现权力的正确使用及权力的最小化约束,功能如下:

(1) ANSI/ISA-99 规定的纵深防御原则,将控制系统划分为不同的安全区域,每种区域有不同的安全级别,不同区域之间的访问通过 OPC 工业防火墙进行隔离,实现对不同区域的安全隔离与保护,避免病毒的扩散;

(2) 认证客户端与服务器端的身份,有效地锁定 OPC 客户端与服务器端的身份,持有正确的身份才能进行读/写/添加标签等操作;

(3) 由于 OPC 协议存在不固定分配数据传输端口的特性,需要通过对 OPC 协商的协议数据流进行解析,约束 OPC 协议访问与控制的端口范围,禁止开放非必要端口;

(4) 不需要改变网络的拓扑结构,以透明网桥的方式接入控制系统的一个区域;

(5) 罗列所有 OPC 客户端与服务器端列表,便于查看与管理。

OPC 工业防火墙部署在每个控制系统区域出口,在不改变网络结构的前提下,以透明网桥的方式为每一个控制系统区域配置一个 OPC 工业防火墙,对这个区域进行安全隔离与保护。因此,对于各个控制系统区域及补充传输的无线 WIA 监控系统区域,需要配置 OPC 工业防火墙,同时配置一套中央管理与控制平台集中管控各个区域的 OPC 工业防火墙。OPC 工业防火墙的作用是保护每个控制系统区域,进行区域隔离,避免病毒扩散和攻击,对 OPC 协议进行解析、动态端口管理、完整性检查等。安全管控平台为统一集中管理的 OPC 工业防火墙,与 Aspen 数据库部署在同一层,对整个工业智能控制网络进行实时监控,对报警及消息日志进行历史存储与分析。

2.7 本章小结

本章主要介绍了设备大数据的数据采集。设备数据采集是设备数据分析的第一步,对数据整合与处理起着十分重要的作用。通过定制数据采集策略和建立数据采集系统,经过优化后可以显著减少数据的重复度并且提高数据质量。本章选取数据采集中的几个重要部分:传感器、PLC、工业网关、工业网络分别进行介绍,以便读者可以了解数据采集的多种技术及运用方法。本章最后选取了一个典型的设备数据采集方案作为数据采集应用的示例供读者参考。采集设备数据后,需要进行数据存储和处理,这部分内容将在下一章进行介绍。

本章参考文献

[1] 李军.数据采集系统整体设计与开发[M].北京:北京航空航天大学出版社,2014.

[2] 李艳红,李海华,杨玉蓓.传感器原理及实际应用设计[M].北京:北京理工大学出版社,2016.

[3] FRADEN JACOB.现代传感器手册:原理、设计及应用[M].北京:机械工业出版社,2019.

[4] 廖常初.PLC 编程及应用[M].4 版.北京:机械工业出版社,2018.

[5] 韩相争.西门子 S7-200 SMART PLC 编程技巧与案例[M].北京:化学工业出版社,2017.

[6] 中国电子信息产业发展研究所.工业控制系统测试与评价技术[M].北京:人民邮电出版社,2017.

[7] 裘小燕,王元杰,温锋.智能家居与网关新技术[M].北京:人民邮电出版社,2017.

[8] 李占英.分散控制系统(DCS)和现场总线控制系统(FCS)及其工业设计[M].北京:电子工业出版社,2015.

第 3 章
设备数据存储方法

3.1 设备大数据存储简介

在全球工业互联网浪潮日益高涨的背景下,随着《中国制造 2025》战略方针的提出,工业趋向于智能化及智能制造方向发展,《中国制造 2025》的战略意义不仅在于推动智能制造的全面升级与改造,更在于结合大数据能力,使之转化成为对企业发展更为强大的智能制造核心驱动力。

工业大数据是未来工业在全球市场竞争中发挥优势的关键。但是,无论是德国工业 4.0、美国工业互联网还是《中国制造 2025》,各国制造业创新战略的实施基础都是工业大数据的存储。不论智能制造发展到何种程度,数据存储都是生产中最实际最高频的需求,也是工业 4.0 的先决条件。

在上一章中已经针对目前工业场景常用的设备数据采集方式及方法进行了详细介绍,随着数据采集技术的不断进步以及发展,制造业工厂设备采集的数据量级不断增加,如何针对采集到的多源异构的数据实现有效存储,已经是当前工业设备大数据发展必须要面临及解决的重点问题。

数据存储是指用最合适的格式和最好的可用介质将数据保存。传统的制造业数据采集方法包括人工录入、调查问卷、电话随访等方式,采集的数据多数为行为数据、文本数据等,数据量级较小,数据格式较为单一,并且数据采集及存储频率较低。大数据时代到来后,一个突出的变化是数据采集的方法有了质的飞跃,导致采集的数据类型更多,数据结构更加复杂,数据量级急剧增加。目前,数据存储涉及的数据类型主要包括以下几种。

(1) 海量的时序数据。随着传感器技术的飞速发展,目前已经实现包括光电、热敏、气敏、力敏、磁敏、声敏、湿敏等不同类别的工业传感器在工业制造业的大量应用。并且,随着数字化工厂的发展,工厂设备对于精度及时序要求越来越高,导致多数设备的数据采样时间需要达到毫秒级以上精度,因此,这部分

 设备大数据

数据具有非常明显的时序性,数据频率极高,数据值多为浮点型及整型数据,数据量级极大,对数据存储带来很大的压力。所以,实现大量级时序数据存储是当前工业大数据发展的重点问题。

(2) 文档数据。该部分主要包括工程图样、仿真数据、设计的 CAD 图样等,同时还包括人为录入的一些报告数据、生产统计数据、维护记录数据等传统工程文档,格式包括 word、excel、pdf、dwg 等。因此,这部分数据的特点是格式多样、关联性较低、数据杂乱,属于典型的非结构化数据。

(3) 信息化数据。由工业信息系统产生的数据,包括 MES、ERP 等系统数据,该部分数据多数已经存在于对应系统的数据库中,相较于其他数据,具有格式标准、数据质量高等特点。

(4) 接口数据。由已经建成的工业自动化或信息系统提供的接口类型的数据,包括 TXT 格式、JSON 格式、XML 格式等,该部分数据由工厂现有信息化系统提供,数据格式多数为常见的接口格式。

(5) 视频数据。工业现场会有大量的视频监控设备,这些设备会产生大量的视频数据。同时,随着深度学习等技术发展,可以通过图像识别技术实现生产过程巡检监控等功能,这些功能也基于大量的视频数据。视频数据相较于其他数据具有单文件数据大、文件个数较少等特点。

(6) 图像数据。包括工业现场各类图像设备拍摄的图片(例如,巡检人员用手持设备拍摄的设备、环境信息图片),以及产线用于产品缺陷识别的工业摄像头拍摄的照片等。

(7) 音频数据。包括语音及声音信息(例如,操作人员的通话、设备运转的音量、环境噪声检测等)。

(8) 其他数据。例如遥感遥测信息、三维信息等。

针对上述工业场景常见的数据类型,依照数据结构可以基本划分为三大类:结构化数据、非结构化数据、半结构化数据。

(1) 结构化数据。

结构化数据由明确定义的数据类型组成,这些数据类型的模式使它们易于搜索。结构化数据通常驻留在关系型数据库管理系统(relational database management system,RDBMS)中。像名称这样的可变长度的文本字符串也可以包含在记录中,这使得搜索变得很简单。只要数据是在 RDBMS 结构中创建的,就不必区分是人工生成的数据,还是机器生成的数据。这种格式可以通过人工查询以及使用数据类型和字段名(如字母或数字、货币或日期)的算法进行搜索。

结构化数据可以使用关系型数据库来表示和存储,如 MySQL、Oracle、SQL Server 等表现二维形式的数据,可以通过固有键值获取相应信息。结构化数据的一般特点是:数据以行为单位,一行数据表示一个实体的信息,每一行数据的属性是相同的,是由二维表结构来逻辑表达和实现的数据,严格地遵循数据格式与长度规范,能够用数据或统一的结构加以表示。图 3-1 所示为一个典型的结构化数据。

```
1   id     name      age    gender
2   1      lyh       12     male
3   2      liangyh   13     female
4   3      liang     18     male
```

图 3-1 结构化数据举例

所以,结构化数据的存储和排列是很有规律的,这对查询和修改等操作很有帮助,但是它的扩展性较差。

(2) 非结构化数据。

非结构化数据,就是没有固定结构的数据,非结构化数据本质上就是结构化数据之外的数据。非结构化数据具有内部结构,但不是通过预定义的数据模型或模式进行存储的,不方便用数据库二维逻辑表来表现。它可以是文本的或非文本的,也可以是人工生成的或机器生成的。它也可以存储在像 NoSQL 这样的非关系数据库中。

非结构化数据主要包含全部格式的办公文档、文本、图片、XML、HTML、各类报表、图像和音频/视频信息等。一般直接整体进行存储,而且一般存储为二进制的数据格式。非结构化数据的格式非常多样,标准也是多样性的,而且在技术上非结构化信息比结构化信息更难标准化和理解。从数据量上看,非结构化数据比结构化数据多得多。非结构化数据占企业数据的 80% 以上,并以每年 55%~65% 的速度增长。

(3) 半结构化数据。

半结构化数据可以算是非结构化数据的一种,半结构化数据包括独立数据元素标记和内部标记,且数据的格式不固定,从而支持信息分组和层次结构。因为我们要了解数据的细节,所以不能将数据简单地组织成一个文件并按照非结构化数据处理,由于结构变化很大也不能够简单地建立一个表与它对应。半

结构化数据自身就描述了其相应结构模式,具体特征如下所述。

① 数据结构自描述性。结构与数据相交融,在研究和应用中不需要区分"元数据"和"一般数据"(两者合二为一)。

② 数据结构描述的复杂性。结构难以纳入现有的各种描述框架,实际应用中不易进行清晰的理解与把握。

③ 数据结构描述的动态性。数据变化通常会导致结构模式变化,整体上具有动态的结构模式。

相对于结构化数据,半结构化数据的构成更为复杂和不确定,从而也具有更高的灵活性,能够适应更为广泛的应用需求。常见的半结构化数据包括 XML 数据、JSON 数据等。例如 JSON,同一键值下存储的信息可能是数值型的,可能是文本型的,也可能是字典或者列表。文档和数据库都可以是半结构化的。这种类型的数据只占结构化/半结构化/非结构化数据饼图的 $5\% \sim 10\%$。

目前,数据存储主要通过各种数据库实现。数据库(database,DB)是指长期(以可持久化存储的介质,如磁盘或 SSD 为主)或暂时(以内存为主)存储在计算机内的、有系统组织的、可共享的、可提供良好的事物处理和分析处理机制的、可为用户提供查询、更新、删除及报表等服务的数据的集合。数据库中的数据按一定的数学模型或结构组织、描述和存储,一般具有较小的数据冗余、较高的数据可靠性以及较高的数据独立性、完整性及易扩展性,并可为各种用户共享和使用。

针对上述三大类型数据,根据不同存储技术,数据库可分为两种类型:关系型数据库和非关系型数据库。

(1) 关系型数据库。

关系型数据库是基于关系模型的数据库,而关系模型是通过二维表来保存的,所以它的存储方式就是行列组成的表,每一列是一个字段,每一行是一条记录。表可以看作某个实体的集合,而实体之间存在联系,这就需要表与表之间的关联关系来体现,如主键外键的关联关系,多个表组成一个数据库,也就是关系型数据库。

关系型数据库很多,当前主流的关系型数据库有 Oracle、DB2、PostgreSQL、Microsoft SQL Server、Microsoft Access、MySQL、浪潮 K-DB 等。

(2) 非关系型数据库。

非关系型数据库是指非关系型的、分布式的,且一般不保证遵循 ACID 原则的数据存储系统。非关系型数据库以键值对存储,且结构不固定,每一个元组可以有不一样的字段，每个元组可以根据需要增加一些自己的键值对，不局限于固定的结构，可以减少一些时间和空间的开销。

综上所述，目前工业大数据按照结构划分可以分为结构化数据、非结构化数据、半结构化数据三类，涵盖时序数据、文档数据、视频数据、图像数据等多种格式。而针对上述三种类型数据的不同存储方式，数据库可以划分为关系型数据库及非关系型数据库，后续内容拟结合工业场景常见数据格式，对关系型数据库和非关系型数据库进行介绍。

3.2　关系型数据库

关系型数据库管理系统(RDBMS)是 E. F. Codd 博士在其发表的论文《大规模共享数据银行的关系型模型》(*Communications of the ACM*，1970 年 6 月刊)基础上设计出来的。RDBMS 是将数据组织为相关的行和列的系统，而管理关系数据库的计算机软件就是 RDBMS。它通过数据、关系和对数据的约束组成的数据模型来存放和管理数据。自 RDBMS 被提出以来，RDBMS 获得了长足的发展，许多企业的在线交易处理系统、内部财务系统、客户管理系统等大多采用了 RDBMS。字节级关系型数据库在大型企业集团中已是司空见惯。

关系型数据库(RDB)是由表、记录和列组织的多个数据集的集合，可以通过关系型数据库表示各种类型的数据。关系型数据库在数据库表之间建立定义良好的关系。表通信和共享信息有助于数据搜索、组织和报告。关系型数据库使用结构化查询语言(structured query language，SQL)，这种语言是为处理关系型数据库而开发的。针对特定的 RDBMS，如 PostgreSQL、MySQL、Oracle 等，有许多流行的 SQL，为数据库交互提供了一个简单的编程接口。

关系型数据库的工作方式是将信息存储在表中，其中每个表都有自己的行和列。行表示记录(或元组)，列表示字段(或属性)。关系型数据库以不同的方式组织数据。每个表都称为关系，其中包含一个或多个数据类别列。每个表记录(或行)包含一个为对应列类别定义的唯一的数据实例。一个或多个数据的记录特征与一个或多个的记录相关联，形成功能依赖关系。这些分类如下所述。

- 一对一：一个表记录与另一个表中的另一个记录相关联。
- 一对多：一个表记录与另一个表中的许多记录相关联。
- 多对一：多个表记录与另一个表记录相关联。
- 多对多：多个表记录与另一个表中的多个记录相关联。

关系型数据库看起来像一个电子表格。然而，使数据库具有关系的是表之间存在关系。这使得关系型数据库能够有效地存储大量数据，同时检索选定的数据。关系型数据库还有许多其他优势，包括：

(1) 易于扩展，因为无须修改现有记录即可添加新数据，具有可伸缩性。

(2) 具有多种数据需求功能的新技术性能、强大功能和灵活性。

(3) 当数据共享基于隐私时，数据安全是至关重要的。例如，管理层可能共享某些数据特权并访问和阻止员工访问其他数据。

因此，关系型数据库常用来存储结构化数据。

随着工业制造业向着信息化及智能化发展，以及传感器、变送器等硬件的更新升级，信息化工厂积累了大量的结构化数据，其中较为常见的为信息化数据及部分硬件采集的设备运行数据。

其中，信息化数据是由工业信息系统产生的数据，包括 MES、ERP 等系统数据，相较于其他数据具有格式标准、数据质量高等特点。该部分数据多数用于信息化系统呈现，指导生产过程使用。信息化数据格式如表 3-1 所示。

表 3-1 信息化数据格式举例表

序号	状态	开始时间	结束时间	程序号	加工时间
18	待机	2018-10-13 09:03:33	2018-10-13 09:05:32	1102	0
19	加工	2018-10-13 09:05:33	2018-10-13 09:09:40	1102	4 min 7 s
20	待机	2018-10-13 09:09:41	2018-10-13 09:10:52	1102	0

由表 3-1 可以看出，生产过程中各个环节会积累大量的结构化数据，这部分数据多数存储在 MySQL 等关系型数据库中。

同时，通过变频器等硬件采集的设备运行数据，多数为整数型及浮点型数据，该部分数据具有结构固定、数据连续等特点。硬件采集数据示例如表 3-2 所示。

表 3-2 硬件采集数据示例

序号	设备号	采集时间	电压	电流	温度
334	SN-03-04	2018-11-04 10:13:30	224	5.3	37.4

续表

序号	设备号	采集时间	电压	电流	温度
335	SN-04-27	2018-11-04 10:13:30	219	5.6	40.2
336	SN-04-09	2018-11-04 10:13:30	220	5.7	41.3

这部分数据均具有时间连续性特点,数据多数为固定时间间隔存储的数据,数据量较大,因此对于数据库存储性能有一定的要求,这部分数据多数存储在 Oracle、PostgreSQL 等数据库中。

针对上述工业场景中常见的结构化数据,接下来重点介绍实际使用过程中最常见的几种关系型数据库。根据权威的 DB-Engines 数据库排名,最新排名情况如图 3-2 所示。

Rank			DBMS	Database Model	Score	
Jun 2019	May 2019	Jun 2018			Jun 2019	May 2019
1.	1.	1.	Oracle	Relational, Multi-model	1299.21	+13.67
2.	2.	2.	MySQL	Relational, Multi-model	1223.63	+4.67
3.	3.	3.	Microsoft SQL Server	Relational, Multi-model	1087.76	+15.57
4.	4.	4.	PostgreSQL	Relational, Multi-model	476.62	-2.27
5.	5.	5.	MongoDB	Document	403.90	-4.17
6.	6.	6.	IBM Db2	Relational, Multi-model	172.20	-2.24
7.	7.	↑8.	Elasticsearch	Search engine, Multi-model	148.82	+0.20
8.	8.	↓7.	Redis	Key-value, Multi-model	146.13	-2.28
9.	9.	9.	Microsoft Access	Relational	141.01	-2.77
10.	10.	10.	Cassandra	Wide column	125.18	-0.54

图 3-2 数据库排名

其中,前四名的数据库 Oracle、MySQL、Microsoft SQL Server、PostgreSQL 均为目前常用的关系型数据库,接下来进行重点介绍。

3.2.1 Oracle 数据库

Oracle 数据库系统是美国 Oracle 公司(甲骨文)提供的以分布式数据库为核心的一组软件产品,是目前最流行的客户机/服务器(Client/Server)或 B/S 体系结构的数据库之一。Oracle 数据库是目前世界上使用最为广泛的数据库管理系统,作为一个通用的数据库系统,它具有完整的数据管理功能;作为一个关系型数据库,它是一个完备关系的产品;作为分布式数据库它实现了分布式

处理功能。而且它只需要在一种机型上学习 Oracle 知识,便能在各种类型的机器上使用。

Oracle 数据库的主要特点如下。

(1) 名副其实的大型数据库。Oracle 建立的数据库,最大数据量可达几百 GB。

(2) 共享 SQL 和多线索服务器体系结构。这两个特性的结合,减少了 Oracle 的资源占用,增强了处理能力,能支持成百甚至上千用户。

(3) 跨平台能力。Oracle 数据库管理系统可以运行在 100 多种硬件和软件平台上,这一点为其他 PC 平台上的数据库产品所不及。

(4) 分布式数据库。可以使物理分布不同的多个数据库上的数据,被看成一个完整的逻辑数据库,尽管数据操纵的单个事务可能要运行于多处地点,但这对应用程序是透明的,给应用程序开发人员的感觉就像是所有的数据都物理地存储在本地数据库中。

(5) 卓越的安全机制。包括对数据库的存取控制、决定可以执行的命令、限制单一进程可用的资源数量以及定义数据库中数据的访问级别等。

(6) 支持客户机/服务器方式,支持多种网络协议。

核心优点如下:

- 可用性强;
- 可扩展性强;
- 数据安全性强;
- 稳定性强。

如图 3-3 所示为 Oracle 数据库主界面。

Oracle 数据库系统是目前世界上最流行的关系型数据库管理系统,系统可移植性好、使用方便、功能强,适用于各类大、中、小、微型计算机环境。它是一种高效率、可靠性好、适应高吞吐量的数据库解决方案。目前,信息化和智能化工厂多数具备复杂的自动化生产线,由于产线设备多,产线信息化系统较多,因此存在数据量较大,数据管理要求较高等问题。Oracle 数据库稳定性强,支持多用户、大事务量的事务处理,且具备分布式处理能力,可以较好地处理信息化产线结构化数据存储问题。同时,Oracle 数据库有着较强的扩展性,随着数据积累,数据量持续增加,Oracle 数据库可以通过纵向扩展及横向扩展保证数据库容量,可以增加数据库的吞吐量并减少数据库响应时间。针对信息化工厂数据持续增长的情况 Oracle 数据库有很好的适应性。

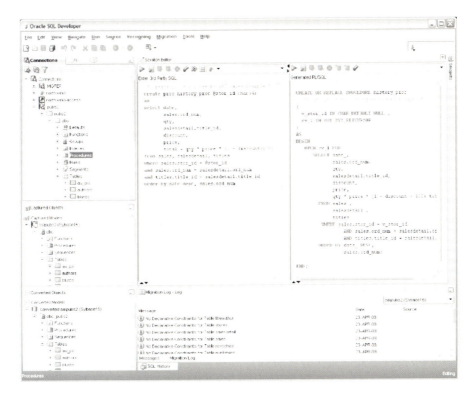

图 3-3 Oracle 数据库主界面

3.2.2 MySQL 数据库

MySQL 是一个轻量级关系型数据库管理系统,是当下最流行的关系型数据库管理系统。由于 MySQL 是开放源代码的,因此任何人都可以在 General Public License 的许可下下载并根据个性化的需要对其进行修改。MySQL 因其速度、可靠性和适应性而备受关注。大多数人都认为在不需要事务化处理的情况下,MySQL 是管理内容最好的选择。同时在 Web 应用方面,MySQL 是最好的 RDBMS 应用软件之一。

MySQL 由瑞典 MySQL AB 公司开发,目前属于 Oracle 公司。MySQL 作为一种使用广泛的数据库,主要特点如下:

(1) 使用 C 和 C++编写,并使用多种编译器进行测试,保证了源代码的可移植性;

(2) 支持 AIX、FreeBSD、HP-UX、Linux、Mac OS、Novell Netware、Open-

BSD、OS/2 Wrap、Solaris、Windows 等多种操作系统；

（3）为多种编程语言提供了 API。编程语言包括 C、C++、Python、Java、Perl、PHP、Eiffel、Ruby 和 Tcl 等；

（4）支持多线程，充分利用 CPU 资源；

（5）优化的 SQL 查询算法，可有效提高查询速度；

（6）既能够作为一个单独的应用程序应用在客户端服务器网络环境中，也能够作为一个库而嵌入其他的软件中提供多语言支持，常见的编码如中文的 GB 2312、BIG5，日文的 Shift_JIS 等都可以用作数据表名和数据列名；

（7）提供 TCP/IP、ODBC 和 JDBC 等多种数据库连接途径；

（8）提供用于管理、检查、优化数据库操作的管理工具；

（9）可以处理拥有上千万条记录的大型数据库。

与大型数据库，例如 Oracle、DB2、SQL Server 等相比，MySQL 自有它的不足之处，如规模小、功能有限（MySQL Cluster 的功能和效率都相对不足）等，但是这丝毫没有减少它受欢迎的程度。对于一般的企业，MySQL 提供的功能已经绰绰有余，而且由于 MySQL 是开放源代码的软件，因此可以大大降低总体拥有成本。在工业场景下，许多 B/S 架构的系统平台均使用 MySQL 作为主要的后端数据库。

3.2.3　Microsoft SQL Server 数据库

Microsoft SQL Server 也是 Microsoft 公司推出的关系型数据库管理系统，其具有使用方便、可伸缩性好、与相关软件集成度高等优点，可在多种平台下使用，可从运行 Microsoft Windows 98 的 PC 跨越到运行 Microsoft Windows 2012 的服务器等。

Microsoft SQL Server 是一个全面的数据库平台，使用集成的商业智能（BI）工具提供企业级的数据管理。Microsoft SQL Server 数据库引擎为关系型数据和结构化数据提供了更安全可靠的存储功能，使用户可以构建和管理用于业务的高可用和高性能的数据应用程序。

SQL Server 具有以下特点：

（1）真正的客户机/服务器体系结构；

（2）图形化用户界面，使系统管理和数据库管理更加直观、简单；

（3）丰富的编程接口工具，为用户进行程序设计提供了更大的选择余地；

（4）SQL Server 与 Windows NT 完全集成，利用了 NT 的许多功能，如发送和接收消息、管理登录安全性等，SQL Server 也可以很好地与 Microsoft Office 产品集成;

(5) 具有很好的伸缩性,可跨越多种平台使用;

(6) 对 Web 技术的支持度高,用户能够很容易地将数据库中的数据发布到 Web 页面上;

(7) SQL Server 新版本提供数据仓库功能,这个功能只在 Oracle 和其他更昂贵的 DBMS 中才有。

如图 3-4 所示为 Microsoft SQL Server 数据库主界面。

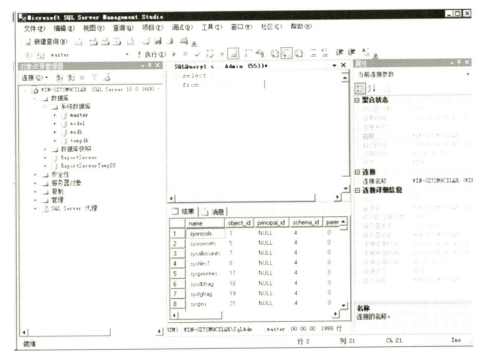

图 3-4　Microsoft SQL Server 数据库主界面

SQL Server 作为目前程序开发中使用最为广泛的数据库软件之一,每一次版本的更新都会带来许多不同的变化。SQL Server 2014 数据库引擎引入了一些新功能和增强功能,这些功能可以提高设计、开发和维护数据存储系统的开发人员的工作效率。SQL Server 2014 最引人注目的是其数据库引擎功能的增强,主要表现在内存优化、支持云端和虚拟机等方面。由于 Windows 系统的普遍性,目前信息化工厂中仍存在很大一部分 Windows Server 系统的服务器,SQL Server 作为 Microsoft 公司推出的关系型数据库,在 Windows Server 服务

器上集成效果较好,具有很好的伸缩性,因此在工业场景结构化数据存储方向也得到了广泛的应用。

3.2.4　PostgreSQL 数据库

PostgreSQL 是一个功能强大的开源对象关系型数据库管理系统(ORDBMS)。用于安全地存储数据;支持最佳做法,并允许在处理请求时检索它们。PostgreSQL 是由 PostgreSQL 全球开发集团(全球志愿者团队)开发。它不受任何公司或其他私人实体控制。它是开源的,其源代码是免费提供的。PostgreSQL 是跨平台的,可以在许多操作系统上运行,如 Linux、FreeBSD、OS X、Solaris 和 Microsoft Windows 等。

PostgreSQL 的特性覆盖了 SQL-2/SQL-92 和 SQL-3/SQL-99,首先,它支持目前世界上最丰富的数据类型,其中有些数据类型连商业数据库都不具备,比如 IP 类型和几何类型等;其次,PostgreSQL 是全功能的自由软件数据库,很长时间以来,PostgreSQL 是唯一支持事务、子查询、多版本并行控制系统(MVCC)、数据完整性检查等特性的一种自由软件的数据库管理系统。Inprise 的 InterBase 以及 SAP 等厂商将其原先专有的软件开放为自由软件之后才打破了这个唯一。

同时,PostgreSQL 是一款企业级关系型数据库管理系统,即使与 Oracle、Microsoft SQL Server、IBM DB2 等业界最好的商用数据库相比也毫不逊色。PostgreSQL 之所以如此特别,是因为它不仅仅是一个数据库,还是一个功能强大的应用开发平台。

PostgreSQL 的速度很快。大量的评测数据已经表明:与其他商用以及开源竞争对手相比,PostgreSQL 的速度要么远远胜出,要么旗鼓相当。

PostgreSQL 支持用多种编程语言编写存储过程和函数。除了系统自带的 C、SQL 和 PL/PgSQL 编程语言外,还可以通过安装扩展包来支持 PL/Perl、PL/Python、PL/V8(又称为 PL/JavaScript)、PL/Ruby 以及 PL/R 等。这种支持多语言的能力可以让开发人员根据待解决问题的特点来选择最合适的语言。比如可以使用 R 语言来解决统计和图形领域的问题,通过 Python 来调用 Web 服务,通过使用 SciPy 库来进行科学计算,通过 PL/V8 来进行数据验证、字符串处理和 JSON 数据处理,等等。PostgreSQL 不但支持种类繁多的开发语言,使用过程也很简单:先找到你需要的函数,看下它是用什么语言编写的,然后在 PostgreSQL 中安装好支持该语言的扩展包,再把代码复制过来就可以执行了,操作简单。

大多数数据库只允许用户使用预定义的数据类型，比如整型、字符串、文本型、布尔型等。PostgreSQL 在数据类型的支持方面有两个优势：不但支持比绝大多数数据库更丰富的原生数据类型，而且还允许用户按需自定义数据类型。如果用户需要更复杂的数据类型，那么可以定义包含两个浮点类型（float）的复合类型；如果需要定义一个三角形，那么可以先定义一种"坐标"类型，然后再定义一种包含三个坐标的"三角形"类型；如果用户对十二进制感兴趣，那么也可以定义十二进制类型。值得注意的是，要想自定义类型完全发挥出其威力，需要有相应的运算符和函数来识别并配合它。因此，如果你自定义了一种特殊的数据类型，千万不要忘了为它重定义配套的数学运算符。是的，PostgreSQL 允许用户重定义基础运算符（+、-、*、/）的实现逻辑。另外，用户自定义一种数据类型后，PostgreSQL 会自动定义出一种基于该类型的数组类型。因此，如果你定义了一种复合数据类型，那么该复合数据类型的数组类型就自动出现了，你无须做额外的定义工作。

最后，PostgreSQL 不但是开源的，而且开源得非常彻底，它的许可策略非常宽松，并且 PostgreSQL 拥有一支非常活跃的开发队伍，使得 PostgreSQL 持续更新和发展。因此，在一些中小型企业及工厂中，PostgreSQL 得到了广泛的应用。相对于 Oracle 昂贵的费用，PostgreSQL 在拥有与之相近的功能与性能的情况下，还保持着开源免费的特性，因此在一些有大量结构化数据存储需求的信息化工厂得到了应用和推广。

3.2.5 总结

本节详细介绍了关系型数据库的定义及发展。然后，结合目前工业场景常见的结构化数据特点及存储需求，着重分析及介绍了关系型数据库存储技术，并且详细介绍了目前常用数据库的特点和适用场景，如表 3-3 所示。

表 3-3 主流数据库对比表

数据库	优　　点	缺　　点	适用场景
MySQL	（1）体积小、速度快、总体拥有成本低，开源，提供的接口支持多种语言连接操作； （2）支持多种操作系统； （3）MySQL 的核心程序采用完全的多线程编程	（1）不支持热备份； （2）MySQL 不支持自定义数据类型； （3）MySQL 最大的缺点是其安全系统复杂且非标准	许多小型 B/S 架构的系统平台均使用 MySQL 作为主要的后端数据库

续表

数据库	优 点	缺 点	适用场景
Oracle	(1) Oracle 能在所有主流平台上运行； (2) 获得最高认证级别的 ISO 标准认证； (3) Oracle 性能强大,保持开放平台下 TPC-D 和 TPC-C 世界纪录； (4) Oracle 多层次网络计算支持 ODBC、JDBC、OCI 等网络客户连接	(1) 对硬件的要求很高； (2) 价格比较昂贵； (3) 管理维护比较麻烦； (4) 操作比较复杂,需要的技术含量较高	存储数据量较大、数据管理要求较高的企业,以及数据量持续增加,需要数据库纵向扩展及横向扩展性能较强的企业
Microsoft SQL Server	(1) 易用性、适合分布式组织的可伸缩性、用于决策支持的数据仓库功能； (2) 为数据管理与分析带来了灵活性； (3) 是一个完备的数据库和数据分析包； (4) SQL Server 是一个具备完全 Web 支持的数据库产品	(1) SQL Server 只能在 Windows 上运行,没有开放性操作系统； (2) SQL Server 并行实施和共存模型伸缩性有限； (3) 安全性一般	偏重于桌面应用,适合小型信息化工厂场景,应用于 Windows Server 系统
PostgreSQL	(1) PostgreSQL 是一个开源的、免费的、强大的关系型数据管理系统； (2) PostgreSQL 背后有热忱而经验丰富的社区； (3) PostgreSQL 附带有许多强大的开源的第三方工具来辅助系统的设计、管理和使用； (4) 可以用预先存储的流程来程序性扩展 PostgreSQL； (5) PostgreSQL 还是一个面向对象的数据库,支持嵌套和一些其他功能	(1) 对于简单而繁重的读取操作,性能一般； (2) 对子查询的优化表现不佳； (3) 查询优化器不够成熟； (4) 安全功能不成熟	存储数据量较大、数据可靠性和数据完整性要求较高的企业,以及需要数据库可以执行自定义过程的企业和注重性价比的中小型企业

结合本章介绍,关系型数据库主要存在以下优点。

(1) 容易理解:二维表结构是非常贴近逻辑世界的一个概念,关系模型相对网状、层次等其他模型来说更容易理解。

（2）使用方便：通用的 SQL 语言使得操作关系型数据库非常方便。

（3）易于维护：丰富的完整性（实体完整性、参照完整性和用户定义的完整性）大大降低了数据冗余和数据不一致的概率。

同时，关系型数据库在实际使用中存在以下问题。

（1）并发性非常高的应用场景下，传统关系型数据库的硬盘 I/O 存在一定的瓶颈。

（2）数据量较大的应用场景下，关系型数据库在一张包含海量数据的表中查询，效率是非常低的。

（3）随着数据增加，关系型数据库是很难进行横向扩展的。当一个应用系统的用户量和访问量与日俱增的时候，数据库没有办法简单地通过添加更多的硬件和服务节点来扩展性能和提高负载能力。当需要对数据库系统进行升级和扩展时，往往需要停机维护和数据迁移。

（4）性能欠佳。在关系型数据库中，导致性能欠佳的最主要原因是多表的关联查询，以及复杂的数据分析类型的 SQL 报表查询。为了保证数据库的 ACID 特性，必须尽量按照其要求的范式进行设计，关系型数据库中的表都是存储格式化的数据结构。

综上所述，关系型数据库常用于结构化数据存储，尤其是用于信息系统数据及部分硬件采集数据存储场景下。但是，随着智能制造发展，信息化工厂采集及积累的数据量逐步增加，采集的数据格式及类型多种多样。常规的关系型数据库已经不能完全满足数据存储的需求，非关系型数据库应运而生，下面将介绍非关系型数据库在工业场景中的应用。

3.3 非关系型数据库

随着《中国制造 2025》战略方针的提出，工业趋向于智能化及智能制造方向发展，信息化工厂产生的数据量级剧增，进入大数据时代。这些数据有很大一部分是由关系型数据库管理系统来处理的，其严谨成熟的数学理论基础使得数据建模和应用程序编程更加简单。但是，随着数据采集方法的飞跃式发展，采集的数据类型更多，数据结构更加复杂，数据量级急剧增加。传统的 RDBMS 在一些业务上开始出现问题。首先，对数据库存储容量的要求越来越高，单机无法满足需求，很多时候需要用集群来解决问题，而传统的 RDBMS 一般不支持分布式集群。其次，在大数据大行其道的今天，很多的数据都"频繁读和增加、不频繁修改",而 RDBMS 对所有操作一视同仁,这就带来了优化的空间。另外,实际应用过程中的不确定性导致数据库的存储模式也需要频繁变更,不自由的存储模式增大了运维的复杂性和扩展的难度。此时,非关系型的、分布式的、不保证遵循 ACID 原则的数据存储系统应运而生并得到了广泛使用及迅猛发展。

非关系型数据库又被称为 NoSQL,早期就有人提出,至 2009 年发展趋势越发高涨。2009 年初,Johan Oskarsson 举办了一场关于开源分布式数据库的讨论,Eric Evans 在这次讨论中提出了 NoSQL 一词,用于指代那些非关系型的、分布式的、一般不保证遵循 ACID 原则的数据存储系统。Eric Evans 使用 NoSQL 这个词,并不是因为字面上的"没有 SQL"的意思,他只是觉得很多经典的关系型数据库名字都叫"**SQL",所以为了表示跟这些关系型数据库在定位上的截然不同,就用了"NoSQL"一词。

非关系型数据库提出另一种理念,例如,以键值对存储,且结构不固定,每一个元组可以有不一样的字段,每个元组可以根据需要增加一些自己的键值对,这样就不会局限于固定的结构,可以减少一些时间和空间的开销。使用这种方式,用户可以根据需要去添加自己需要的字段,这样,为了获取用户的不同信息,不需要像关系型数据库那样对多表进行关联查询。仅需要根据 ID 取出相应的 Value 就可以完成查询。这类数据库是非关系型的、分布式的、开源的、水平可扩展的数据库,通常具有如下特性:模式自由、支持简易复制、简单的 API、最终的一致性(非 ACID)、大容量数据等。

结合前文描述,在智能化、信息化工厂中,存在大量的时序数据、视频数据、音频数据、文档数据等,该类数据都具备结构不固定、数据量大等特性。针对这些数据,根据结构化方法以及应用场合的不同,可以将 NoSQL 分为以下几类:

(1) 满足极高读写性能需求的 Key-Value 数据库。面向高性能并发读/写的缓存存储,其结构类似于数据结构中的 Hash 表,每个 Key 分别对应一个 Value,能够提供非常快的查询速度、大数据存放量和高并发操作,非常适合通过主键对数据进行查询和修改等操作。Key-Value 数据库的主要特点是具有极高的并发读/写性能,非常适合作为缓存系统使用。Memcached、BerkeleyDB、Redis、Flare 就是 Key-Value 数据库的代表。

(2) 满足海量存储需求和访问的文档存储数据库。面向海量数据访问的文档存储,这类存储的结构与 Key-Value 非常相似,也是每个 Key 分别对应一个 Value,但是这个 Value 主要以 JSON 或者 XML 等格式的文档来进行存储。这种存储方式可以很方便地被面向对象的语言所使用。这类数据库可在海量的数据中快速查询数据，典型代表为 MongoDB、CouchDB 等。面向文档的非关系型数据库主要解决的问题不是高性能的并发读/写，而是在保证海量数据存储的同时，具有良好的查询性能。

（3）满足高可扩展性和可用性的面向分布式计算的列式存储数据库。面向检索的列式存储，其存储结构为列式结构，不同于关系型数据库的行式结构。列式结构会让很多统计聚合操作更简单方便，使系统具有较高的可扩展性。这类数据库还可以适应海量数据的增加以及数据结构的变化，这个特点与云计算所需的相关需求是相符合的，比如 Google App Engine 的 BigTable 以及相同设计理念的 Hadoop 子系统 HBase 就是这种类型的典型代表。需要指出的是，BigTable 特别适合用于 MapReduce 处理，这对云计算的发展有很高的适应性。

（4）满足时序数据需求的时序存储数据库。时序存储数据库产品的发明是为了弥补传统关系型数据库在时序数据存储和分析上的不足和缺陷，这类产品被统一归类为时序存储数据库。目前对于时序大数据的存储和处理往往采用关系型数据库的方式，但关系型数据库天生的劣势会导致其无法进行高效的存储和数据查询。时序大数据解决方案通过使用特殊的存储方式，使得时序大数据可以高效存储和快速处理海量时序大数据。这是解决海量数据处理的一项重要技术。该技术采用特殊数据存储方式，极大地提高了时间相关数据的处理能力。相对于关系型数据库，它的存储空间减半，查询速度极大地提高。时间序列函数优越的查询性能远超过关系型数据库。InfluxDB、TimescaleDB 均是目前较为常见的、典型的时序数据库。

针对不同的应用场景，需要选择合适的 NoSQL 数据库进行存储，接下来针对上述几类典型的 NoSQL 数据库展开介绍。

3.3.1　Key-Value 数据库

随着互联网、物联网的发展，现在已经进入大数据时代。不仅在大公司，甚至一些小公司也积累了 TB 量级的数据。各种规模的公司开始有了处理大数据的需求，而目前关系型数据库在可缩放方面几乎已经达到极限。

Key-Value 数据库是以键值对存储数据的数据库，类似 Java 中的 map。可以将整个数据库理解为一个大的 map，每个键都会对应一个唯一的值。Key-Value 存储非常适合不涉及过多数据关系的业务数据，同时能有效减少读写磁盘的次数，比 SQL 数据库存储拥有更好的读写性能。目前，工业场景中的报警信息、信息排行，以及一些简单业务关系的数据，均对读写性能以及响应时间存

设备大数据

在很高的要求,而 Key-Value 数据库非常适合在该类场景下使用。目前最流行及常见的 Key-Value 数据库为 Redis、Memcached 等,接下来进行详细介绍。

3.3.1.1 Redis 数据库

Redis 数据库是一种支持 Key-Value 等多种数据结构的存储系统,可用于缓存、事件发布或订阅、高速队列等场景。该数据库使用 ANSI C 语言编写,支持网络,提供字符串、哈希、列表、队列、集合结构直接存取,基于内存,可持久化。

Redis 是完全开源免费的,遵守 BSD 协议,是一个高性能的 Key-Value 数据库。Redis 与其他 Key-Value 数据库对比有以下三个特点:

(1) Redis 支持数据的持久化,可以将内存中的数据保存在磁盘中,重启的时候可以再次加载使用;

(2) Redis 不仅仅支持简单的 Key-Value 类型的数据,同时还提供 list、set、zset、hash 等数据结构的存储;

(3) Redis 支持数据的备份,即 master-slave 模式的数据备份。

同时,Redis 数据库对比其他 Key-Value 数据库存在以下优点:

(1) 性能极高。Redis 能实现的读速度是 110 000 次/秒,写速度是 81 000 次/秒。

(2) 具有原子性。Redis 的所有操作都是原子性的,同时 Redis 还支持对几个操作合并后的原子性执行。

(3) 丰富的特性。Redis 支持 publish/subscribe、通知、设置 Key 有效期等特性。

与其他 Key-Value 存储不同,Redis 有着更为复杂的数据结构并且提供对它们的原子性操作,这是一个不同于其他数据库的进化路径。Redis 的数据类型都基于基本数据结构,同时对程序员透明,无须进行额外的抽象。Redis 运行在内存中但是可以持久化到磁盘,所以在对不同数据集进行高速读/写时需要权衡内存,数据量不能大于硬件内存。操作相同复杂程度的数据结构,在内存中操作比在磁盘中操作简单,这样 Redis 可以做很多内部复杂性很高的事情。同时在磁盘格式方面,Redis 是紧凑的以追加的方式产生的,因为它并不需要进行随机访问。

根据 Redis 的特性及其高性能的特点,在工业数据存储过程中,针对计数数据、报警数据、用户信息数据、集合性数据,以及排列等对于查询时效性要求较高,且变换、读写、更改频繁的数据存储场景,均有着很好的适用性。

3.3.1.2 Memcached 数据库

Memcached 是一个自由开源的、高性能、分布式内存对象缓存系统,是以 LiveJournal 旗下 Danga Interactive 公司的 Brad Fitzpatric 为首开发的一款软件。现在已成为 mixi、hatena、Facebook、Vox、LiveJournal 等众多服务中提高 Web 应用扩展性的重要因素。

Memcached 是一种基于内存的 Key-Value 存储,用来存储小块的任意数据(字符串、对象)。这些数据可以是数据库调用、API 调用或者是页面渲染的结果。Memcached 简洁而强大。它的简洁设计便于快速开发,降低开发难度,解决了大数据量缓存的很多问题。它的 API 兼容大部分流行的开发语言。本质上,它是一个简洁的 Key-Value 存储系统。

Memcached 作为高速运行的分布式缓存服务器,具有以下的特点。

(1) 协议简单;

(2) 基于 libevent 的事件处理;

(3) 采用内置存储方式;

(4) Memcached 是不互相通信的分布式系统。

Memcached 是一个使用了 BSD 许可的服务端缓存实现数据库。与其他服务端缓存实现数据库不同的是,Memcached 主要由两部分组成:独立运行的 Memcached 服务实例,用于访问这些服务实例的客户端。因此相较于普通服务实例中各个缓存都运行在应用实例之上的情况,Memcached 服务实例则独立运行在应用实例之外,两者对比如图 3-5 所示。

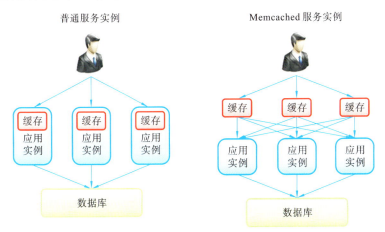

图 3-5 普通服务实例与 Memcached 服务实例对比示意图

从图 3-5 中可以看出，由于 Memcached 服务实例是独立于各个应用实例运行的，因此应用实例可以访问任意的缓存。而传统的缓存则与特定的应用实例绑定，因此每个应用实例将只能访问特定的缓存。这种绑定一方面会导致整个应用所能够访问的缓存容量变得很小，另一方面也可能导致不同的缓存实例中存在着冗余的数据，从而降低缓存系统的整体效率。因此，相较于其他缓存数据库，Memcached 是一款完全开源、高性能的、分布式的内存系统。

目前，Redis 与 Memcached 是最常用的 Key-Value 缓存数据库。从诞生之初，两者的目标其实是有差异的，Memcached 追求高性能的内存服务；而 Redis 不仅追求内存运行，还追求数据持久化；从这一点来看，Memcached 追求专一高效，而 Redis 追求全面发展。Redis 与 Memcached 的对比如表 3-4 所示。

表 3-4 Redis 与 Memcached 数据库对比

对比参数	Redis	Memcached
类型	(1) 支持内存 (2) 非关系型数据库	(1) 支持内存 (2) Key-Value 键值对形式
数据存储类型	(1) String (2) List (3) Set (4) Hash (5) Sort Set	(1) 文本型 (2) 二进制类型
操作类型	(1) 批量操作 (2) 事务支持 (3) 每个类型不同的 CRUD	(1) CRUD (2) 少量的其他命令
附加功能	(1) 发布/订阅模式 (2) 主从分区 (3) 序列化支持 (4) Lua 脚本支持	多线程服务支持
网络 I/O 模型	单进程模式	多线程、非阻塞 I/O 模式
事件库	AeEvent	LibEvent
持久化支持	(1) RDB (2) AOF	不支持

综上所述，需要实时读取，但是没有持久化要求的内容，都比较适合使用 Memcached；追求多类型支撑，持久化要求相对比较高的情况下，优先使用 Redis。Redis 有 Memcached 无法比拟的多数据类型支撑，而这些类型在很多时候都可以化腐朽为神奇，大量减少业务的冗余代码。

3.3.2 文档存储数据库

从 1989 年起，Lotus 通过其群件产品 Notes 提出了数据库技术的全新概念——文档数据库，文档数据库区别于传统的其他数据库，它是用来管理文档的。在传统的数据库中，信息被分割成离散的数据段，而在文档数据库中，文档是处理信息的基本单位。文档可以很长、很复杂、可以无结构，与字处理文档类似。一个文档相当于关系数据库中的一条记录。

文档数据库与传统的关系数据库差异显著。关系数据库通常将数据存储在相互独立的表格中，这些表格由程序开发者定义，单独一个的对象可以散布在若干表格中。对于数据库中某单一实例中的一个给定对象，文档数据库存储其所有信息，并且每一个被存储的对象可与任一其他对象不同。这使得将对象映射入数据库简单化，并会消除任何类似于对象关系映射的事物。这也使得文档数据库对网络应用有较大价值，因为后者的数据处在不断变化中，而且对于后者来说，部署速度是一个重要的问题。

"文档"是文档数据库中的主要概念。此类数据库可存放并获取文档，其格式可以是 XML、JSON、BSON 等，这些文档具备可述性（self-describing），呈现分层的树状结构（hierarchical tree data structure），可以包含映射表、集合和纯量值。数据库中的文档彼此相似，但不必完全相同。文档数据库所存放的文档，就相当于键值数据库所存放的"值"。文档数据库可视为"值"可查的键值数据库。

文档数据库特性如下。

(1) 一致性：开发者可以根据应用程序需要和业务需求，为每次操作指定数据库的"一致性"强度，以决定读取操作应该使用何种 slaveOk 设置，并通过 WriteConcern 设置写入操作的安全级别。

(2) 事务：支持单文档级别的事务，也可以使用"仲裁"这一概念来实现事务功能。（可参考"NoSQL 分布式模型：仲裁"）

(3) 可用性：文档数据库视图用主从数据复制技术来增强可用性。可以使用三种数据中心架构。

(4) 查询：可以使用视图查询，可用"物化视图"。文档数据库可以查询文档中的数据，而不用必须根据关键字获取整个文档。

(5) 可扩展性：可用"分片"技术。

常见的文档存储数据库为 MongoDB、CouchDB 等。其中 MongoDB 是目前最热门的文档存储,下面将主要介绍 MongoDB 及其在工业场景中的应用。

MongoDB 是一个高性能、开源、无模式的文档型数据库,是当前 NoSQL 数据库产品中最热门的一种。它在许多场景下可用于替代传统的关系型数据库或键值存储方式,MongoDB 使用 C++开发,性能较强。

MongoDB 是一个介于关系型数据库和非关系型数据库之间的产品,是非关系型数据库当中功能最丰富,最像关系型数据库的数据库。MongoDB 最大的特点是它支持的查询语言的功能非常强大,其语法有点类似于面向对象的查询语言,几乎可以实现类似关系型数据库单表查询的绝大部分功能,而且还支持对数据建立索引。它是一个面向集合的、模式自由的文档型数据库。MongoDB 的主要特性如下。

(1) 面向集合(collection-orented)。

数据被分组存储在数据集中,被称为一个集合(collection)。每个集合在数据库中都有一个唯一的标识名,并且可以包含无限数目的文档。集合的概念类似关系型数据库里的表(table),不同的是它不需要定义任何模式(schema)。

(2) 模式自由(schema-free)。

模式自由意味着对于存储在 MongoDB 数据库中的文件,我们不需要知道它的任何结构定义。下面举例说明"模式自由"或"无模式"的概念。例如,下面两个记录可以存在于同一个集合里面:

```
{"welcome" : "Beijing"}
{"age" : 25}
```

(3) 文档型。

其含义是存储的数据是键值对的集合,键是字符串,值可以是数据类型集合里的任意类型,包括数组和文档。我们把这个数据格式称作"BSON"。

MongoDB 的主要功能如下。

(1) 面向集合的存储　适合存储对象及 JSON 形式的数据。

(2) 动态查询　MongoDB 支持丰富的查询表达式。查询指令使用 JSON 形式的标记,可轻易查询文档中内嵌的对象及数组。

(3) 完整的索引支持　包括文档内嵌对象及数组。MongoDB 的查询优化器会分析查询表达式,并生成一个高效的查询计划。

(4) 查询监视　MongoDB 包含一系列监视工具,可用于分析数据库操作的性能。

(5) 复制及自动故障转移　MongoDB 数据库支持服务器之间的数据复制,支持主-从模式及服务器之间的相互复制。复制的主要目标是提供冗余及自动故障转移。

(6) 高效的传统存储方式　支持二进制数据及大型对象(如照片或图片)。

(7) 自动分片以支持云级别的伸缩性　自动分片功能支持水平的数据库集群,可动态添加额外的机器。

综上所述,MongoDB 是一个功能强大的文档型数据库。面向工业场景,在以下多个方向都可以得到广泛的应用:

(1) 信息系统数据　MongoDB 非常适合实时插入、更新与查询,并具备网站实时数据存储所需的复制及高度伸缩性。

(2) 缓存数据　由于性能很强,MongoDB 也适合作为信息基础设施的缓存层。在系统重启之后,由 MongoDB 搭建的持久化缓存层可以避免下层的数据源过载。

(3) 存储大尺寸、低价值的数据　使用传统的关系型数据库存储一些数据可能会比较昂贵,在此之前,程序员往往会选择传统的文件进行存储。

(4) 高伸缩性的场景　MongoDB 非常适合由数十或数百台服务器组成的数据库。MongoDB 的路线图已经包含了对 MapReduce 引擎的内置支持,可以支持大数据量级的存储。

(5) 用于对象及 JSON 数据的存储　MongoDB 的 BSON 数据格式非常适合文档化格式的存储及查询。

3.3.3　列式存储数据库

列式存储数据库是以列相关存储架构进行数据存储的数据库,主要适用于批量数据处理和即时查询。

传统的关系型数据库,如 Oracle、DB2、MySQL、SQL Server 等均采用行式存储法(row-based),在基于行式存储的数据库中,数据是按照行数据为基础逻辑存储单元进行存储的,一行中的数据在存储介质中以连续存储形式存在。

列式存储(column-based)是相对于行式存储来说的,新兴的 HBase、HP Vertica、EMC Greenplum 等分布式数据库均采用列式存储。在基于列式存储的数据库中,数据是按照列为基础逻辑存储单元进行存储的,一列中的数据在存储介质中以连续存储形式存在。行、列存储方式如图 3-6 所示。

从图 3-6 中可以很清楚地看到,行式存储下一张表的数据是放在一起的,但列式存储下一张表的数据被分开保存了。因此,列式存储存在以下优缺点。

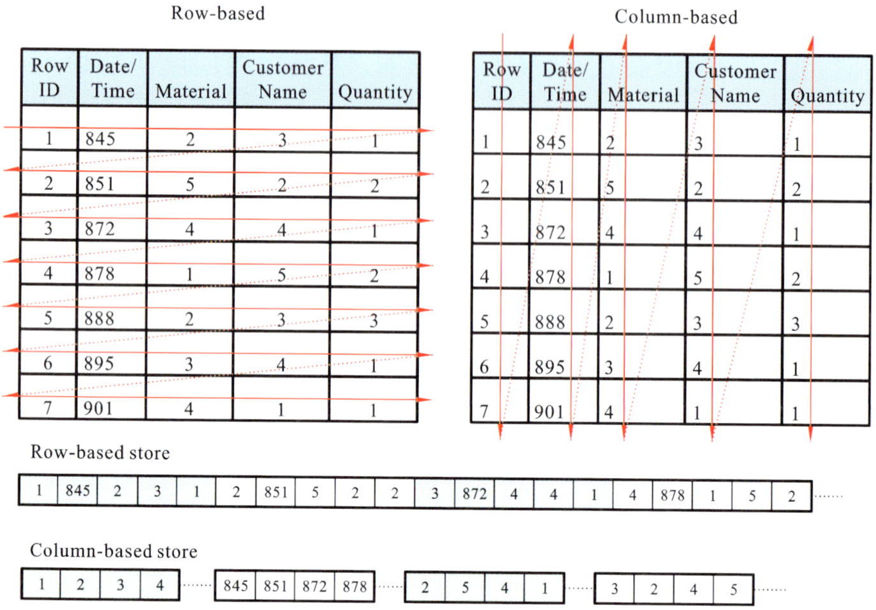

图 3-6 行、列存储示意图

优点：

（1）可在数据列中高效查找数据，无须维护索引（任何列都能作为索引），查询过程中能够尽量减少无关 I/O，因此具有极高的装载速度（最高可以等于所有硬盘 I/O 的总和，基本是极限了）。

（2）适合大量的数据。

（3）实时加载数据仅限于增加。

（4）因为各列独立存储，且数据类型已知，可以针对该列的数据类型、数据量大小等因素动态选择压缩算法，以提高物理存储利用率，而且高效的压缩率不仅节省储存空间也节省计算内存和 CPU；

（5）非常适合做聚合操作。

缺点：

（1）不适合扫描小量数据；

（2）不适合随机的更新；

（3）批量更新情况各异，有些优化得比较好的列式数据库（比如 Vertica）表现比较好，有些没有针对更新的数据库表现比较差；

（4）不适合做含有删除和更新的实时操作。

行、列式存储对比如表 3-5 所示。

表 3-5　行、列式存储对比

	行 式 存 储	列 式 存 储
优点	(1) 数据被保存在一起 (2) insert/update 方便	(1) 查询时只有涉及的列会被读取 (2) 投影(projection)很高效 (3) 任何列都能作为索引
缺点	选择时即使只涉及部分列，所有数据也会被读取	(1) 选择完成时，被选择的列要重新组装 (2) insert/update 比较麻烦

通过上述比较和描述，行式存储更适合 OLTP，比如传统的基于增删改查操作的应用。列式存储更适合 OLAP，非常适合于在数据仓库领域发挥作用，比如数据分析、海量存储和商业智能等涉及不经常更新数据的领域。目前，常见的列式存储数据库包括 HBase、Vertica 等，其中 HBase 是 Apache 的 Hadoop 项目的子项目，是现阶段应用较广泛的列式存储数据库，下面对其进行详细介绍。

HBase 是建立在 Hadoop 文件系统之上的分布式面向列的数据库。它是一个开源项目，是横向扩展的数据库系统。利用 HBase 技术可在廉价 PC Server 上搭建起大规模结构化存储集群。

HBase 的目标是存储并处理大型的数据，更具体来说是仅使用普通的硬件配置，就能够处理由成千上万的行和列所组成的大型数据。

HBase 是 Google Bigtable 的开源实现，但是也有很多不同之处。比如：Google Bigtable 使用 GFS 作为其文件存储系统，HBase 利用 Hadoop HDFS 作为其文件存储系统；Google 运行 MAPREDUCE 来处理 Bigtable 中的海量数据，HBase 同样利用 Hadoop MapReduce 来处理 HBase 中的海量数据；Google Bigtable 利用 Chubby 作为协同服务，HBase 利用 Zookeeper 作为协同服务。

与传统数据库遇到的问题相比，HBase 具备以下优势。

(1) 传统数据库遇到的问题：

① 数据量很大的时候无法存储；

② 没有很好的备份机制；

③ 数据达到一定数量后处理速度开始放缓，基本无法支撑庞大数据量的处理。

(2) HBase 具备的优势：

① 线性扩展，随着数据量增多可以通过节点扩展进行支撑；

② 数据存储在 hdfs 上，备份机制健全；

③ 通过 Zookeeper 协调查找数据，访问速度快。

HBase 是一个面向列的数据库，在表中它由行排序。表模式只能定义列族。一个表有多个列族以及每一个列族可以有任意数量的列。后续列的值连续存储在磁盘上。表中的每个单元格值都具有时间戳。HBase 是根据列族来存储数据的。HBase 与 RDBMS 的对比如表 3-6 所示。

表 3-6 HBase 与 RDBMS 对比表

对比项目	HBase	RDBMS
数据类型	Bytes	支持丰富的数据类型
数据操作	简单增删改查	支持多种 SQL
存储模式	列式存储	行式存储
数据保护	保留	替换
可伸缩性	好	差
吞吐量	百万查询/秒	数千查询/秒
索引	只支持 rowkey	支持

RDBMS 表示例如表 3-7 所示。

表 3-7 RDBMS 表示例

RDBMS 表		
primary key	Column1	Column2
记录 1	×××	×××
记录 2	×××	×××
记录 3	×××	×××

HBase 表示例如表 3-8 所示。

表 3-8 HBase 表示例

Hbase 表		
row key	CF1	CF2
记录 1	列 1…列 N	列 1　列 2　列 3
记录 2	列 1　列 2	
记录 3	列 1…列 5	列 1

综上所述，HBase 更适合大数据量级，需要快速访问的数据存储场景。在工业场景实际应用中，更适合作为数据仓库，用于数据分析、海量存储和多业务数据集中存储等涉及不经常更新数据操作的应用场景。

3.3.4 时序存储数据库

2017年,时序存储数据库忽然火了起来。当年2月,Facebook开源了beringei时序数据库;到了4月,基于PostgreSQL打造的时序数据库TimeScaleDB也开源了。而早在2016年7月,百度云在其天工物联网平台上发布了国内首个多租户的分布式时序数据库产品TSDB,成为支持其发展制造、交通、能源、智慧城市等产业领域的核心产品,同时也成为百度战略发展产业物联网的标志性事件。将时序数据库作为物联网方向一个非常重要的服务,说明各家企业已经迫不及待地要拥抱物联网时代了。

时序数据是基于时间的一系列数据。在有时间的坐标中将这些数据点连成线,往过去看可以做成多纬度报表,揭示其趋势性、规律性、异常性;往未来看可以做大数据分析、机器学习、实现预测和预警。时序数据库就是存放时序数据的数据库,并且需要支持时序数据的快速写入、持久化、多纬度的聚合查询等基本功能。对比传统数据库仅仅记录了数据的当前值,时序数据库则记录了所有的历史数据。同时时序数据的查询也总是会带上时间作为过滤条件。

时序数据主要由电力行业、化工行业等各类型实时监测、检查与分析设备所采集、产生的数据组成。这些工业数据的典型特点是:产生频率快(每一个监测点一秒钟内可产生多条数据),严重依赖于采集时间(每一条数据均要求对应唯一的时间),测点多、信息量大(常规的实时监测系统均有成千上万的监测点,监测点每秒钟都产生数据,每天产生几十GB的数据量)。这些数据不只是要实时生成,写入存储;还要支持快速查询,做可视化的展示,帮助管理者分析决策;并且也能够用来做大数据分析,发现深层次的问题,帮助企业节能减排,增加效益。目前,有部分人认为传统关系型数据库加上时间戳这一列就能成为时序数据库。但时序数据往往是由百万级甚至千万级终端设备产生的,写入并发量很高,属于海量数据场景。传统关系型数据库存储海量时序数据存在以下问题。

(1) 存储成本大:对时序数据压缩不佳,需占用大量机器资源。

(2) 维护成本高:单机系统,需要在上层人工的分库分表,维护成本高。

(3) 写入吞吐低:单机写入吞吐低,很难满足时序数据千万级的写入要求。

(4) 查询性能差:适用于交易处理,海量数据的聚合分析性能差。

另外,使用Hadoop生态存储时序数据会有以下问题:

(1) 数据延迟高:离线批处理系统中的数据从产生到可分析,耗时数小时其

至数天。

(2) 查询性能差：不能很好地利用索引，依赖 MapReduce 任务，查询耗时一般为分钟级。

因此，时序存储数据库产品的发明都是为了解决传统关系型数据库在时序数据存储和分析上的不足和缺陷问题，针对时序数据的特点对写入、存储、查询等流程进行了优化。目前，工业场景及物联网场景下常用的时序存储数据库包括 InfluxDB、OpenTSDB 等，其中 InfluxDB 作为最流行的开源时序数据库，得到了广泛应用。

InfluxDB 是一款采用 Go 语言写的时序数据库，旨在处理高写入和查询负载。它是 TICK 堆栈的组成部分。InfluxDB 旨在用作涉及大量带时间戳数据的后备存储，包括 DevOps 监控、应用程序指标、物联网传感器数据存储和实时分析等。同时 InfluxDB 也是一个开源分布式时序、事件和指标数据库，不需要外部依赖。

InfluxDB 具备以下特点：

(1) 支持类似 SQL 的查询语法；

(2) 提供了 Http Api 直接访问；

(3) 可存储超过 10 亿级别的时间序列数据；

(4) 灵活的数据保留策略，可以定义到 Database 级别（只保留最热的数据）；

(5) 内置管理接口和 CMD；

(6) 极快速度的聚合查询；

(7) 按不同时间段进行聚合查询；

(8) 内置持续查询功能，定时将指定时间段的数据插入指定表中，可以理解为定时归集数据；

(9) 水平扩展，支持集群模式。

InfluxDB 作为时序数据库，其优异的性能表现与其设计理念息息相关，但是其设计理念也以损失部分功能性作为代价来提升其时序数据存储的性能，具体体现如下所述。

(1) 如果多次收到同一条数据，基于时序数据库的特点，InfluxDB 会把它当作一条数据处理。

提升：简化了冲突处理，提高了写入性能。

缺陷：不能存储相同的数据，某些极端情况下会发生数据覆盖。

(2) 删除数据是极少发生的，一旦发生，通常发生在较大范围的时间尺度内,而且一般都是时间较久的、不需要继续写入的数据。

提升:禁止删除操作,从而提高读写性能。

缺陷:删除功能被直接禁止。

(3) 对时序数据的更新很少发生,因为更新造成的冲突也不会出现。基于时序的数据大都是新的数据,并不需要更新。

提升:禁用更新提高了读写性能。

缺陷:更新功能被直接禁止。

(4) 大量的主要写入都是来自最近时间戳的数据并且以升序添加至数据库中。

提升:以升序存入数据性能会很好。

缺陷:如果数据以随机顺序或者不是以升序存入,会导致性能损失。

(5) 数据规模是很重要的指标,数据库必须能够处理大数据量的读写。

提升:数据库可以处理大数据量的读写。

缺陷:在各类权衡中,开发团队被要求必须提高性能。

(6) 写数据和检索数据比强一致性的视图更重要。

提升:来自多个客户端的大数据量的读写可以被很好地支持。

缺陷:如果数据库处于高负载情况下,客户端取得的数据可能不是最新的。

(7) 有一些 series 可能是暂时的,比如某些 series 在几个小时内出现了,然后又消失了。

提升:InfluxDB 善于处理不连续的数据。

缺陷:无 schema 的设计意味着一些数据库操作不被支持,比如跨表加入是不被支持的。

(8) 所有数据行都是平等的,没有任何数据会被特殊对待。

提升:InfluxDB 可以很高效地聚合数据和处理大量数据。

缺陷:数据单纯地以时间戳划分,不会有数据被单独、特殊地对待。

综上所述,可以发现 InfluxDB 针对时序数据的特性进行了一系列针对性的创新,使之可以更加适合大批量时序数据存储、读取、分析。随着物联网的快速发展,以及传感器、变速器的发展,目前时序数据已经是工业物联网中最重要的数据,而 InfluxDB 作为目前最受欢迎的时序数据库,在最新的 DB-Engines 给出的时间序列数据库的排名中高居第一位,可以预见,InfluxDB 会得到越来越广泛的使用。目前,InfluxDB 只有单机版是免费开源的,集群版本是收费的,但是单机版已经能满足大多数中小企业的实际需求。

3.4 本章小结

本章主要针对工业制造业生产及管理过程中涉及的海量时序数据、文档数据、信息化数据、接口数据、视频数据、图像数据、音频数据、其他数据等进行了数据存储方法及技术的介绍。

针对常见的多种类型数据，根据数据类型及结构，将数据划分为结构化数据、非结构化数据和半结构化数据。然后针对不同结构数据及常见的数据存储方法，分关系型数据存储和非关系型数据存储对各类数据存储方法及常用数据库进行了介绍。关系型数据库与非关系型数据库对比如表3-9所示。

表3-9 关系型数据库与非关系型数据库对比

区别	关系型数据库	非关系型数据库
存储方式	表格式存储。数据存储在表的行和列中。数据之间很容易关联协作存储，提取数据很方便	而NoSQL数据库则与其相反，数据大块地组合在一起。通常存储在数据集中，就像文档、键值对或者图结构
存储结构	结构化数据。数据表预先定义了结构（列的定义），结构描述了数据的形式和内容。这一点对数据建模至关重要，虽然预定义结构带来了可靠性和稳定性（优点），但是修改这些数据比较困难（缺点）	而NoSQL数据库基于动态结构，适用于非结构化数据。因为NoSQL数据库是动态结构，很容易适应数据类型和结构的变化
存储规范	为了更规范地存储数据，把数据分割为最小的关系表以避免重复，提高空间利用率。虽然管理起来很清晰，但是单个操作涉及多张表的时候，数据管理就显得有点麻烦	而NoSQL数据存储在平面数据集中，数据可能会经常重复。单个数据库很少被分隔开，而是存储成了一个整体，这样整块数据更加便于读写
存储扩展	关系型数据库是纵向扩展的，也就是说想要提高处理能力，要使用速度更快的计算机。因为数据存储在关系表中，操作的性能瓶颈可能涉及多个表，需要通过提升计算机性能来克服。虽然有很大的扩展空间，但是最终会达到纵向扩展的上限	而NoSQL数据库是横向扩展的，它的存储方式就是分布式的，可以通过给资源池添加更多的普通数据库服务器来分担负载

续表

区别	关系型数据库	非关系型数据库
查询方式	使用结构化查询语言来操作数据库（就是我们通常说的 SQL）。使用预定义优化方式（比如索引）来加快查询操作	以块为单元操作数据，使用的是非结构化查询语言（UnQl），它是没有标准的。NoSQL 中存储文档的 ID。更简单更精确的数据访问模式
事务	遵循 ACID 规则：原子性（atomicity）、一致性（consistency）、隔离性（isolation）、持久性（durability）。支持对事务原子性细粒度控制，并且易于回滚事务	遵循 BASE 原则：基本可用（basically available）、软/柔性事务（soft-state）、最终一致性（eventual consistency）。NoSQL 数据库是在 CAP（一致性、可用性、分区容忍度）中任选两项，因为在基于节点的分布式系统中，很难满足全部特性，所以对事务的支持不是很好，虽然也可以使用事务，但是并不是 NoSQL 的闪光点
性能	为了维护数据的一致性付出了巨大的代价，读写性能比较差。面对高并发读写性能非常差，面对海量数据的时候效率非常低	NoSQL 存储的格式多数是 Key-Value 类型的，存储在内存中，非常便于读/写

通过上述对比，可以根据实际使用过程中的需求及场景，选择适合的数据库类型。本章内容旨在针对不同工业制造业数据存储场景提供数据存储建议方案，帮助读者找到适合的数据存储方式。

本章参考文献

[1] 郑煜. 结构化数据异构同步技术的研究[D]. 北京：北京林业大学，2013.
[2] 吴甲. 结构化数据的挖掘算法研究[D]. 扬州：扬州大学，2009.
[3] JEFFREY D ULLMAN, JENNIFER WIDOM. 数据库系统基础教程[M]. 北京：机械工业出版社，2009.
[4] 叶小平，汤庸，汤娜，潘明. 数据库系统教程[M]. 2版. 北京：清华大学出版社，2012.

[5] 西尔伯沙茨(Silberschatz A),克尔斯(Korth H F),苏达山(Sudarshan H). 数据库系统概念[M].5版.杨冬青,等译.北京:机械工业出版社,2006.

[6] 罗摩克希纳,格尔克.数据库管理系统[M].2版.北京:清华大学出版社,2002.

[7] 马惠芳.非结构化数据采集和检索技术的研究和应用[D].上海:东华大学,2013.

[8] 金鑫.非结构化数据查询处理与优化[D].杭州:浙江大学,2015.

[9] 李慧,颜显森.数据库技术发展的新方向——非结构化数据库[J].情报理论与实践,2001(4):287-288,261.

[10] 向海华.数据库技术发展综述[J].现代情报,2003,23(12):31-33.

[11] 文龙.XML与非结构化数据管理[J].电脑知识与技术,2009,5(6):1306-1308.

[12] 瞿晓静.非结构化数据库技术综述[J].农业图书情报学刊,2004,15(7):8-10.

第 4 章
深度学习方法

深度学习作为一个近来崛起的新技术,其实已经有了几十年的发展历史。

1943 年,Warren McCulloch 和 Walter Pitts 提出了一个模拟大脑神经元如何工作的模型,称为 MP 神经模型。MP 神经模型的效果完全依赖于给定的模型参数,没有自己的学习策略,这也使得它的性能受到了影响。

1958 年,在 MP 神经模型的基础上,Frank Rosenblatt 提出了著名的感知机模型。感知机虽然是一个二分类器,但是可以很轻易地推广到多分类的模型结构,同时它具有一个非常简单的学习模型参数的算法。

然而,感知机作为一个单层神经网络模型,有它固有的缺陷。1969 年,Marvin Minsky 和 Seymour Paper 在两人合著的书中,详细论证了感知机模型对一些问题,如异或问题无能为力,这直接造成了人工神经网络的发展在接下来十几年的时间内陷入停滞。在此期间,虽然人们认识到带有隐藏层的多层神经网络可以解决异或问题,但是由于原有的感知机学习算法在多层神经网络并不适用,因此多层神经网络的发展受到了限制。

1986 年,David Rumelhart,Geoffrey Hinton 和 Ronald Williams 在 *Nature* 上发表了文章,提出了用反向传播算法来训练多层神经网络(BP 神经网络),解决了多层神经网络的训练难题。

随着多层神经网络权重学习的问题得到了解决,1989 年,Kurt Hornik 等人在论文中证明,多层前馈神经网络是一个通用的函数拟合器,理论上可以拟合任何函数。然而,随着多层神经网络层数的增加,会不可避免地导致梯度消失的问题,这会使训练陷入停滞导致欠拟合;而且多层神经网络的参数空间是非凸的,网络容易收敛到局部最优点。

2006 年,Geoffrey Hinton 提出了一种训练深度信念网络算法,即先用无监督学习的方法对多层神经网络进行逐层贪婪预训练,确定参数的初始值,随后在这个初始值的基础上用监督学习对参数进行微调。这篇文章描述的内容首次实现多层神经网络的有效训练,此后关于神经网络的研究以深度学习之名再

次出现。

现在,关于深度学习的研究仍在如火如荼地进行着,有新的成果不断产生,深度学习的方法被应用到各个领域,如计算机视觉、自然语言处理、自动控制等,对学术界与工业界都产生了深远的影响。

4.1 卷积神经网络

卷积神经网络是近年来深度学习研究中最突出的一个分支,它被广泛应用于计算机视觉领域,在一些特定任务上的表现甚至已经超过了人类。

4.1.1 卷积神经网络的历史与发展

反向传播算法使得人们可以直接用大量数据训练多层感知机,通过训练,由神经网络的前几层组成的特征提取器可以提取出对任务有用的特征。

虽然多层感知机在一些简单的字符识别任务上取得了比较不错的成绩,但它还是有其固有的缺陷。第一,全连接神经网络的参数太多,难以训练。第二,全连接神经网络对位置很敏感,位置上有微小的偏差的同一个物体,它也会倾向于将它们识别成两个物体。第三,多层感知机完全忽略了输入的拓扑结构信息,但是对于一些输入样本,如图像、语音等,同一样本相邻的元素(像素、音素等)之间有着高度的关联性,丢失这些信息会使得任务的实现变得困难很多。卷积神经网络可以很好地解决上述的三个问题。

虽然卷积神经网络在最近才被广泛应用,但是它已经有几十年的发展历史了。David Hubel 与 Torsten Wiesel 在 1962 的研究中提出,猫大脑的早期视觉皮层中的神经元以分层的方式组织,其中连接到猫视网膜的第一神经元负责检测像边缘和条状的简单图案,下一层会检测出由前一层特征组合而成的高级特征。而且这些神经元是局部敏感的,每一个神经元只对输入图像的一部分有响应。

受到 David Hubel 理论的启发,1980 年,日本学者福岛邦彦提出了神经认知机(neocognitron)。在神经认知机中,前一层的输出作为当前层的输入,当前层通过将局部连接的滤波器在输入上移动,提取输入的局部特征来组成特征图输出。神经认知机将卷积运算引入神经网络,同时也是第一次运用这种层级结构的神经网络,这也被认为是现代卷积神经网络的前身。

1989 年,Waibel 与 Hinton 用反向传播算法训练了一个一维卷积神经网络,即时延神经网络来识别音素与简单的单词。同年,Yann LeCun 将反向传播算法与神经认知机中的模型思想进行结合,训练出了用于识别手写邮编的二维卷积神经网络,这也是现代卷积神经网络的第一个实际应用。1998 年,Yann LeCun 在原有卷积神经网络的基础上,训练了一个更加成熟的卷积神经网络 LeNet,并在 MNIST 手写数字数据集上取得了 99.3% 的准确率。2012 年,Geoffrey Hinton 等人用一个更深的卷积神经网络 AlexNet 夺取了当年 ImageNet 视觉挑战赛(ILSVRC)的冠军,由此掀起了卷积神经网络在视觉领域的发展浪潮。此后的几年,ILSVRC 比赛中使用的算法几乎全基于卷积神经网络的方法,许多经典的卷积神经网络模型出现,如 2013 年的 ZF Net,2014 年的 VGGNet,2015 年的 GoogleLeNet 与 RezNet。在 2017 年的 ILSVRC 比赛中,最新的卷积神经网络 SENet 已经把分类错误率降低到将近 2%。

4.1.2 卷积神经网络的原理与常见应用

卷积运算在信号处理领域被广泛应用。具体到图像处理领域,通过各种各样功能各异的卷积核(kernel)与图像进行卷积运算可以得到图像边缘化、模糊化等各种特征图像。

卷积神经网络就是卷积运算通过局部连接、权值共享、池化三个操作来实现输入的平移不变性、一定程度的模糊、旋转不变性。

局部连接在 1986 年 Geoffrey Hinton 的文章中就有提及。具体是指,在卷积神经网络中,假设输入是二维图片,那么每一个像素点与它周围的像素点有强烈的相关性。将固定大小的卷积核不断地在图片上来回平移,在图片的每个位置进行卷积运算,提取图像特征,这个过程损失了一部分的位置信息。每一个卷积核在图片上移动完毕后,会得到图像对该特征的响应图(feature map),每个特征在特征响应图上的位置近似等于提取的特征在图片上的位置。

因为在一个位置上出现的特征,在其他位置上同样可能出现,所以不同位置的卷积核的权值可以是完全相同的,这就是权值共享的概念。局部连接和权值共享不仅大大降低了神经网络的参数数量,还使得卷积神经网络具有了平移不变性,即同一个物体在图片的不同位置出现,识别不受影响。

池化函数使用某一位置的相邻输出的总体统计特征来代替网络在该位置的输出。现在比较常用的池化函数是最大池化(max pooling)函数,也就是取该位置临近区域内的最大值输出。池化进一步弱化了特征之间的位置信息,从而保证了微小的平移、旋转,以及一定程度的模糊不变性。

从上面的分析可以看出,由于卷积神经网络自身结构的限制,随着层数的增加,位置信息会不断地弱化,而且无法保证较大幅度的旋转不变性。Geoffrey Hinton 在 2017 年提出的胶囊网络(capsule network)在一定程度上解决了这些问题。图 4-1 所示为一个简单的三层胶囊网络结构图。

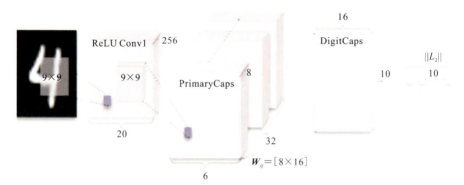

图 4-1　一个简单的三层胶囊网络结构图

除了对图片进行分类以外,卷积神经网络还可以被用来分析图片中更多的细节信息,如目标定位、目标检测与图像语义分割等。目标定位与分类任务类似,但是除了对图片进行分类以外,它在图像中还用一个矩形画出图片所属类别物体的具体位置。目标检测则不仅仅是定位出一个物体的位置,而且应把图片中多个物体的位置与所属类别都确定出来,如图 4-2 所示。图像语义分割,即把图片中所有识别出的物体类别的大体轮廓都分割出来,而不仅仅是用矩形标示出来。

图 4-2　计算机视觉系统的重要组成部分:分类,定位与检测

直到最近几年,语义分割和目标检测才变得可行。除了其任务本身的复杂性之外,主要限制之一是缺乏可用的数据。即使强大的 ImageNet 数据集,也不能用于目标检测或分割,因为缺乏目标对象的位置信息。但最近出现的 MS-COCO 这样的数据集为每个图像添加了更丰富的信息,使得我们能够进行目标定位、检测和分割这些复杂的操作。

早期训练卷积神经网络进行多目标检测的尝试通常使用类似定位的任务

来首先识别潜在的边界框,然后在所有的这些框中进行分类,最后保留其中置信度最高的一个框,基于这个原理的模型有 RCNN 以及它的改进模型 Fast RCNN 与 Faster RCNN 等。这种方法比较精确,但是过程非常缓慢,因为需要对几十个甚至数百个候选网络进行至少一个前向传递,在某些应用场景,如在自动驾驶汽车中,这种时延显然是不可接受的。2016 年,Joseph Redmon 提出了 YOLO 模型来解决这些局限性。YOLO(you only look once)代表"只看一次",即只允许网络使用一次前向传递来获得它所需要的所有信息,YOLO 模型能在多目标检测任务上实现 40~90 帧/秒的速度,所以它可以部署在有这种响应性要求的实时场景中。

卷积神经网络最令人惊讶的方面是它的多功能性,及其在音频处理领域的成功。在神经网络进入音频处理领域之前,语音到文本通常用传统数字信号处理完成的手工音频特征提取,并用隐马尔可夫模型来完成。卷积神经网络被引入语音识别和其他音频信息检索任务后,得到了迅速发展。卷积神经网络在音频中的一个应用是 WaveNET,在 2016 年由 DeepMind 的研究人员提出,它能够通过训练大量的原始音频数据来学习如何合成新的音频数据。WaveNET 已被谷歌用来创建定制的数字音频合成器,现在用于生成谷歌助手的语音。

4.1.3 卷积神经网络常用模型

LeCun 在 20 世纪 90 年代提出了 LeNet,但是由于计算机计算能力和内存的限制,算法直到 2010 年左右才得以实施。LeNet-5 的基本结构如图 4-3 所示:两个采用 5×5 卷积核的卷积层,两个下采样层,两个全连接层和一个输出层。

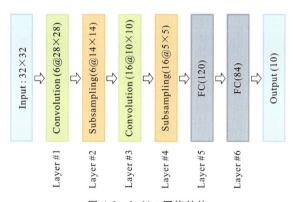

图 4-3 LeNet 网络结构

2012 年,Alex Krizhevesky 等人提出了 AlexNet,其结构如图 4-4 所示:三

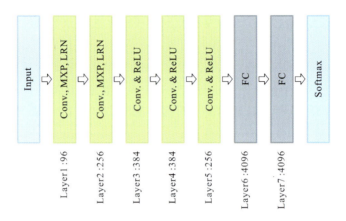

图 4-4　AlexNet 网络结构

个卷积层，两个全连接层和一个 softmax 输出层。除了结构上的改进，AlexNet 也采用了很多便于训练的技巧，如选择 ReLU 激活函数，引入了 dropout 层，以及采用了学习率衰减等，网络使用两块 GPU 进行训练。

2014 年，牛津大学视觉组的 Karen Simonyan 等人提出了 VGGNet，基本结构与 AlexNet 相似，但是遵循将网络"变瘦变深"的设计思想，整个网络全部采用 3×3 卷积核与 2×2 的池化层，通过不断堆叠来使网络获得更好的非线性拟合能力。2015 年，Google 提出了 GoogleNET，通过在同一卷积层中堆叠多个卷积核（见图 4-5），多尺度提取图像特征，取得了很好的效果。

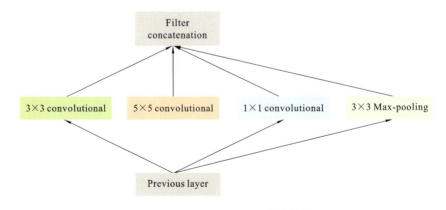

图 4-5　GoogleNET 网络基本模块

随着网络的加深，网络训练越来越困难，且性能出现了退化，即网络深到一定程度，效果反而不如浅层网络。为了解决这个问题，2015 年，何恺明等人提出了

Resnet,通过在卷积层的输入与输出之间引入跳跃连接的残差模块(见图 4-6),从而在网络中引入了恒等映射,保证了随着网络的加深,网络的性能不会出现下降。实践证明,引入残差模块会大幅度提高网络性能而不引入多余的参数。

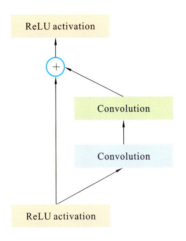

图 4-6 残差模块

4.1.4 卷积神经网络在设备大数据中的应用

设备剩余寿命预测在工业领域有重要意义,然而,现存的设备剩余寿命预测算法大部分是基于线性模型的,不能抓住设备大数据之间复杂的关系。尽管多层感知机网络已经应用于设备剩余寿命预测,但是因为其固有的缺陷,不能抓住显著特征。尽管卷积神经网络在各种基于图像的任务中已经取得了巨大的成功,但是卷积神经网络在设备剩余寿命预测领域中的应用仍然是空白。2016 年,G. Sateesh Babu 等人首次将基于回归的卷积神经网络应用于设备剩余寿命预测,将卷积层与池化层的不同通道应用于时间序列上,通过深度网络,学习到设备数据中的高维特征,从而更好地进行设备剩余寿命预测。

检测工业设备表面缺陷对设备健康管理有重要的意义,这些缺陷有形状不规则、对比度与分辨率低等缺点,传统的机器视觉方法在应对这类设备表面缺陷时表现比较乏力。相比于传统的机器视觉方法,卷积神经网络的特征提取能力更强,适合设备表面缺陷检测任务。2017 年,普渡大学 Jahanshahi 等人提出了一种朴素贝叶斯卷积神经网络用于核电设备裂纹检测,通过几千帧的检测视频的训练,该模型很好地检测出核电设备表面裂纹,对核安全有重要意义。

基于卷积神经网络的工业图像字符识别，如水表数字识别、特殊字符识别等，具有光照强度不均匀、分辨率低、角度不一等特点。通过 Spatial Transformer Networks，卷积神经网络能够学习到图像之间的旋转变换，使模型具有一定的旋转不变性。同时凭借卷积神经网络本身强大的特征提取能力，可以在工业图像数字与特殊字符识别任务中取得不错的效果。

工业设备图像中包含大量的红外设备图像，红外图像是灰度图像，由于其特殊的成像原理，因此分辨率低、空间相关性强、视觉效果模糊，不便于观察。为了更好地从红外图像中获取信息，可以利用卷积神经网络对红外图像的细节进行增强，由低分辨率图像重建出高分辨率图像。此外，红外图像特征提取技术是红外图像处理与分析技术的核心，针对不同的任务，利用卷积神经网络，可以最大限度地提取出不同的红外图像特征，解决很多复杂问题。

4.2　循环神经网络

就序列输入任务而言，如语音或语言，循环神经网络（RNN）无疑是最自然且非常好的选择。以词向量作为输入，RNN 将序列中的数据依次处理，并在其网络中的隐藏单元中持有对应状态向量，该向量编码了当前阶段之前序列中所有元素的信息，如图 4-7 所示。RNN 模型是非常有效的动态系统，但通过诸如反向传播算法来训练时存在致命问题。因为每次梯度在反传时都会变大或缩小。因此，经过若干次反传后梯度会爆炸或者消失，即梯度爆炸/梯度消失问题。此外实践证明 RNN 在存储序列的长期依赖问题很难解决。

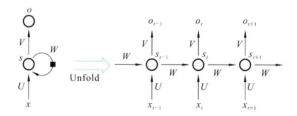

图 4-7　RNN 结构及其沿时间轴展开的计算图结构

针对这些问题，Hochreiter、Mikolov 等人分别提出了更高级的长短期记忆网络（LSTM）和训练方法。由于这些高效的模型和方法的提出，RNN 结构在预测序列中的下一个单词方面性能很好，而且 RNN 结构还被广泛应用于其他的复杂任务中，如机器翻译、情感分析、摘要生成等。

4.2.1 神经机器翻译

目前 RNN 应用最广泛的一个子领域是神经机器翻译。神经机器翻译不同于传统的基于短语的翻译系统。它是近年由研究人员利用神经网络进行翻译的方法。传统的翻译方式通常含有几个独立调整的子模块，而神经机器翻译则是尝试通过构建并训练单一的、足够庞大的神经网络结构来读取输入语言序列，然后输出正确的翻译结果。目前提出的大部分的神经机器翻译都属于编码器-解码器（Encoder-Decoder）结构，其中编码器和解码器分别是两个独立的 RNN 结构。

Encoder-Decoder 结构中，编码器用来顺序读取整个语言序列，序列中的每个单词 x_t 以向量的形式表示。编码器将向量序列编码成一个固定长度背景向量 c。其中最常用的编码过程就是利用 RNN，见式(4-1)和式(4-2)：

$$h_t = f(x_t, h_{t-1}) \tag{4-1}$$

$$c = q(h_1, h_2, \cdots, h_{T_x}) \tag{4-2}$$

其中：h_t 是第 t 时刻输入对应的隐层状态；c 则是由输入序列对应的隐层状态序列生成的背景表征向量；f 和 q 是非线性函数。

解码器通常训练模型在给定背景向量 c 和所有之前阶段生成的输出的前提下，预测下一个词语 $y_{t'}$。换句话说，编码器定义了一个概率分布

$$p(y) = \prod_{t=1}^{T} p(y_t \mid y_1, y_2, \cdots, y_{t-1}) \tag{4-3}$$

其中：$y = \{y_1, y_2, \cdots, y_{T_y}\}$。用 RNN 来建模每个条件概率的形式公式为

$$p(y_t \mid y_1, y_2, \cdots, y_{t-1}, c) = g(y_{t-1}, s_t, c) \tag{4-4}$$

其中：g 通常是多层非线性函数，每次输出 y_t 的概率；s_t 则是解码器对应 RNN 第 t 时刻的隐层状态。

Encoder-Decoder 结构之后，众多研究人员基于该方法提出了诸多的改进方法，多次刷新了神经机器翻译的最好成绩。Dzmitry Bahdanau 等人首次提出将注意力机制加入 Encoder-Decoder 结构中。该注意力机制让模型有能力在生成不同的目标语言时将注意力聚焦在输入序列的不同部分。注意力结构动态构建不同的背景表征向量（见图 4-8），该模型在英语-法语翻译任务中超越了当时最好的基于短语的翻译系统。

在此之后，研究人员相继提出了诸多注意力机制变体。虽然神经机器翻译取得了不错的翻译性能，但是大部分的实验是在单翻译任务上且以 BLEU（双语评估替补）指标为标准进行翻译性能评测的。神经机器翻译受到多方质疑：

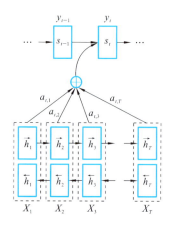

图4-8 解码器在不同阶段生成单词时的不同背景表征向量

是否在其他语言对上也有类似的实验结果,是否在人工评测中仍会胜出,是否在大规模语料上仍然有效等。针对上述问题,研究人员对神经机器翻译和传统机器翻译方法展开对比工作。Junczys Dowmunt等人在联合国平行语料库(United Nations parallel corpus v1.0)30个语言对上开展对比工作。实验表明,以BLEU为评测指标,与传统的基于短语的统计机器翻译相比,神经机器翻译具有压倒性优势。神经机器翻译在27个语言对上超过了基于短语的统计机器翻译,仅在2个语言对上以微弱的劣势落败。Bentivogli等人对口语翻译国际研讨会(International Workshop on Spoken Language Translation,IWSLT)评测任务英语-德语翻译任务的官方结果进行深入的分析和对比。他们发现,神经机器翻译不仅评测指标上占优,而且能够减少词法、词汇和词序错误。Wu等人的实验表明在大规模语料情况下,神经机器翻译在实验所涉及的6个语言对的翻译任务上,评测指标仍能占优。Melvin Johnson等人在不改变Wu等人实验模型结构的前提下,对输入序列起始加入标记,将原有的单任务模型转变为多目标语言模型。值得注意的是,翻译过程中没有人工指定目标翻译语言,输出翻译由模型自主选择。WMT(机器翻译大赛)的数据集的实验结果表明,在英语到德语、法语到英语、德语到英语上都刷新了最高纪录,英语到法语得到了与最好的单任务模型相同的评价结果。已知注意力机制都是为每个隐层向量 h_t 分配一个注意力权重。Heeyoul Choi等人则发现为隐层向量 h_t 的每一个维度都分配注意力权重会更好。其原因是Yoshua Bengio等人在其研究中发现词向量的每一个维度都有不同的意义,且隐层向量的每个维度会以不同的方式丰富词向量的含义。因此,Heeyoul Choi等人将注意力权重从单数值扩展至二维向量。En-De 和 En-Fi 的实验证明该种注意力机制能在原有注意力基础上进一步提高 BLEU 指标。

4.2.2　情感分析

情感分析是 NLP(自然语言处理)中的另一个热点子领域,目前主要分为三个层面：文章级(document level)、语句级(sentence level)和特定方面(aspect level)。

在文章级情感分析方面,Zhai 和 Zhang 提出半监督自动编码在学习阶段进一步考虑情感信息以求获得更优的文章编码向量。Dou 使用深度记忆网络来捕获用户和产品的信息。他提出的文章可以分为两个独立的部分：文章表征学习的长短期记忆网络(LSTM)和文章评分预测的多层深度记忆网络。

语句层面现存的深度学习模型大多将该类情感分析形式分为三种类型：正向、中立、负向。Socher 等人首次提出半监督的递归自动编码网络来进行语句情感分析。该网络能够得到一个压缩维度的语句向量表征。Akhtar 等人提出使用多个基于多层感知机的组合模型对金融微博和新闻进行细粒度情感分析。Zhao 等人引入循环随机游走网络学习方法对推特进行情感分类。该方法同时利用用户发布的推特和用户社交关系的深度语义表征进行情感分类。Qian 等人提出一个语言规约化的 LSTM 模型。该模型包含了诸如情感词库、导向词和敏感词等语言资源,以便能够更精准地捕捉语句里的情感影响。

Aspect 层面的情感分析同时考虑情感和目标信息,因为情感总有一个与之对应的目标(target)。Aspect 层面的情感分析存在很大挑战,主要原因是建立一个目标与该目标周围的情景词的语义相关性是很困难的。Liu 和 Zhang 通过区分注意力来自目标实体的左语境还是右语境来扩展注意力建模。该方法被证明是一种非常有效的方式,可以强制神经网络模型将注意力集中在语句相关的部分。Tang 引入一个端到端的记忆网络来进行 Aspect 层面的情感分析。该模型利用一个外部记忆网络并结合注意力机制来捕获与给定 Aspect 相关性最强的语境词语。Tay 等人设计了一个二元记忆网络。该网络能够通过神经张量组合或全息合成的方式建立目标实体和语境之间的二元交互。

4.2.3　摘要生成

摘要生成是 NLP 领域中的另一个重要分支。文本摘要生成是从输入文章中自动生成摘要,并保留文章的主旨大意。目前摘要生成有两大类主流算法。

(1) 抽取式摘要生成方法　通过直接抽取文章的词语、短语、句子来生成摘要。

(2) 抽象式摘要生成方法　能够生成新的短语或使用一些从来没有出现在原文中但是意义相同的词来生成摘要。

最初大部分的摘要模型的研究对象是抽象式模型。摘要模型的研究通常是先识别文章中重要的短语，然后重组这些短语。目前，抽象式摘要模型的研究更受研究者关注，因为该模型更灵活且能够创造更多新颖的语句。抽象式摘要模型大多是基于神经 Encoder-Decoder 结构的。如：Rush 等人提出的神经注意力模型、Chopra 等人提出的注意力循环神经网络摘要生成模型和 Nallapati 等人提出的 seq2seq 摘要模型等。Chen 等人在美国有线电视新闻网的新闻数据集上使用了不同种类的注意力机制来测试摘要生成模型。与其类似，Nallapati 等人还结合了指针函数，并在美国有线电视新闻网和每日邮报数据集上测试该模型。最近 Richard 等人提出了一种结合新的内部注意力机制的深度学习模型，并提出一种新的结合增强学习和标准监督学习的模型训练方式。该模型在美国有线电视新闻网、每日邮报和纽约时报数据集上测试刷新了目前抽象式摘要生成模型性能最好纪录。

4.2.4　循环神经网络在工业领域中的应用

近年来，除了在 NLP 领域，类 RNN 方法在工业领域学术界及业界也有了较大的突破和应用，如：设备健康管理（device health management）、设备剩余寿命（remaining useful life，RUL）预测等。这些突破和应用的取得主要以大规模的传感器部署、数据分析技术的发展做支撑，尤其是数据驱动方法的迅速发展。由工业设备传感器收集的数据绝大多数为时序数据，类 RNN 方法是天然处理时序数据的方法，其网络内部结构设计能够很好地捕获时间依赖。随着类 RNN 方法在自然语言处理领域的应用获得成功，研究人员看到了类 RNN 方法在处理序列数据上的优势；更多的研究人员尝试将此类方法应用于工业设备的各类问题上，主要包括设备工况预测、设备寿命预测、设备损伤识别、设备损伤预测等。

使用类 RNN 方法处理工业时序数据时，根据不同的任务类型，需要进行不同的预处理操作。但即使任务不同，使用类 RNN 方法处理数据依然存在一个较为普适的处理方式。首先，需要根据任务类型对序列传感器数据进行时序划分，即根据需要按毫秒、秒、分钟、小时等对序列数据进行分割或合并；其次，将序列数据按照划分好的时序依次输入类 RNN 模型，进行特征提取；最后，根据任务要求设计输出形式，如寿命预测输出每个特定的时间间隔后设备的剩余寿命。图 4-9 为基于数据驱动方法的设备监测系统框架。

图 4-9　基于数据驱动方法的设备监测系统框架

赵瑞等人利用卷积神经网络(CNN)和双向长短期记忆网络(Bi-LSTM)构建出 CBLSTM(卷积双向长短期记忆网络)模型以处理原始的传感器数据,用于预测设备剩余寿命(RUL)。模型主要由三部分构成:第一部分是局部特征提取器,由一个 CNN 和一个 Bi-LSTM 构成,CNN 从原始输入序列提取局部的、可分辨的特征,Bi-LSTM 作用于 CNN 提取的特征以建模;第二部分由一个两层的全连接网络构成,用以处理第一部分提取的特征并产生输出;第三部分是一个线性回归层,作用于第二部分的输出以生成设备的剩余寿命。图 4-10 为 CBLSTM 模型的整体结构图。模型利用均方误差(MSE)作为训练的损失函数。

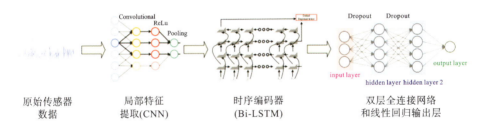

图 4-10　CBLSTM 模型的整体结构图

在实验阶段,模型的作者将 CBLSTM 分别与线性回归(LR)、支持向量回归(SVR)、多层感知机(MLP)、循环神经网络(RNN)、深度循环神经网络(Deep RNN)、长短期记忆网络(LSTM)、深度长短期记忆网络(Deep LSTM)、双向长短期记忆网络(Bi-LSTM)、深度双向长短期记忆网络(Deep Bi-LSTM)在 3 个数据集上进行性能对比。实验表明,CBLSTM 均取得了最好的 MSE 评分,表明了该模型在这三类设备寿命预测数据集上的有效性。实验结果表 4-1 所示。

赵海涛等人直接将 LSTM 应用于工业化学处理数据中,用于故障诊断。他们将原始的工业化学反应序列数据直接输入至基于 Batch Normalization(BN)的 LSTM 模型中,得到的训练模型在田纳西-伊斯曼(Tennessee Eastman,TE)仿真平台上进行测试。实验结果证明这种基于 BN 的 LSTM 模型较之传统的

表 4-1 不同模型在不同数据集上的性能表现

类型	方法	数据集		
		c1	c4	c6
回归模型	LR	24.4	16.3	24.4
	SVR	15.6	17.0	24.9
	MLP	24.5	18.0	24.8
循环模型	RNN	13.1	16.7	25.5
	Deep RNN	7.8	9.4	19.3
	LSTM	19.6	15.6	25.3
	Deep LSTM	8.3	8.7	15.2
	Bi-LSTM	9.9	10.8	15.7
	Deep Bi-LSTM	8.7	6.7	14.4
合成模型	CBLSTM	7.5	6.1	8.1

分类模型能够更好地区分不同的故障,并能够得到更好的故障诊断性能。模型测试精度如图 4-11 所示。

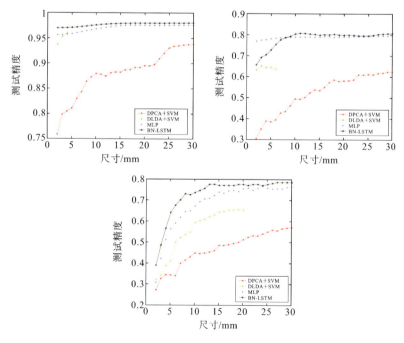

图 4-11 BN-LSTM 模型与其他经典故障诊断算法的性能对比

Jaemin 等人将 LSTM 应用于核反应堆的意外诊断/预测。其处理过程包括数据预处理、LSTM 网络构建和输出结果后处理。整个过程是利用 LSTM 模型根据原始的核反应堆序列数据计算意外诊断结果。整个模型在模拟的核电反应堆若干种意外类型数据上进行测试，如失水事故（a loss of coolant accident）、蒸汽发生器管破裂（a steam generator tube rupture）、主蒸汽管道破裂（a main steam line break）。

4.3 自编码器及其变种

4.3.1 自编码器介绍

自编码器是只有一层隐藏节点，输入和输出具有相同节点数的神经网络。自编码器的目的是使函数 $h_{w,b}(x) \approx x$，希望神经网络的输出与输入误差尽量小。自编码器的隐藏节点数目小于输入节点数目，这就需要神经网络学习输入样本的特征，进而对数据进行压缩表示。从本质上讲，输入数据表征来自同一分布的样本，即输入样本具有一定相似性（比如都是人脸），神经网络将会学习到其中的共同特征（比如轮廓、肤色）。这种学习依靠的是半监督算法或者称之为自监督算法（样本无标签，但是经过了筛选）。

图 4-12 表示的基本结构单元为自编码器，它通过对输入特征 x 按照一定规则及训练算法进行编码，将其原始特征利用低维向量重新表示。如未计算偏

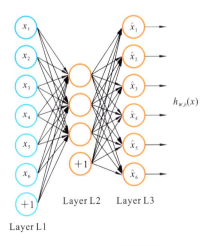

图 4-12 自编码器架构

置节点,输入、输出节点相同。网络经过训练之后,对神经网络的权重进行可视化表示,便是数据的压缩特征(注意:由于输出节点是 sigmoid,输入数据的范围必须为[0,1]。常用的激活函数有:sigmoid、tanh、$\max(x,0)$)。

自编码器若仅要求 $x \approx y$,且对隐藏神经元进行稀疏约束,从而使大部分节点值为 0 或接近 0 的无效值,便得到稀疏自动编码算法。一般情况下,隐含层的神经元个数应少于输入 X 的个数,因为这样才能保证这个网络结构的价值。编码维数小于输入维数的欠完备自编码器可以学习数据分布最显著的特征。我们已经知道,如果赋予这类自编码器过大的容量,它就不能学到任何有用的信息。如果允许隐藏编码的维数与输入维数相等,或隐藏编码维数大于输入维数,那么在这种过完备(overcomplete)情况下,即使线性编码器和线性解码器可以将输入复制到输出,也学不到任何有关数据分布的有用信息。

自编码器的主要应用包括数据去噪、可视化降维、图像压缩、特征学习。2012 年,人们发现在卷积神经网络中使用自编码器做逐层预训练可以训练深度网络,很快人们又发现良好的初始化策略在训练深度网络上要比费劲的逐层预训练有效得多。2014 年出现的 Batch Normalization 技术使得更深的网络也可以被有效训练,到了 2015 年年底,通过使用残差学习(ResNet)我们基本上可以训练任意深度的神经网络。

实践中,在自编码器的基础上继续加上一些约束条件就可以得到新的深度学习方法,获得以下自编码器:降噪自编码器、稀疏自编码器、变分自编码器、收缩自编码器。

(1) 降噪自编码器(denoising autoencoder,DAE)。

降噪自编码器是在自编码器的基础上,训练数据加入噪声,所以自编码器必须学习去除这种噪声而获得真正的没有被噪声污染过的输入。这就迫使编码器去学习输入信号更加鲁棒的表达,这也是它的泛化能力比一般编码器强的原因。DAE 可以通过梯度下降算法去训练。降噪自编码器模型如图 4-13 所示。

降噪自编码器有以下几个特点:

① 普通的自编码器的本质是学一个相等函数,即输入和输出是同一个内容,这种相等函数的缺点是当测试样本和训练样本不符合同一个分布时,在测试集上效果不好,而降噪自编码器可以很好地解决这个问题。

② 欠完备自编码器限制学习容量,而降噪自编码器允许学习容量很高,同时防止编码器和解码器学习一个无用的恒等函数。

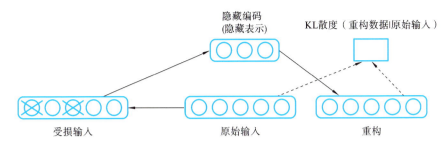

图 4-13　降噪自编码器模型

③ 经过了加入噪声并进行降噪的训练过程,能够强迫网络学习到更加鲁棒的不变性特征,获得更有效的输入表达。

(2) 稀疏自编码器(sparse autoencoder,SAE)。

在自编码器的基础上加上 L1 的 Regularity 限制(L1 主要约束每一层中的节点,节点大部分都要为 0,只有少数不为 0,这就是 sparse 名称的来源),我们就可以得到 SAE。如果隐藏节点比可视节点(输入、输出)少的话,由于被迫的降维,自编码器会自动习得训练样本的特征(变化最大、信息量最多的维度)。但是如果隐藏节点数目过多,甚至比可视节点数目还多的时候,自编码器不仅会丧失这种能力,更可能会习得一种恒等函数——直接把输入复制过去作为输出。这时候,我们需要对隐藏节点进行稀疏性限制。稀疏性就是在一对输入图像中,隐藏节点中被激活的节点数(输出接近 1)远远小于被抑制的节点数(输出接近 0)。神经元大部分的时间都是被抑制的限制,称为稀疏性限制。

稀疏自编码器模型如图 4-14 所示,稀疏自编码器的限制就是每次得到的表达应尽可能稀疏,因为稀疏的表达往往比其他的表达要有效。类似于神经元细

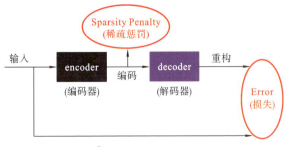

- input: X　code: $h = W^{\mathrm{T}} X$
- loss: $L(X;W) = \|Wh - X\|^2 + \lambda \sum_j |h_j|$

图 4-14　稀疏自编码器模型

胞的工作方式,某个输入只刺激某些神经元,其他大部分的神经元受到抑制。

稀疏限制和 L1/L2 正则化有如下的关系:

① 稀疏限制是对激活函数的结果增加限制,使得尽量多的激活函数的结果为 0(如果激活函数是 tanh,则结果为 -1)。

② L2/L1 是对参数增加限制,使得尽可能多的参数为 0。

对于自编码器编码函数 $f(wx+b)$,若 f 是一个线性函数,则编码器便可以写成 $wx+b$,限制激活函数的结果尽量为 0,即限制 w 尽量为 0,此时稀疏限制和正则化限制相同。

(3) 变分自编码器(variational autoencoder,VAE)。

VAE 具有与标准自编码器完全不同的特性,它的隐含空间被设计为连续的分布以便进行随机采样和插值,这使得它成为有效的生成模型。它通过很独特的方式来实现这一特性,编码器不是输出先前的 n 维向量,而是输出两个 n 维矢量,分别是均值向量 **μ** 和标准差向量 **σ**。

这一随机生成意味着即使对于均值和标准差相同的输入,实际的编码也会由于每一次采样的不同而产生不同的编码结果。其中均值矢量控制着编码输入的中心,而标准差则控制着这一区域的大小(编码可以从均值发生变化的范围采样)。

通过采样得到的编码可以是这一区域里的任意位置,解码器学习到的不仅是单个点在隐含空间中的表示,还是整个邻域内点的编码表示。这使得解码器不仅仅能解码隐含空间中单一特定的编码,而且可以解码在一定程度上变化的编码。这是因为解码器通过了一定程度上变化的编码训练。

由此得到的模型处于一定程度局域变化的编码中,使得隐含空间中的相似样本在局域尺度上变得平滑。理想情况下,不相似的样本在隐含空间中存在一定重叠,这使得在不同类别间的插值成为可能。但这样的方法还存在一个问题,我们无法对 **μ** 和 **σ** 的取值给出限制,这会造成编码器在不同类别上学习到的均值相去甚远,使它们间的聚类分开。最小化 **σ** 使得相同的样本不会产生太大差异,从而使得解码器可以从训练数据进行高效重建。

由图 4-15 所示的变分自动编码器可知,损失函数来自网络的两个输出,分别是:均值方差向量和重构出来的 X。图 4-15 中的三个网络模块构成了变分自编码器:首先构建两个网络模块,这两个网络模块有共同的输入,输出分别是均值和方差,计算 KL 散度;然后,利用求得的均值和方差采样得到 Z;接着构建一个解码网络,其输入是 Z,输出是 X,计算重构误差。

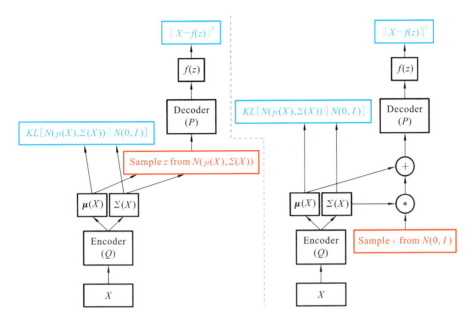

图 4-15 变分自编码器模型

(4) 收缩自编码器(contractive autoencoder,CAE)。

收缩自编码模型的训练目标函数是重构误差和收缩惩罚项(contraction penalty)(即正则项)的总和,通过最小化该目标函数使已学习到的表示函数 $C(x)$ 尽量对输入 x 保持不变。它的惩罚项 $\Omega(h)$ 是平方 Frobenius 范数(元素平方的和),作用于与编码器的函数相关偏导数的 Jacobian 矩阵。简单来说,它的惩罚项是编码器输出的特征向量的元素平方的和。这个惩罚项迫使模型学习一个在 x 变化较小时目标也没有太大变化的函数。因为这个惩罚只对训练数据适用,它迫使自编码器学习可以反映训练数据分布信息的特征。

降噪自编码器和收缩自编码器之间存在一定联系:Alain 和 Bengio 等人 2013 年指出,在小高斯噪声的限制下,当重构函数将 x 映射到 $r = g(f(x))$ 时,降噪重构误差与收缩惩罚项是等价的。换句话说,降噪自编码器能抵抗小且有限的输入扰动,而收缩自编码器使特征提取函数能抵抗极小的输入扰动。

4.3.2 自编码器与其他方法的比较

1. 自编码器与主成分分析(principal component analysis,PCA)法的比较

(1) 自编码器是一种类似于 PCA 法的无监督机器学习算法。大体上,自编

码器可以看作 PCA 法的非线性补丁加强版,PCA 法取得的效果是建立在降维基础上的。

(2) 自编码器要最小化和 PCA 法一样的目标函数。自编码器的目标是学习函数 $h(x) \approx x$。换句话说,它要学习一个近似的恒等函数,使得输出 $\hat{x}$ 近似等于输入 x。

(3) 自编码器是一种神经网络,这种神经网络的目标输出就是其输入。自编码器属于神经网络家族,它和 PCA 法紧密相关。

总之,尽管自编码器与 PCA 法很相似,但自编码器比 PCA 法灵活得多。在编码过程中,自编码器既能表征线性变换,也能表征非线性变换;而 PCA 法只能执行线性变换。因为自编码器的网络表征形式,所以可将其作为层用于构建深度学习网络。设置合适的维度和稀疏约束,自编码器可以学习到比 PCA 等方法更有意思的数据投影。

PCA 法通过降低空间维数去除冗余,利用更少的特征来尽可能完整地描述数据信息。实际应用中将学习得到的多种隐层特征(隐层数通常多个)与原始特征共同使用,可以明显提高算法的识别精度。

2. 自编码器与前馈神经网络的比较

(1) 自编码器是前馈神经网络的一种,最开始主要用于数据的降维以及特征的抽取,随着技术的不断发展,现在也被用于生成模型中,可用来生成图片等。

(2) 前馈神经网络属于有监督学习,需要大量的标注数据。自编码器属于无监督学习,不需要标注数据,因此较容易收集数据。

(3) 前馈神经网络在训练时主要关注输出层的数据以及错误率,而自编码器更多地关注中间隐层的结果。

3. 自编码器与受限自编码器的比较

(1) 自编码器和受限自编码器的相同点如下:① 都起到降维的作用;② 都可以用来对神经网络进行预训练;③ 都是无监督训练。

(2) 自编码器和受限自编码器的不同点如下:① 自编码器希望通过非线性变换找到输入数据的特征表示,其重构的是输入分布与 reconstruct 分布的 KL 距离,它是某种确定论性的模型;而受限自编码器则是围绕概率分布进行的,它通过输入数据的概率分布来提取中间层表示,是某种概率论性的模型;② 自编码器使用 BP 算法进行优化,而受限自编码器基于概率模型,使用 CD 算法进行优化。

4.3.3 自编码器的应用

在实际生活中,自编码器已经应用到了自然语言处理、图像分类、目标识别等方面,这些应用使得自编码器拥有了更广阔的发展前景。

1. 自然语言处理

张开旭等利用自编码器能够实现无监督学习的效果,从大量无标注语料中提取词汇的高维分布信息,使用自编码器学习得到的低维特征来提升中文分词词性标注任务的效果。文中还将自编码器方法与主成分分析和 k 均值聚类的方法进行了比较。在宾州中文树库 5.0 数据集上的实验表明,自编码器能够显著提高从大规模无标注语料中学习词汇特征的效果。

刘勘等使用微博数据作为分析对象,利用基于深层噪声稀疏自编码器的短文本聚类算法进行无监督学习。文章数据来源于大数据共享平台,可分为 IT、财经、健康三大类,每一类取 1500 条微博。通过 Entropy 和 Precision 两种方法衡量聚类效果,最终得到深层噪声稀疏自编码器(DSAE)+K-means 方法的效果最好,综合信息熵为 0.207,综合准确度为 87.8%。

胡庆辉等基于递归自编码器(RAE)方法,使用真实的搜索引擎广告系统中的检索词-拍卖词对(共 11205 例),并在其中随机选取词对进行人工标注。实验结果表明,RAE 方法取得的实验准确率为 85.12%,高于传统的 LDA(线性判别分析)和 BM25 算法。

王贵新等采用稀疏自编码器和支持向量机(SVM)相结合的方法进行学习和分类仿真实验。以 42560 条垃圾短信和 70000 条正常短信作为测试样本,采用深度学习理论,考虑词语在短信中的权重,在文本分类中取得了较好的分类效果,但是使用该方法的训练时间较长。

秦胜君等利用稀疏自编码器算法自动提取文本特征,结合深度置信网络形成 SD 算法进行文本分类。实验数据集来源于搜狗全网的新闻语料库,可分为 20 个栏目的新闻数据,从中随机抽取样本,训练集数目分为 300,800 和 1300。实验结果表明,文中使用的 SD 算法在 3 个训练集上的准确率分别为 78.6%、88.0%、92.3%。在同一数据集上,与 SVM 方法进行比较可得:当样本数量较少时,SD 算法容易出现过拟合现象,准确率不如 SVM,但是当数据集较大时,SD 算法的优势渐渐体现,准确率和召回率都有所提升。

李翰清等采用 6000 余条家庭服务语料库(包含 60 个意图)进行实验,利用深度降噪自编码器方法提取指令的高阶特征、高斯核支持向量机进行训练和预

测,在所建语料库上进行多折交叉验证,结果表明指令意图理解的平均准确率达到96%以上。

魏扬威等首先根据英语作文写作技巧提取了大量语言学特征,再使用自编码器、特征离散化方法对特征进行重构,然后用分层多项模型来输出文章的最终得分。实验表明,在使用自编码器将特征压缩到100维时,相关系数达到0.787,与直接使用支持向量机进行回归的实验相比,准确率提升了3.4%。

刘广秀等通过自编码器模型网络建造AdaBoost框架下的弱分类器,并在自编码器神经网络部分引入噪声,更改不同参数和层数构造弱分类器,利用稀疏性来提高分类器的泛化能力。实验使用NLPIR分词系统提取文本特征,以TFIDF作为词语的权值,根据权值来选择特征词,并统计词频作为文本特征训练集,以调节自编码器参数等方式实现每个分类器的结构互异性,提高各分类器的分类各异性,从而实现网络的结构设计可使不同弱预测器具有不同的预测倾向性,提高系统泛化能力,提高分类器的分类效果。

李阳辉等使用改进的降噪自编码器(IDAE)对微博情感进行分析,模型的训练集和测试集通过COAE2014的微博评测数据集获取。为检验模型的抗干扰能力,作者采用Python方法从微博网页上直接获取实时数据,并将其作为样本集加入实验当中,结果表明该方法聚类效果较好,且准确度和稳定性与DAE相比有所提升。

刘红光等在对中文新闻文本进行分类时,采用降噪自编码器实现对文本的压缩及分布式的表示,并使用SVM算法进行分类。实验结果证明,随着样本数目的增大,分类准确率、召回率等都在提高,平均分类准确率达到了95%以上,但数据量依然较小,并不能完全发挥该方法并行处理大容量数据的优势。

2. 图像分类

林少飞等将稀疏自编码器方法应用到数字识别中,通过多个系数自编码器的堆叠构建深度网络来学习数字图像的特征,最后使用softmax分类器进行数字分类。实验通过MATLAB平台实现,使用MINST数据库(训练集有60000张手写数字图像,测试集有10000张图像),设置softmax层回归迭代100次,第一层稀疏自编码器迭代100次,第二层迭代100次,微调部分迭代达到100次之后,实验准确流畅度高达98%。

尹征等采用标准卷积自编码器方法,选取MINST和CIFAR-10数据集进行训练,实验表明将卷积层相关理论运用到自编码器中能提高网络的识别性能,实验识别率提高了2%,识别错误率降低了近6%,并且该方法对于加入了噪声的数据具有较强的鲁棒性。

樊养余等使用一种基于卷积稀疏自编码器的方法,对少量有标记的抽象图像进行自适应的学习,并使用平均梯度准则对所学到的权重进行排序,对基于不同领域的特征学习结果进行比较。实验使用 Abstract100、Abstract280 数据库中的数据进行分类,结果表明,该方法学习到的特征不仅能用于认知层面的图像识别,还能够用于情绪语义层面的图像辨识,这些结论也给深度学习在其他有限样本集合中的应用带来启发。

戴晓爱等引用栈式稀疏自编码器自学习原始数据的特征表达,然后将其连接到支持向量机分类器,完成微调过程。实验采用挪威 NEO 公司 Hyspex 成像光谱仪以地面成像的方式在选定试验区获取的数据进行模拟性能测试,选取全部 7 类 108 个波段数据,实验精度达到 87.82%。但是,该方法的模型参数调整复杂,易陷入局部最小或过拟合状态,从而影响分类结果。

王杰等使用稀疏自编码器的方法来对烟叶成熟度进行分类,降低了人工成本。实验样本采自河南农业大学科教实验园区的烟叶试验田。该算法直接从像素层面提取所需特征,减少了人为选定特征的时间,并且避免了某些重要特征的丢失,分类精确度高达 98.63%。

张一飞等为了提高传统遥感图像分类准确率较低的问题,使用一种基于栈式降噪自编码器的分类方法,采用无监督逐层分类的方法获得更具鲁棒性的特征表达,然后通过误差反向传播方法对整个网络参数进行微调。实验采用国产高分一号遥感数据,分类精度高达 95.7%,高于传统的支持向量机和 BP 神经网络方法,但是该方法时间消耗大,因此可能限制其大规模、深层次模型的应用。

刘洋洋等提出将多尺度单层自编码器的方法应用到医学图像自动分类中,选择 ImageCLEFMed 2009 数据集中的 20 类共 4780 幅图像,其中 3350 幅作为训练集,选择原测试数据集中的 1430 幅作为本实验测试样本,实验学习到的特征表示和总体准确率明显优于传统方法。

徐守晶等基于 MATLAB 平台,使用 CIFAR-10 数据库中的 STL-10 数据集,利用栈式降噪自编码器(SDA)的方法,对包括飞机、鸟、小汽车、猫、狗、轮船、卡车、马、猴子、鹿等 10 类图像进行分类,结合 SIFT 和 ISDA 特征的检索查准率为 91.3%。

Zeng 等开发了一种将单一图像 SR 耦合到深度自编码器的数据传输模型,通过探索广泛的数据自动学习 LR/HR 图像补丁的内在表示及其关系,将 LR

表示精确地映射到其对应的 HR 表示的大数据传输函数。与 Set5 和 Set14 数据集上的其他先进的算法相比较,实验证明了文中提出的方法具有卓越的有效性和效率。

3. 目标识别

张宁等基于深度自编码器设计了机场安检中的人脸识别系统,使用 Gabor 小波函数作为卷积核函数,在对原始图像分块的基础上进行卷积运算,采用多个 RBM(限制性玻尔兹曼机)堆叠组成的自编码器,通过比较差异算法训练 RBM,实现自动提取人脸特征,最后构建一个三层的 BP 神经网络,将自动提取的人脸特征特作为输入,将图像标签作为输出层,通过反向传播算法训练网络进行人脸识别。实验使用 YALE 数据库中的图片进行训练,算法的平均正确率高达 99.08%。

赵飞翔等提出了一种基于栈式降噪稀疏自编码器的雷达目标识别方法,通过设置不同隐层数量和迭代次数,从雷达数据中高效地提取出各层次特征。实验采用暗室仿真数据,通过多次实验,设置隐层数为 4 层,隐层单元数分别为 150、100、50、10,训练迭代次数依次为 10、30、50,实验识别率均高于 90%。

康妙等提出基于栈式自编码器(SAE)特征融合的合成孔径雷达(SAR)图像车辆目标识别算法,然后利用 softmax 分类器微调网络,提高了网络的融合性能。实验基于 MSTAR 数据集的 10 类目标分类精度达 95.88%。

张彦等使用所有已知样本训练深度自编码器,得到广义深度自编码器,然后使用样本目标的单个样本微调广义深度自编码器,得到特定类别的深度自编码器,识别时,将识别图像输入每个特定类别的深度自编码器,得到包含与测试图像相同类变化的该类别的重构图像,并用其训练 softmax 回归模型,分类测试图像。实验在公共测试库 Extended Yale Face Database B 及 AR Database 中进行,在相同环境下,比其他算法获得了更高的识别率,并且识别一幅图像所需的平均时间更少。

李江等针对传统方法识别人脸表情鲁棒性较差的问题,提出了一种基于降噪自编码器的方法,同时为了避免由于样本不足造成的过拟合现象,在全连接层采用了 Dropout 技术。实验数据集采用 CK+、JAFFE 和 YALE,每个数据集的平均准确率分别为 99.65%、98.92%、99.67%,该结果也展现了该方法较强的鲁棒性和抗身份信息干扰的能力。

冉鹏等在处理人脸识别问题时,采用了栈式降噪自编码器的方法。该方法可分为无监督的预训练和有监督的训练两个阶段:无监督预训练阶段能够自动学习人脸的一般特性；有监督训练阶段可以进行人脸识别的测试。实验使用YALE、AR、FERE三个人脸数据库进行实验。实验表明，在不同数据库中，文中提出的方法得到的测试准确率均优于其他方法。

于万钧等为了提高气体识别的准确率，提出了一种基于栈式降噪自编码器的方法，并与千层机器学习算法的气体定性识别方法进行比较。实验使用UCI机器学习气体数据集进行训练，测试准确率达到82.2%，高于传统手工提取特征的方法，并且过程简单，改善了传统方法的复杂过程。

4. 其他领域

陈国定等将堆栈式稀疏自编码器应用到评估尾矿库的安全状况中，实验数据采自淳安某尾矿库，该算法解决了多层网络结构权值易陷入局部最小的问题。采用微调技术之后，该方法的准确率高达99.27%，但该方法作为深度神经网络的一种，仍处于学术界的广泛讨论中，将其应用于尾矿库安全评价仍需进一步的研究和实验，以获取更优的效果。

李荣雨等将平行堆栈式自编码器应用于过程工业预测建模中，首先通过聚类算法对输入数据的属性进行聚类，然后按结果将数据分类后输入并行的稀疏自编码器中进行特征的模块式提取，联合学习得到的特征再进行逐层学习得到拟合结果。在对加氢裂化的预测建模研究过程中，本方法获得的平均预测准确率在95%以上，在预测能力和稳定性能方面高于栈式自编码器和多层感知器。

李远豪提出基于深度自编码器的人脸美丽吸引力预测模型，利用深度自编码器网络提取人脸图像美丽特征，然后用支持向量机分类器来预测人脸美丽程度。在中国科学院CAS-PEAL-R1共享人脸库和互联网手机的人脸图像中，该模型的预测满意度达到了77.3%，但是所学到的特征鲁棒性较低，没有达到理想的预测效果，这有待于后续深入研究。

于乃功等基于深度自编码器与Q学习，提出了移动机器人路径规划方法，利用深度自编码器学习机器人所处环境特征，Q学习根据环境信息选择机器人要执行的动作，从而让机器人通过与环境的交互，实现自主学习。机器人仿真实验证明了该方法的有效性。

寇茜茜等将自编码器应用于金融领域，提出了汇率时间序列预测的方法。首先通过自编码器对时间序列进行无监督的特征识别与学习，然后利用有监督微调的方法调整权值。实验使用的Time Series Data Library数据库来源于真实的金融市场，文中使用的方法的预测效果优于传统的BP神经网络方法和SVR方法。但是，反向传导算法在网络层次过深时，会出现梯度扩散的现象，因此该方法更适合网络层次不是特别深的预测。

王宪保等利用堆栈式降噪自编码器的方法进行胶囊缺陷检测,首先对样本进行降噪训练,获取网络初始权值,之后通过 BP 算法进行微调,得到样本与无缺陷模板之间的映射关系,再通过对比实现测试样本的缺陷检测。训练样本为包括裂纹、空洞和胶囊帽缺失的数据,实验取得了 100% 的缺陷胶囊检出率,但是该方法只能处理 64×64 维的图像,处理高精度的缺陷图像将是今后研究的主要工作。

Sun 等为了实现感应电动机的故障诊断,提出了一种将降噪自编码器融入稀疏自编码器的深度神经网络的方法,提高了算法的鲁棒性,结合反向传播算法对网络进行微调,提高了分类的准确度,通过引入"Dropout"训练方法,降低了由过拟合带来的预测误差。实验选用了 50 Hz 供电频率下的电动机,以 Y 轴方向的振动信号作为实验处理信号,信号采样频率为 20 kHz,实验得到的不同故障的平均识别正确率为 97.61%。

4.4 本章小结

本章对设备大数据的深度学习研究方法进行了介绍,包括卷积神经网络、循环神经网络以及自编码器。其中卷积神经网络有几十年的发展历史,被广泛应用于计算机视觉领域,如分类检测语义分割等,取得了很好效果。相比之下,工业领域卷积神经网络的应用相对较少,主要集中在表面缺陷检测、工业字符识别等领域,有较大的提升空间。循环神经网络对于处理序列形式的数据极具优势,对于处理由传感器收集的时序设备数据非常合适。目前的一些应用也展现出了循环神经网络的应用前景,循环神经网络与设备大数据结合的应用前景更加广阔。此外,还介绍了自编码器的基本原理,自编码器常见的种类以及变种,自编码器与其他方法的比较,以及自编码器的主要应用。

本章参考文献

[1] MCCULLOCH W S, PITTS W. A logical calculus of the ideas immanent in nervous activity[J]. The Bulletin of Mathematical Biophysics,1943,5(4):115-133.

[2] ROSENBLATT F. The perceptron, a perceiving and recognizing automaton project para[M]. Cornell Aeronautical Laboratory,1957.

[3] MARVIN MINSKY, SEYMOUR PAPERT. Perceptrons: an introduction to computational geometry[M]. Cambridge, MA: MIT Press, 1969.

[4] RUMELHART D E, HINTON G E, WILLIAMS R J. Learning representations by back-propagating errors[J]. Nature, 1986, 323(6088): 533.

[5] HORNIK K, STINCHCOMBE M, WHITE H. Multilayer feedforward networks are universal approximators[J]. Neural Networks, 1989, 2(5): 359-366.

[6] HINTON G E, OSINDERO S, TEH Y W. A fast learning algorithm for deep belief nets[J]. Neural Computation, 2006, 18(7): 1527-1554.

[7] LECUN Y, BENGIO Y. Convolutional networks for images, speech, and time series[J]. The Handbook of Brain Theory and Neural Networks, 1995, 3361(10): 1995.

[8] HUBEL D H, WIESEL T N. Receptive fields, binocular interaction and functional architecture in the cat's visual cortex[J]. The Journal of Physiology, 1962, 160(1): 106-154.

[9] FUKUSHIMA K, MIYAKE S. Neocognitron: a self-organizing neural network model for a mechanism of visual pattern recognition[M]//Competition and Cooperation in Neural Nets. Berlin, Heidelberg: Springer, 1982: 267-285.

[10] WAIBEL A, HANAZAWA T, HINTON G, et al. Phoneme recognition using time-delay neural networks[J]. Readings in Speech Recognition, 1990: 393-404.

[11] LECUN Y, BOSER B, DENKER J S, et al. Backpropagation applied to handwritten zip code recognition[J]. Neural Computation, 1989, 1(4): 541-551.

[12] LECUN Y, BOTTOU L, BENGIO Y, et al. Gradient-based learning applied to document recognition[J]. Proceedings of the IEEE, 1998, 86(11): 2278-2324.

[13] KRIZHEVSKY A, SUTSKEVER I, HINTON G E. Imagenet classification with deep convolutional neural networks[C]// Advances in Neural Information Processing Systems, 2012, 25: 1097-1105.

[14] ZEILER M D, FERGUS R. Visualizing and understanding convolutional

networks[C]//European Conference on Computer Vision. Cham:Springer, 2014: 818-833.

[15] SIMONYAN K, ZISSERMAN A. Very deep convolutional networks for large-scale image recognition[J]. arXiv preprint arXiv:1409.1556, 2014.

[16] SZEGEDY C, LIU W, JIA Y, et al. Going deeper with convolutions[C]// Proceedings of the IEEE Conference on Computer Vision and Pattern Recognition, 2015:1-9.

[17] HE K, ZHANG X, REN S, et al. Deep residual learning for image recognition[C]//Proceedings of the IEEE Conference on Computer Vision and Pattern Recognition,2016: 762-778.

[18] HU J, SHEN L, SUN G. Squeeze-and-excitation networks[J]. arXiv preprint arXiv:1709.01507, 2017.

[19] RUMMELHART D E. Learning internal representations by error propagation[J]. Parallel Distributed Processing, 1986, 1(2):399-421.

[20] GOODFELLOW I, BENGIO Y, COURVILLE A, et al. Deep learning[M]. Cambridge: MIT Press, 2016.

[21] ZHOU Y T, CHELLAPPA R, VAID A, et al. Image restoration using a neural network[J]. IEEE Transactions on Acoustics, Speech, and Signal Processing, 1988, 36(7): 1141-1151.

[22] SABOUR S, FROSST N, HINTON G E. Dynamic routing between capsules[C]//31st Conference on Neural Information Processing Systems, 2017: 3856-3866.

[23] LIN T Y, MAIRE M, BELONGIE S, et al. Microsoft coco: common objects in context[C]// European Conference on Computer Vision. Cham:Springer, 2014: 740-755.

[24] GIRSHICK R, DONAHUE J, DARRELL T, et al. Rich feature hierarchies for accurate object detection and semantic segmentation[C]// Proceedings of the IEEE Conference on Computer Vision and Pattern Recognition,2014: 580-587.

[25] GIRSHICK R. Fast R-CNN[J]. arXiv preprint arXiv:1504.08083, 2015.

[26] REN S, HE K, GIRSHICK R, et al. Faster R-CNN:towards real-time object detection with region proposal networks[C]// Advances in Neural

Information Processing Systems,2015,28: 91-99.

[27] REDMON J, DIVVALA S, GIRSHICK R, et al. You only look once: unified, real-time object detection[C]//Proceedings of the IEEE Conference on Computer Vision and Pattern Recognition, 2016: 779-788.

[28] RABINER L R. A tutorial on hidden Markov models and selected applications in speech recognition[J]. Proceedings of the IEEE, 1989, 77(2): 257-286.

[29] VAN DEN OORD A, DIELEMAN S, ZEN H, et al. Wavenet: a generative model for raw audio[J]. arXiv preprint arXiv:1609.03499, 2016.

[30] GIDUTHURI S B, ZHAO P L, LI X L, et al. Deep convolutional neural network based regression approach for estimation of remaining useful life [C]// International Conference on Database Systems for Advanced Applications. Cham:Springer, 2016:214-228.

[31] CHEN F C, MOHAMMAD R J. NB-CNN: deep learning-based crack detection using convolutional neural network and Naïve Bayes data fusion [J]. IEEE Transactions on Industrial Electronics, 2018, 65(5): 4392-4400.

[32] MAX J,SIMONYAN K, ZISSERMAN A. Spatial transformer networks [C]// Advances in Neural Information Processing Systems, 2015: 2017-2025.

[33] MIKOLOV T, CHEN K, CORRADO G, DEAN J. Efficient estimation of word representations in vector space[C]//Proceedings of International Conference on Learning Representations (ICLR 2013),2013.

[34] PENNINGTON J, SOCHER R, MANNING C D. Glove: global vectors for word representation[C]//Proceedings of the Conference on Empirical Methods on Natural Language Processing (EMNLP 2014), 2014: 1532-1543.

[35] BENGIO Y,SIMARD P,FRASCONI P. Learning long-term dependencies with gradient descent is difficult[J]. IEEE Transactions on Neural Networks,1994,5(2):157-166.

[36] HOCHREITER S,SCHMIDHUBER J. Long short-term memory[J]. Neural Computation,1997,9(8):1735-1780.

[37] PASCANU R, MIKOLOV T, BENGIO Y. On the difficulty of training recurrent neural networks[C]// Proceedings of the International Conference on Machine Learning, 2013: 1310-1318.

[38] SUTSKEVER I, VINYALS O, LE Q. Sequence to sequence learning with neural networks[C]// Advances in Neural Information Processing Systems (NIPS 2014), 2014: 3104-3112.

[39] BAHDANAU D, CHO K, BENGIO Y. Neural machine translation by jointly learning to align and translate[J]. Computer Science, 2014.

[40] LUONG M T, PHAM H, MANNING C D. Effective approaches to attention-based neural machine translation[C]// Proceedings of the Conference on Empirical Methods in Natural Language Processing, 2015.

[41] JUNCZYS-DOWMUNT M, DWOJAK T, HOANG H. Is neural machine translation ready for deployment? a case study on 30 translation directions[J]. arXiv, 2016.

[42] BENTIVOGLI L, BISAZZA A, CETTOLO M, et al. Neural versus phrase-based machine translation quality: a case study[C]// EMNLP, 2016.

[43] WU Y H, SCHUSTER M, CHEN Z F, et al. Google's neural machine translation system: bridging the gap between human and machine translation[J]. arXiv, 2016.

[44] JOHNSON M, SCHUSTER M, LE QUOC V, et al. Google's multilingual neural machine translation system: enabling zero-shot translation [C]// TACL, 2017, 5: 339-351.

[45] CHOI H, CHO K, BENGIO Y. Context-dependent word representation for neural machine translation[J]. Computer Speech and Language, 2017, 45 (14): 149-160.

[46] CHOI H, CHO K, BENGIO Y. Fine-grained attention mechanism for neural machine translation[J]. Neurocomputing, 2018, 284: 163-176.

[47] ZHAI S, ZHANG Z F. Semisupervised autoencoder for sentiment analysis[C]// Proceedings of AAAI Conference on Artificial Intelligence (AAAI 2016), 2016: 1394-1400.

[48] DOU Z Y. Capturing user and product information for document level sentiment analysis with deep memory network[C]// Proceedings of the

[49] SOCHER R, PENNINGTON J, HUANG E H, et al. Semi-supervised recursive autoencoders for predicting sentiment distributions[C]// Proceedings of the Conference on Empirical Methods in Natural Language Processing (EMNLP 2011),2011:151-161.

[50] AKHTAR M S, KUMAR A, GHOSAL D, et al. A multilayer perceptron based ensemble technique for fine-grained financial sentiment analysis[C]// Proceedings of the Conference on Empirical Methods on Natural Language Processing (EMNLP 2017),2017:540-546.

[51] ZHAO Z, LU H, CAI D,et al. Microblog sentiment classification via recurrent random walk network learning[C]// Proceedings of the Internal Joint Conference on Artificial Intelligence (IJCAI 2017),2017:3532-3538.

[52] QIAN Q, HUANG M, LEI J,et al. Linguistically regularized LSTMs for sentiment classification[C]// Proceedings of the Annual Meeting of the Association for Computational Linguistics (ACL 2017),2017.

[53] LIU J, ZHANG Y. Attention modeling for targeted sentiment[C]//Proceedings of the Conference of the European Chapter of the Association for Computational Linguistics (EACL 2017),2017:572-577.

[54] TANG D, QIN B, LIU T. Aspect-level sentiment classification with deep memory network[J]. arXiv preprint arXiv:1605.08900,2016.

[55] TAY Y, TUAN L A, HUI S C. Dyadic memory networks for aspect-based sentiment analysis[C]// Proceedings of the International Conference on Information and Knowledge Management (CIKM 2017),2017:107-116.

[56] DORR B, ZAJIC D, SCHWARTZ R. Hedge trimmer: a parse-and-trim approach to headline generation[C]// Proceedings of the HLT-NAACL 03 on Text Summarization Workshop. Association for Computational Linguistics,2003,5:1-8.

[57] NALLAPATI R, ZHAI F F, ZHOU B W. Summarunner: a recurrent neural network based sequence model for extractive summarization of

documents[C]//Proceedings of the 31st AAAI Conference,2017.

[58] CHOPRA S,AILI M,RUSH A M,et al. Abstractive sentence summarization with attentive recurrent neural networks[C]//Proceedings of NAACL-HLT,2016,16:93-98.

[59] NALLAPATI R,ZHOU B W,SANTOS C,et al. Abstractive text summarization using sequence-to-sequence RNNs and beyond[J]. arXiv preprint arXiv:1602.06023,2016.

[60] GREG D,TAYLOR B K,DAN K. Learning-based single document summarization with compression and anaphoricity constraints[J]. arXiv preprint arXiv:1603.08887,2016.

[61] RUSH A M,CHOPRA S,WESTON J. A neural attention model for abstractive sentence summarization[J]. arXiv preprint arXiv:1509.00685,2015.

[62] CHEN Q,ZHU X D,LING Z H,et al. Distraction-based neural networks for modeling documents[C]//Proceedings of the Twenty-Fifth International Joint Conference on Artificial Intelligence (IJCAI-16),2016:2754-2760.

[63] PAULUS R,XIONG C M,SOCHER R. A deep reinforced model for abstractive summarization[J]. arXiv preprint avXiv:1705.04304,2017.

[64] LECUN Y,BENGIO Y,HINTON G. Deep learning[J]. Nature,2015,521(7553):436.

[65] ZHAO R,YAN R,WANG J,et al. Learning to monitor machine health with convolutional bi-directional LSTM networks[J]. Sensors,2017,17(2):273.

[66] YANG JAEMIN,KIM JONGHYUN. An accident diagnosis algorithm using long short-term memory[J]. Nuclear Engineering and Technology,2018,50(4):582-588.

[67] ZHAO H T,SUN S Y,JIN B. Sequential fault diagnosis based on LSTM neural network[J]. IEEE Access,2018,6:12929-12939.

[68] 张开旭,周昌乐. 基于自动编码器的中文词汇特征无监督学习[J]. 中文信息学报,2013,27(5):1-7,92.

[69] 刘勘,袁蕴英. 基于自动编码器的短文本特征提取及聚类研究[J]. 北京

大学学报(自然科学版),2015,51(2):282-288.

[70] 胡庆辉,魏士伟,解忠乾,等. 基于递归自编码器的广告短语相关性[J]. 计算机应用,2016,36(1):154-157,187. DOI:10.11772/j. issn. 1001-9081.2016.01.0154

[71] 王贵新,彭娟,郑孝宗,等. 基于稀疏自编码器和 SVM 的垃圾短信过滤[J]. 现代电子技术,2016,39(17):145-148.

[72] 秦胜君,卢志平. 稀疏自动编码器在文本分类中的应用研究[J]. 科学技术与工程,2013,13(31):9422-9426. DOI:10.3969/j. issn. 1671-1815. 2013.31.051

[73] 李瀚清,房宁,赵群飞,等. 利用深度去噪自编码器深度学习的指令意图理解方法[J]. 上海交通大学学报,2016,50(7):1102-1107.

[74] 魏扬威,黄萱菁. 结合语言学特征和自编码器的英语作文自动评分[J]. 计算机系统应用,2017,26(1):1-8. DOI:10.15888/j. cnki. csa. 005535

[75] 刘广秀,宋单单. 基于 Adaboost 框架下自动编码器提升方法的文本分类[J]. 电子世界,2016(11):195,197.

[76] 李阳辉,谢明,易阳. 基于降噪自动编码器及其改进模型的微博情感分析[J]. 计算机应用研究,2017,34(2):373-377.

[77] 刘红光,马双刚,刘桂锋. 基于降噪自动编码器的中文新闻文本分类方法研究[J]. 现代图书情报技术,2016,32(6):12-19. DOI:10.11925/infotech.1003-3513.2016.06.02

[78] 林少飞,盛惠兴,李庆武. 基于堆叠稀疏自动编码器的手写数字分类[J]. 微处理机,2015(1):47-51.

[79] 尹征,唐春晖,张轩雄. 基于改进型稀疏自动编码器的图像识别[J]. 电子科技,2016,29(1):124-127.

[80] 樊养余,李祖贺,王凤琴,等. 基于跨领域卷积稀疏自动编码器的抽象图像情绪性分类[J]. 电子与信息学报,2017,39(1):167-175.

[81] 戴晓爱,郭守恒,任淯,等. 基于堆栈式稀疏自编码器的高光谱影像分类[J]. 电子科技大学学报,2016,45(3):382-386.

[82] 王杰,贾育衡,赵昕. 基于稀疏自编码器的烟叶成熟度分类[J]. 烟草科技,2014(9):18-22.

[83] 张一飞,陈忠,张峰,等. 基于栈式去噪自编码器的遥感图像分类[J]. 计算机应用,2016,36(S2):171-174,188.

[84] 刘洋洋,唐奇伶. 基于多尺度单层自编码器的医学图像分类[J]. 科教导刊,2017(15):20-21,192.

[85] 徐守晶,韩立新,曾晓勤. 基于改进型 SDA 的自然图像分类与检索[J]. 模式识别与人工智能,2014,27(8):750-757.

[86] ZENG K,YU J,WANG R X,et al. Coupled deep autoencoder for single image super-resolution[J]. IEEE Transactions on Cybernetics,2017,47(1):27-37. DOI:10.1109/TCYB.2015.2501373

[87] 张宁,朱金福. 基于深度自动编码器的机场安检人脸识别系统设计[J]. 计算机测量与控制,2015,23(2):644-647.

[88] 赵飞翔,刘永祥,霍凯. 基于栈式降噪稀疏自动编码器的雷达目标识别方法[J]. 雷达学报,2017,6(2):149-156.

[89] 康妙,计科峰,冷祥光,等. 基于栈式自编码器特征融合的 SAR 图像车辆目标识别[J]. 雷达学报,2017,6(2):167-176.

[90] 张彦,彭华. 基于深度自编码器的单样本人脸识别[J]. 模式识别与人工智能,2017,30(4):343-352.

[91] 李江,冉君军,张克非. 一种基于降噪自编码器的人脸表情识别方法[J]. 计算机应用研究,2016,33(12):3843-3846. DOI:10.3969/j.issn.1001-3695.2016.12.072

[92] 冉鹏,王灵,李昕. 一种基于栈式降噪自编码器的人脸识别方法[J]. 工业控制计算机,2016,29(9):100-101,104.

[93] 于万钧,安改换,鹿文静,等. 基于栈式降噪自动编码器的气体识别[J]. 计算机工程与设计,2017,38(3):814-818,836.

[94] 陈国定,姚景新,浟佳红. 基于堆栈式自编码器的尾矿库安全评价[J]. 浙江工业大学学报,2015,43(3):326-331.

[95] 李荣雨,徐宏宇. 平行堆栈式自编码器及其在过程建模中的应用[J]. 电子测量与仪器学报,2017,31(2):264-271.

[96] 李远豪. 基于深度自编码器的人脸美丽吸引力预测研究[D]. 江门:五邑大学,2014.

[97] 于乃功,默凡凡. 基于深度自动编码器与 Q 学习的移动机器人路径规划方法[J]. 北京工业大学学报,2016,42(5):668-673. DOI:10.11936/bjutxb2015100028

[98] 寇茜茜,何希平. 基于栈式自编码器模型的汇率时间序列预测[J]. 计算

机应用与软件,2017,34(3):218-221,247.

[99] 王宪保,何文秀,王辛刚,等. 基于堆叠降噪自动编码器的胶囊缺陷检测方法[J]. 计算机科学,2016,43(2):64-67. DOI:10.11896/j.issn.1002-137X.2016.02.014

[100] SUN W J, SHAO S Y, YAN R Q. Induction motor fault diagnosis based on deep neural network of sparse auto-encoder[J]. Journal of Mechanical Engineering,2016,52(9):65-71. DOI:10.3901/JME.2016.09.065

第 5 章
数据降维方法

5.1 主成分分析法

主成分分析(PCA)法是一种使用广泛的数据降维算法。通过正交变换将一组可能存在相关性的变量转换为一组线性不相关的变量,转换后的这组变量称为主成分。主成分分析是由 K. 皮尔森(Karl Pearson)对非随机变量引入的,之后 H. 霍特林(Harold Hotelling)将此方法推广到随机变量。

5.1.1 基本思想

主成分分析法的基本思想是设法将原来具有一定相关性的指标 $X_1,X_2,\cdots,X_p$(比如 p 个指标),重新组合成一组较少个数的互不相关的综合指标 F_m 来代替原来指标。那么综合指标应该如何去提取,使其既能最大限度地反映原变量所代表的信息,又能保证新指标之间互不相关(信息不重叠)。通常数学上的处理就是将原来的 p 个指标线性组合,作为新的综合指标。

设 F_1 表示原变量的第一个线性组合所形成的主成分指标,即 $F_1=a_{11}X_1+a_{12}X_2+\cdots+a_{1p}X_p$,由数学知识可知,每一个主成分所提取的信息量可用其方差来度量,其方差 $\mathrm{Var}(F_1)$ 越大,表示 F_1 包含的信息越多。常常希望第一主成分 F_1 所含的信息量最大,因此在所有的线性组合中选取的 F_1 应该是 $X_1,X_2,\cdots,X_p$ 的所有线性组合中方差最大的,故称 F_1 为第一主成分。如果第一主成分不足以代表原来 p 个指标的信息,再考虑选取第二个主成分指标 F_2,为有效地反映原信息,F_1 已有的信息就不需要再出现在 F_2 中,即 F_2 与 F_1 要保持独立、不相关,用数学语言表达就是其协方差 $\mathrm{Cov}(F_1,F_2)=0$,所以 F_2 是与 F_1 不相关的 $X_1,X_2,\cdots,X_p$ 的所有线性组合中方差最大的,故称 F_2 为第二主成分,依此类推构造出的 $F_1,F_2,\cdots,F_m$ 为原变量指标 $X_1,X_2,\cdots,X_p$ 的第一、第二、$\cdots$、第 m 个主成分。

$$\begin{cases} F_1 = a_{11}X_1 + a_{12}X_2 + \cdots + a_{1p}X_p \\ F_2 = a_{21}X_1 + a_{22}X_2 + \cdots + a_{2p}X_p \\ \quad \vdots \\ F_m = a_{m1}X_1 + a_{m2}X_2 + \cdots + a_{mp}X_p \end{cases} \tag{5-1}$$

由以上分析可见,主成分分析法的主要任务有两点。

(1) 确定各主成分 $F_i(i=1,2,\cdots,m)$ 关于原变量 $X_j(j=1,2,\cdots,p)$ 的表达式,即系数 a_{ij} ($i=1,2,\cdots,m$; $j=1,2,\cdots,p$)。从数学上可以证明,原变量协方差矩阵的特征根是主成分的方差,所以前 m 个较大特征根就代表前 m 个较大的主成分方差值;原变量协方差矩阵前 m 个较大的特征值 λ_i(这样选取才能保证主成分的方差依次最大)所对应的特征向量就是相应主成分 F_i 表达式的系数 a_i,为了加以限制,系数 a_i 启用的是 λ_i 对应的单位化的特征向量,即有 $a'_i a_i = 1$。

(2) 计算主成分载荷。主成分载荷反映主成分 F_i 与原变量 X_j 之间的相互关联程度:

$$P(Z_k,x_i) = \sqrt{\lambda_k} a_{ki} \quad (i=1,2,\cdots,p; k=1,2,\cdots,m) \tag{5-2}$$

5.1.2 主要计算步骤

主成分分析的具体步骤如下。

(1) 计算协方差矩阵。

计算数据的协方差矩阵:

$$\boldsymbol{\Sigma} = (s_{ij})_{p \times p}$$

其中:

$$s_{ij} = \frac{1}{n-1} \sum_{k=1}^{n} (x_{ki} - \bar{x}_i)(x_{kj} - \bar{x}_j) \quad (i,j=1,2,\cdots,p) \tag{5-3}$$

(2) 求出 $\boldsymbol{\Sigma}$ 的特征值 λ_i 及相应的正交化单位特征向量 a_i。

$\boldsymbol{\Sigma}$ 的前 m 个较大的特征值 $\lambda_1 \geqslant \lambda_2 \geqslant \cdots \geqslant \lambda_m > 0$,就是前 m 个主成分对应的方差,λ_i 对应的单位特征向量 a_i 就是主成分 F_i 关于原变量的系数,则原变量的第 i 个主成分为

$$F_i = \boldsymbol{a}'_i X \tag{5-4}$$

主成分的方差(信息)贡献率 α_i 用来反映信息量的大小,其表达式为

$$\alpha_i = \lambda_i \bigg/ \sum_{i=1}^{m} \lambda_i \tag{5-5}$$

(3) 选择主成分。

最终要选择几个主成分,即 $F_1, F_2, \cdots, F_m$ 中 m 的确定是通过方差(信息)累计贡献率 $G(m)$ 来确定的,有

$$G(m) = \sum_{i=1}^{m}\lambda_i \Big/ \sum_{k=1}^{p}\lambda_k \tag{5-6}$$

当累积贡献率大于 85% 时,就认为能足够反映原来变量的信息了,对应的 m 就是抽取的前 m 个主成分。

(4) 计算主成分载荷。

主成分载荷是反映主成分 F_i 与原变量 X_j 之间的相互关联程度的,原变量 $X_j(j=1,2,\cdots,p)$ 在诸主成分 $F_i(i=1,2,\cdots,m)$ 上的荷载 l_{ij} ($i=1,2,\cdots,m$; $j=1,2,\cdots,p$) 为

$$l_{ij} = \sqrt{\lambda_i}a_{ij} \quad (i=1,2,\cdots,m; j=1,2,\cdots,p) \tag{5-7}$$

(5) 计算主成分得分。

计算样品在 m 个主成分上的得分为

$$F_i = a_{i1}X_1 + a_{i2}X_2 + \cdots + a_{ip}X_p \quad (i=1,2,\cdots,m) \tag{5-8}$$

实际应用时,指标的量纲往往不同,所以在主成分计算之前应先消除量纲的影响。消除数据的量纲有很多方法,常用方法是将原始数据标准化,即做如下数据变换:

$$x_{ij}^* = \frac{x_{ij} - \overline{x}_j}{s_j} \quad (i=1,2,\cdots,n; j=1,2,\cdots,p) \tag{5-9}$$

其中: $\overline{x}_j = \frac{1}{n}\sum_{i=1}^{n}x_{ij}$, $s_j^2 = \frac{1}{n-1}\sum_{i=1}^{n}(x_{ij} - \overline{x}_j)^2$。

根据数学公式可知,一方面,任何随机变量做标准化变换后,其协方差与其相关系数是一回事,即标准化后的变量的协方差矩阵就是其相关系数矩阵。另一方面,根据协方差的公式可以推得标准化后的协方差就是原变量的相关系数,即标准化后的变量的协方差矩阵就是原变量的相关系数矩阵。也就是在标准化前后,变量的相关系数矩阵不变化。

因此,为消除量纲的影响,将变量标准化后再计算其协方差矩阵,就是直接计算原变量的相关系数矩阵,所以主成分分析的实际常用计算步骤如下:

(1) 计算相关系数矩阵;

(2) 求出相关系数矩阵的特征值 λ_i 及相应的正交化单位特征向量 a_i;

(3) 选择主成分;

(4) 计算主成分得分。

5.1.3 主成分分析法的优缺点

优点:

(1) 可消除评估指标之间的相关影响。因为主成分分析法在对原始数据指

标变量进行变换后形成了彼此相互独立的主成分,而且实践证明指标间的相关程度越高,主成分分析效果越好。

(2) 可减少指标选择的工作量,对于其他评估方法,由于难以消除评估指标间的相关影响,所以选择指标时要花费不少精力,而主成分分析法由于可以消除这种相关影响,所以在指标选择上相对容易些。

(3) 主成分分析中各主成分是按方差大小依次排列顺序的,在分析问题时,可以舍弃一部分主成分,只取前面方差较大的几个主成分来代表原变量,从而减少了计算工作量。用主成分分析法作综合评估时,由于选择的原则是累计贡献率大于等于 85%,因此不会为节省工作量把关键指标漏掉而影响评估结果。

(4) 完全无参数限制。在主成分分析的计算过程中完全不需要人为设定参数或是根据任何经验模型对计算进行干预,最后的结果只与数据相关,与用户是无关的。

缺点:

(1) 在主成分分析中,我们首先应保证所提取的前几个主成分的累计贡献率达到一个较高的水平(即变量降维后的信息量须保持在一个较高水平上),其次对这些被提取的主成分必须都能够给出符合实际背景和意义的解释(否则主成分将空有信息量而无实际含义)。

(2) 主成分含义的解释一般多少带有模糊性,不像原始变量的含义那么清楚、确切,这是变量降维过程中不得不付出的代价。因此,提取的主成分个数 m 通常应明显小于原始变量个数 p(除非 p 本身较小),否则维数降低的"利"可能抵不过主成分含义没有原始变量清楚的"弊"。

(3) 当主成分的因子负荷的符号有正有负时,综合评价函数意义就不明确。

(4) 有时数据的分布并不满足高斯分布。在非高斯分布的情况下,PCA 方法得出的主元可能并不是最优的。

5.2 t-SNE 算法

t-分布式随机邻域嵌入算法,简称为 t-SNE(t-distributed stochastic neighbor embedding),是一种用于挖掘高维数据的非线性降维算法。t-SNE 由 SNE (Stochastic Neighbor Embedding; Hinton and Roweis, 2002)发展而来。由 Laurens van der Maaten 和 Geoffrey Hinton 在 2008 年提出,该算法主要是将

多维数据映射到适合于人类观察的两个或多个维度,使得多维数据能够进行可视化。在 t-SNE 算法的帮助下,我们在使用高维数据时,则无须绘制更多的探索性数据分析图了。

同 PCA 法一样,t-SNE 算法也是一种无监督机器学习算法。t-SNE 算法不是通过训练得到模型之后再用于预测数据的方法,而是以数据原有的趋势为基础,重建其在低维(2 维或 3 维)下的数据趋势,一般情况下,这种数据趋势指的是数据点的聚团或距离关系。

5.2.1 算法思想

t-SNE 算法的主要思想分为两部分:

(1) 构建一个高维对象之间的概率分布(正态分布),用这个概率分布去表征数据点之间的距离关系;

(2) 在低维空间里再构建这些点的概率分布(t 分布),并使得这两个概率分布之间尽可能相似,此即代表在低维空间重现了高维空间中的距离关系。

假设高维空间中的任意两个点,x_i 的取值服从以 x_i 为中心、方差为 σ_i 的高斯分布,同样 x_j 服从以 x_j 为中心、方差为 σ_j 的高斯分布,这样 x_j 与 x_i 相似的条件概率就为

$$p_{j|i} = \frac{\exp(-\|x_i - x_j\|^2 / 2\sigma_i^2)}{\sum_{k \neq i} \exp(-\|x_i - x_k\|^2 / 2\sigma_i^2)} \tag{5-10}$$

即 x_j 在 x_i 高斯分布下的概率占全部样本在 x_i 高斯分布下概率的比例,说明了两者从 x_i 角度来看的相似程度。接着令 $p_{ij} = (p_{i|j} + p_{j|i})/2n$,用这个概率作为两个点的相似度在全部样本两两相似度的联合概率 p_{ij},公式如下:

$$p_{ij} = \frac{\exp\left(-\frac{|x_i - x_j|^2}{2\sigma^2}\right)}{\sum_{k \neq l} \exp\left(-\frac{|x_k - x_l|^2}{2\sigma^2}\right)} \tag{5-11}$$

此处 σ 是矢量,因为在后续的求解中,p_{ij} 不是直接由联合概率公式(5-11)求出,而是通过前面的条件概率求出,式(5-10)针对每一个样本 i 都会计算一个 σ_i,具体给定一个确定值 $\mathrm{Prep}(P_i) = 2^{H(P_i)}$,这个 Prep 一般被称为困惑度,其中 $H(P_i) = -\sum_j p_{j|i} \lg p_{j|i}$。接着通过二分查找来确定 x_i 对应的 σ_i,从而求出困惑度 Prep 的值,因此这里的 σ 是个矢量。

低维空间两个点的相互关系或者说相似程度也用联合概率来表示,假设在

低维空间中两点间的欧氏距离服从一个自由度的 t 分布,那么在低维空间中两个点的距离概率在所有的两个点的距离概率之中的比重可以作为它们的联合概率。

$$q_{ij} = \frac{(1+|z_i-z_j|^2)^{-1}}{\sum_{k \neq l}(1+|z_i-z_j|^2)^{-1}} \tag{5-12}$$

假如在高维空间中的 x_i、x_j 与对应在低维空间中的 z_i、z_j 算出来的相似度值相等,即 $q_{ij}=p_{ij}$,那么就说明低维空间中的点能够正确地反映高维空间中的相对位置关系。所以 t-SNE 算法的目的就是找到一组降维表示能够最小化 p_{ij} 和 q_{ij} 之间的差值。因此,t-SNE 算法采用了 Kullback-Leibler divergence,即 KL 散度来构建目标函数 $J = \mathrm{KL}(P \parallel Q) = \sum_i \sum_j p_{ij} \lg p_{ij}$,KL 散度能够用来衡量两个概率分布的差别。它通过梯度下降的方法来求输入数据对应的低维表达 z_i,即用目标函数对 z_i 求导,把 z_i 作为可优化变量,求得每次对 z_i 的梯度为 $\frac{\partial J}{\partial z_i} = 4\sum_j (p_{ij}-q_{ij})(1+\|z_i-z_j\|^2)^{-1}$,然后更新迭代 z_i,在实际更新的过程中则像神经网络的更新一样加入了 momentum 项,其目的是加速优化,算法流程如下所述。

- 输入:N 个 D 维向量 $x_1,x_2,\cdots,x_N$,映射到 2 维或者 3 维,困惑度 Prep,迭代次数 T,学习率 η,momentum 项系数 $\alpha(t)$。
- 输出:降维后,数据表示为 $z_1,z_2,\cdots,z_N$。
- 目标:降维到 2 维或者 3 维可视化(重点是可视化)。

假设:在高维空间中,一个点 x_j 的取值服从以另外一个点 x_i 为中心的高斯分布。在低维空间中,两个点之间的欧氏距离服从自由度为 1 的 t 分布。

(1) 先由二分查找确定 x_i 的 σ_i;
(2) 计算成对的 $p_{(j|i)}$,得到 $p_{(ij)}=(p_{(j|i)}+p_{(i|j)})/2$;
(3) 初始化 $z_1,z_2,\cdots,z_N$;
(4) 计算 q_{ij};
(5) 计算梯度 $\frac{\partial J}{\partial z_i}$;
(6) 更新 $z_i^{(t)} = z_i^{(t-1)} + \eta \frac{\partial J}{\partial z_i} + \alpha(t)(z_i^{(t-1)} - z_i^{(t-2)})$;
(7) 重复步骤(4)~(6)直到收敛或者完成迭代次数 T。

需要注意的是,这个算法将低维数据作为变量进行迭代,因此若要加入新数据,就没有办法直接对新数据进行操作,只能将新数据加到原始数据中再重新计算一遍,因此 t-SNE 主要的功能是可视化。

t-SNE 很强大,也很费时。t-SNE 的逻辑可以这样理解:要将小镇上每户人家的住址简化为用一个数字表达,之前小镇上的人们之所以张家和李家住得近,是因为他们是亲家,而刘家和王家住得远,是因为他们之间闹过矛盾。在之前的住址中,包含了这样拓扑信息,而在降维之后,可以在地图上画出一条弯弯曲曲的线,不管这条线是怎么画的,我们都希望在这条线上张家和李家还是很近,刘家和王家还是很远。这就是 t-SNE 要保留的高维数据中的拓扑结构。可以想象,小镇里的住户越多,这条线也越难画。t-SNE 是一种迭代算法,也就是说人们最开始画的线不一定是最好的,后续一次次向着优化目标修改,直到获得理想的状态。

5.2.2 算法举例

下面是一个从 2 维空间使用 t-SNE 算法降维到 1 维空间的例子(此例子参考 StatQuest 课程中的 t-SNE 板块)。

如图 5-1 所示,在 2 维平面上各自聚团的 3 群数据点,降维之后在 1 维直线上得到很好的保持。

(1) 首先获得每个点同其他所有点之间的距离关系。

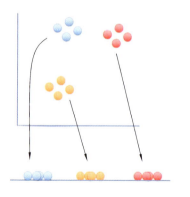

图 5-1 使用 t-SNE 从 2 维降到 1 维

如图 5-2 中高维空间中的黑色点所示,它同蓝色点之间的距离会转换成一个正态概率密度值,此正态概率以黑色点为均值。最终其他所有点同黑色点之间的距离都会转换成一个概率密度值(见图 5-2(b)),然后计算出每个点同其他所有点之间的距离关系。最后将所有的概率密度值进行标准化,标准化之后的和为 1,即将每一个概率密度除以总概率密度和。

使用正态分布密度图转换的距离,点两两之间计算出来的概率密度并不相等。以 A 为基点计算的 AB 之间的距离为 (AB),以 B 为基点计算的 BA 之间的距离为 (BA),这两个距离是使用不同的正态分布曲线转换的,因此并不相同。此时取这两个距离的均值作为最终的距离值,如图 5-3 所示。

(2) 将 2 维数据点随机打散在 1 维直线上,如图 5-4 所示。

(3) 计算此时的 1 维直线上每个点同其他所有点之间的距离关系。

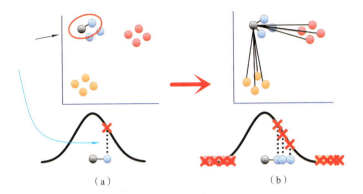

图 5-2 点距离转变为概率密度值

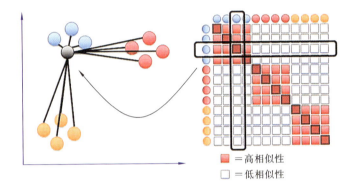

图 5-3 2 维点转换为距离矩阵

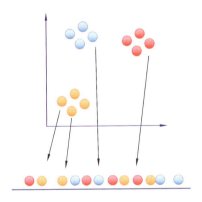

图 5-4 2 维数据点打散在 1 维直线上

这个过程同步骤(1)类似,只是不使用正态分布来模拟,而是使用 t 分布来模拟,如图 5-5 所示。

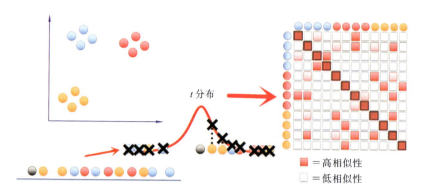

图 5-5　直线上的点转换为距离矩阵

(4) 根据高维空间的距离矩阵,移动点的位置,使得目前点与点之间的距离矩阵同高维空间的距离矩阵类似。

如图 5-6 所示,当前点的位置应该适当右移,这样距离矩阵才会更向右侧的高维空间的距离矩阵靠拢。剩余点同理操作,均会朝着一个方向适当左移或右移一段距离。

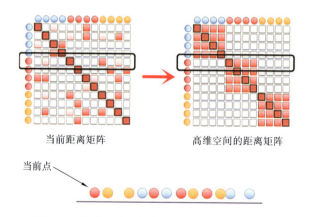

图 5-6　移动点使之与高维空间的距离矩阵相似

(5) 重复步骤(3)(4),直至最优,最终结果如图 5-7 所示。

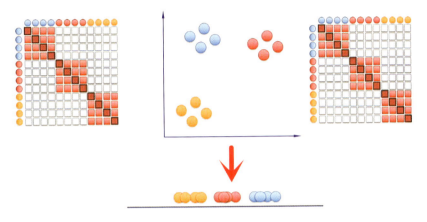

图 5-7　使用 t-SNE 算法结果

5.2.3　算法的优缺点

Isomap、LLE 等流形学习方法主要用于展开单个连续的低维流形(比如"瑞士卷"数据集)。

t-SNE 的优点：主要用于数据的局部结构，并且会倾向于提取出局部的簇，这种能力对于可视化同时包含多个流形的高维数据(比如 MINST 数据集)很有效。

t-SNE 的缺点：① 计算代价昂贵。处理百万量级的数据需要几小时，对于 PCA 而言，可能只需要几分钟。② 多次执行算法的结果是随机的，需要多次运行以选取最好的结果。③ 全局结构不能很清楚地保留。这个问题可以通过先用 PCA 法降维到一个合理的维度(如 50)后再用 t-SNE 来缓解，前置的 PCA 步骤也可以起到降噪等作用。

5.2.4　算法的应用

t-SNE 算法在人脸识别、肿瘤细胞亚型的分析等方面都表现不凡。实际上，数据降维的处理只是探索性数据分析中非常基础的一步，所以应用范围自然很广。R 语言中专门有一个 Rt-SNE 包，应用非常简单，可以参考 R 语言中的 help 文档来进行学习。Python 中的 t-SNE 算法可以从 sklearn 包中访问。

使用 t-SNE 算法时要注意以下几点：

(1) 为了正确执行算法，困惑度应小于数据点数。困惑度可以解释成一个点附近的近邻点的个数,是在程序中手动给定的一个值,通常设置在 5～50 之间,因此推荐的困惑度为 5～50。

(2) 有时,具有相同超参数的多次运行结果可能彼此不同。

(3) 任何 t-SNE 图中的簇大小不得用于标准偏差、色散或任何其他诸如此类的度量。这是因为 t-SNE 可以扩展更密集的集群,并且使分散的集群收缩到均匀的集群大小。

(4) 簇之间的距离可以改变,因为全局几何与最佳困惑度密切相关。在具有许多元素且数量不等的簇的数据集中,同一个困惑度不能优化所有簇的距离。

(5) 模式也可以在随机噪声中找到,因此在确定数据中是否存在模式之前,必须检查具有不同的超参数组的多次运算结果。

(6) 在不同的困惑度水平可以观察到不同的簇形状。

(7) 拓扑不能基于单个 t-SNE 图来分析,在进行任何评估之前必须观察多个 t-SNE 图。

5.2.5 算法的改进

t-SNE 算法的效果虽然好,但有计算量大的问题。LargeVis 算法是对 t-SNE 的改进。主要改进点是高效地构建 kNN 图的算法,以及低维空间的概率计算公式和目标函数。

借助于随机投影树,LargeVis 可以高效地计算 kNN 图,以此加速样本点概率值的计算速度。LargeVis 在原始空间中计算样本概率分布的方法与 t-SNE 相同,但对计算低维空间中的概率分布方法做了改进,两个点之间有边连接的概率为

$$p(e_{ij}=1)=f(\parallel y_i-y_j \parallel) \tag{5-13}$$

其中:

$$f(x)=\frac{1}{1+\exp(x^2)} \tag{5-14}$$

目标函数定义为

$$\sum_{(i,j)\in E} p_{ij}\lg p(e_{ij}=1)+\sum_{(i,j)\in \bar{E}}\gamma\lg[1-p(e_{ij}=1)] \tag{5-15}$$

其中:E 为图的边的集合,$\bar{E}$ 为其补集。

5.3 主成分追踪

假定存在一个数据矩阵 $\boldsymbol{X}\in \mathbf{R}^{m\times n}$,$m$ 指的是变量个数,n 是指采样观测值的

数目，X 可以被分解为两个部分：

$$X = A + E \tag{5-16}$$

其中：A 是一个低秩矩阵；E 是一个稀疏矩阵，两个矩阵中元素的幅值大小在数据矩阵分解时未作限制。图 5-8 可以形象地表示主成分追踪（principal component pursuit，PCP）方法的分解原理。

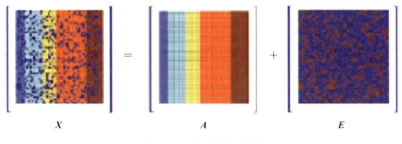

图 5-8 PCP 分解示意图

PCP 的目标是从数据矩阵中准确地分解出包含重要过程信息的低秩矩阵和包含数据中可能存在的异常值，即 PCP 的目标是求解一个如式（5-17）所示的优化问题：

$$\begin{aligned} \min \quad & \mathrm{rank}(A) + \lambda \|E\|_0 \\ \mathrm{s.t.} \quad & X = A + E \end{aligned} \tag{5-17}$$

其中：$\|E\|_0$ 是矩阵 E 的 l_0 范数，是矩阵 E 中所有非零元素的个数，λ 是一个平衡两个因子的参数。

式（5-17）是一个求解困难的非凸优化问题。为了将式（5-17）转换为一个可求解的凸优化函数，使矩阵的核范数可近似代替计算矩阵的秩，矩阵的范数 l_1 可近似代替计算矩阵的 l_0 范数，可以将式（5-17）中的目标函数改写成式（5-18）所示的形式，使目标函数转换为凸优化函数。

$$\begin{aligned} \min \quad & \|A\|_* + \lambda \|E\|_1 \\ \mathrm{s.t.} \quad & X = A + E \end{aligned} \tag{5-18}$$

其中：$\|A\|_*$ 代表矩阵 A 的核范数，通过计算矩阵 A 的奇异值之和获得；$\|E\|_1$ 表示矩阵 E 的 l_1 范数，通过计算矩阵 E 中所有非零元素的绝对值之和获得，λ 是一个平衡 $\|A\|_*$ 和 $\|E\|_1$ 两个范数因子的参数，可以利用公式 $\lambda = \dfrac{1}{\sqrt{\max(n,m)}}$ 求解。

求解式(5-18)所示的凸优化函数,可以采用多种方法,例如:迭代阈值方法(iterative thresholding method)、加速邻近梯度法(accelerated proximal gradient method)、对偶方法(dual method)等。本节仅介绍一种不确定增广拉格朗日算子(inexact augmented Lagrange multipliers,IALM)的方法求解式(5-18)所示的凸优化函数。

增广拉格朗日算子的方法一般被用来求解式(5-19)所示的优化问题:

$$\begin{aligned} & \min \quad f(\boldsymbol{X}) \\ & \text{s.t.} \quad h(\boldsymbol{X})=0 \end{aligned} \tag{5-19}$$

其中,$f:\mathbf{R}^n \to \mathbf{R}, h:\mathbf{R}^n \to \mathbf{R}^m$。根据式(5-19)定义增广拉格朗日函数,如式(5-20)所示:

$$L(\boldsymbol{X},\boldsymbol{Y},\mu)=f(\boldsymbol{X})+\langle \boldsymbol{Y},h(\boldsymbol{X})\rangle+\frac{\mu}{2}\|h(\boldsymbol{X})\|_F^2 \tag{5-20}$$

其中,μ 是一个正数标量。

对于式(5-20),$f(\boldsymbol{X})=\|\boldsymbol{A}\|_* +\lambda\|\boldsymbol{E}\|_1, h(\boldsymbol{X})=\boldsymbol{X}-\boldsymbol{A}+\boldsymbol{E}$,则新的拉格朗日函数如式(5-21)所示:

$$L(\boldsymbol{A},\boldsymbol{E},\boldsymbol{Y},\mu)=\|\boldsymbol{A}\|_*+\lambda\|\boldsymbol{E}\|_1+\langle \boldsymbol{Y},\boldsymbol{X}-\boldsymbol{A}-\boldsymbol{E}\rangle+\frac{\mu}{2}\|\boldsymbol{X}-\boldsymbol{A}-\boldsymbol{E}\|_F^2 \tag{5-21}$$

利用不确定增广拉格朗日算子的方法求解式(5-21)中的拉格朗日函数,总结如算法5-1所示。

算法 5-1 利用 IALM 算法求解 PCP 问题

输入:数据矩阵 $X \in \mathbf{R}^{n \times m}$,参数 λ

初始化:$A_0=0, E_0=0, Y_0=0, \mu_0=10^{-8}, \rho=1.1, \max_\mu=10^{10}, \varepsilon=10^{-6}$

迭代直到收敛

$$A_{k+1}=\operatorname{argmin}\frac{1}{\mu_k}\|A_k\|_* +\frac{1}{2}\left\|A_k-\left(X-E_k+\frac{Y_k}{\mu_k}\right)\right\|_F^2$$

$$E_{k+1}=\operatorname{argmin}\frac{\lambda}{\mu_k}\|E_k\|_1+\frac{1}{2}\left\|E_k-\left(X-A_{k+1}+\frac{Y_k}{\mu_k}\right)\right\|_F^2$$

$$Y_{k+1}=Y_k+\mu_k(X-A_{k+1}-E_{k+1})$$

$$\mu_{k+1}=\min(\rho\mu_k,\max_\mu)$$

收敛条件:$\|X-A_{k+1}-E_{k+1}\|_\infty < \varepsilon$

输出:解 (A_k,E_k)

利用迭代收敛的方法求解凸优化函数式(5-18),算法 5-1 的求解需要利用

定理 5-1 和定理 5-2。

定理 5-1 对于一个向量 $y \in \mathbf{R}^n$ 和一个阈值 τ，软收缩算子（soft shrinkage operator）可以描述为

$$S_\tau[\mathbf{y}_i] = \text{sign}(\mathbf{y}_i)(|\mathbf{y}_i| - \tau)_+ \qquad (5-22)$$

定理 5-2 假设有一个秩为 r 的数据矩阵 $\mathbf{X} \in \mathbf{R}^{n \times m}$ 以及一个参数 τ，则奇异值收缩算子（singular value shrinkage operator）可以描述为

$$D_\tau(\mathbf{X}) = \mathbf{U} S_\tau[\mathbf{\Sigma}] \mathbf{V}^\mathrm{T} \qquad (5-23)$$

其中：$S_\tau[\mathbf{\Sigma}] = \text{diag}((\boldsymbol{\sigma}_i - \tau)_+)$，$\mathbf{USV}^\mathrm{T}$ 通过对矩阵 $\mathbf{X}$ 进行奇异值分解得到，$\mathbf{\Sigma} = \text{diag}(\{\boldsymbol{\sigma}_i\}_{1 \leq i \leq r})$。

因此，根据定理 5-1，可以得到矩阵 $\mathbf{E}$ 的计算公式为

$$\mathbf{E}_{k+1} = S_{\frac{\lambda}{\mu_k}}\left(\mathbf{X} - \mathbf{A}_{k+1} + \frac{\mathbf{Y}_k}{\mu_k}\right) \qquad (5-24)$$

根据定理 5-2，可以得到矩阵 $\mathbf{A}$ 的计算公式为

$$\mathbf{A}_{k+1} = D_{\frac{1}{\mu_k}}\left(\mathbf{X} - \mathbf{E}_k + \frac{\mathbf{Y}_k}{\mu_k}\right) \qquad (5-25)$$

下面利用三个案例说明 PCP 方法的矩阵分解能力。首先使用数值案例分析，数据矩阵利用 PCP 方法分解得到的低秩矩阵的秩和稀疏矩阵的元素以及收敛时间来解释 PCP 方法的效果。待分解的测试矩阵由一个低秩矩阵和一个稀疏矩阵叠加得到。其中低秩矩阵由 $\mathbf{A} = \mathbf{TW}^\mathrm{T} \in \mathbf{R}^{n \times p}$，$\mathbf{T} \in \mathbf{R}^{n \times r}$，$\mathbf{W} \in \mathbf{R}^{p \times r}$ 构成，服从 $N \sim (0,1)$ 的独立同分布，稀疏矩阵 $\mathbf{E}$ 是包含一些非零元素的矩阵，非零元素的个数为 $n \times p \times \mu$，μ 为非零元素所占的比例。这里 $p = 100$，$n = 500$，$r = 30$，$\mu = 0.1$。仿真结果如表 5-1 所示。

表 5-1 PCP 方法矩阵分解的数值仿真结果

rank($\mathbf{A}^*$)	31
$\|\mathbf{E}^* - \mathbf{E}\|_2^F$	123.6802
收敛时间/s	43.99

表 5-1 表明，PCP 方法能够准确地分解得到数据矩阵中包含的低维结构，分解得到的低秩矩阵的秩为 31，与原始的低秩矩阵的秩基本一致。同时，PCP 能够将数据矩阵中包含的异常值稀疏矩阵比较准确地分离出来。在常用的 8G 内存的笔记本电脑中，运行 MATLAB 程序，收敛时间为 43.99 s。

目前，PCP 方法被广泛应用于视频图像处理领域。视频图像一般由前景和背景组成，接下来简单介绍一下利用 PCP 提取视频前景的案例。提取视频前

景的前提是从摄像机拍摄的视频图像中分离出前景和背景,其中视频的背景是几乎不变的。由此可知,若将背景的每一帧作为矩阵的一列,那么该矩阵就是低秩的;同时由于前景是移动的物体,占据的像素比较低,所以前景可以对应视频中的稀疏部分。通过 PCP 方法将图像序列对应的矩阵分解为低秩成分和稀疏成分,便可以成功地将静止的背景和运动的前景分离,实现视频前景提取和前景运动目标探测,如图 5-9 所示。

图 5-9　利用 PCP 方法提取三幅不同视频的前景

图 5-10 中的三个案例分析了 PCP 方法对人脸图像的预处理识别效果。由于光照、遮挡等因素,有时人脸图像会被破坏;假设同一个人的不同人脸图像(不同的阴影或遮蔽物)之间本身有相关性,那么人脸图像去阴影或遮蔽物问题可以使用 PCP 方法求解。通过将每张人脸图像列向量化,就得到了一个对应人脸图像序列的矩阵。这个矩阵可以表示为两个矩阵的和,其中低秩矩阵代表人脸图像,稀疏矩阵代表阴影误差。通过 PCP 方法可以求得"干净"的人脸图像(低秩矩阵)和阴影误差(稀疏矩阵),分解结果如图 5-10 所示。

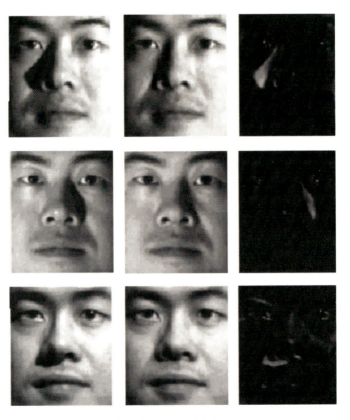

图 5-10 利用 PCP 方法对人脸图像预处理

5.4 鲁棒主元分析

异常值在实际采集到的设备大数据中十分常见,由于其会在很大程度上影响传统数据驱动方法中建立的状态监测模型,从而导致较差的设备状态预测结果,因此,在设备大数据状态分析领域中,应用鲁棒方法是十分重要的。本节简单介绍其中一种鲁棒主元分析方法。MCD(minimum covariance determinant)方法 1984 年由 Rousseeuw 提出,该方法通过计算 Mahalanobis 距离以及迭代的方法获得协方差矩阵的估计值,来解决 PCA 方法对离群点比较敏感的问题。其中,Mahalanobis 距离的表达式为

$$\mathrm{MD}(\boldsymbol{x}) = \sqrt{(\boldsymbol{x}-\bar{\boldsymbol{x}})^\top \boldsymbol{S}^{-1}(\boldsymbol{x}-\bar{\boldsymbol{x}})} \qquad (5\text{-}26)$$

其中：$\bar{x}$ 为均值向量；S^{-1} 为协方差矩阵。

在一个数据矩阵 $X \in \mathbf{R}^{n \times m}$ 中，包含 n 个采样观测点，每个采样点包含 m 个变量。在 n 个采样观测点中随机选择 h 个采样观测点，其中 $h = \alpha \times n, 0.5 < \alpha < 1$。MCD 方法的原理是寻找所有 h 个采样观测点的协方差矩阵的行列式的最小值，来得到最终的协方差矩阵的估计值。

具体基于 MCD 的鲁棒主元分析的步骤总结如下：

(1) 从矩阵 X 中随机选出 h 个样本，并且计算这些样本的均值 μ_1 和协方差矩阵 Σ_1 作为初始值。如果此时协方差矩阵的行列式为 0，则增加一个采样观测点，直到不为 0 为止。

(2) 利用式(5-26)计算数据矩阵 X 中 n 个样本点到这 h 个采样观测值数据中心的 Mahalanobis 距离，然后从中选出距离较小的 h 个采样观测值，作为新的 h 个采样观测值，并求出相应的均值 μ_2 和协方差矩阵 Σ_2。

(3) 重复步骤(2)，直到 $\det(\Sigma_i) = \det(\Sigma_{i-1})$。得到鲁棒协方差矩阵 Σ_{mcd}，以及采样观测点均值 μ_{mcd}。

(4) 计算 n 个采样观测点到鲁棒协方差矩阵 Σ_{mcd} 和采样观测点均值 μ_{mcd} 的 Mahalanobis 距离 $d(i)$。

$$d(i) = \sqrt{(x(i) - \mu_{\text{mcd}})^{\text{T}} \Sigma_{\text{mcd}}^{-1} (x(i) - \mu_{\text{mcd}})} \tag{5-27}$$

(5) 为了在提高鲁棒性的同时，进一步提高有效性，可以利用权重的方法。按照 Mahalanobis 距离 $d(i)$ 服从置信度为 97.5% 的 χ^2 分布，当 $d(i) > \sqrt{\chi^2_{m,0.975}}$ 时，记为 $w(i) = 0$；反之，$w(i) = 1$。

(6) 根据权重 $w(i)$ 以及公式(5-28)计算新的均值 μ 和协方差矩阵 Σ。

$$\begin{aligned} \boldsymbol{\mu} &= \frac{\sum_{i=1}^{n} w(i) \boldsymbol{x}(i)}{\sum_{i=1}^{n} w(i)} \\ \boldsymbol{\Sigma} &= \frac{\sum_{i=1}^{n} w(i) (\boldsymbol{x}(i) - \boldsymbol{\mu})(\boldsymbol{x}(i) - \boldsymbol{\mu})^{\text{T}}}{\sum_{i=1}^{n} w(i)} \end{aligned} \tag{5-28}$$

(7) 用步骤(6)计算得到的鲁棒协方差矩阵代替普通 PCA 方法中的协方差矩阵即可。

通过以上 7 个步骤，得到协方差矩阵估计量，解决了采集得到的设备大数据中包含异常值的问题。

5.5 低秩矩阵表示

考虑一个数据矩阵 $X=[x_1,x_2,\cdots,x_n]\in \mathbf{R}^{D\times n}$,每一列是一个采样观测值,每个采样观测值包含 D 个变量,每一列向量可以被表示为以一个字典矩阵 $A=[a_1,a_2,\cdots,a_m]\in \mathbf{R}^{D\times m}$ 为基的线性组合:

$$X=AZ \tag{5-29}$$

其中,$Z=[z_1,z_2,\cdots,z_n]\in \mathbf{R}^{m\times n}$ 是一个系数矩阵,每一个列向量 z_i 是相应的列向量 x_i 的代表。字典矩阵 A 一般是过完备的,因此式(5-29)会存在多重解。Liu 等人指出,使用一个恰当的字典矩阵 A 的稀疏表示(sparse representation,SR)能够揭示采样观测值 x_i 之间的聚类关系。然而,利用字典矩阵 A 的稀疏表示不能捕捉数据矩阵 X 的全局结构。相比之下,利用矩阵的低秩性则是一个合适的准则。因此,可以通过求解式(5-30)所示的优化问题,来获得低秩系数矩阵 Z。

$$\min_{Z} \operatorname{rank}(Z) \\ \text{s.t.} \quad X=AZ \tag{5-30}$$

式(5-30)中的最优解是数据矩阵 X 关于字典矩阵 A 的最低秩表示。因为矩阵的秩函数具有离散的特性,故式(5-30)是一个非凸优化函数,求解比较困难。如 5.3 节所述,可以利用矩阵的核范数来近似代替求解矩阵的秩,得到如式(5-31)所示的凸优化函数:

$$\min_{Z} \|Z\|_* \\ \text{s.t.} \quad X=AZ \tag{5-31}$$

其中:$\|Z\|_*$ 是矩阵 Z 的核范数,是矩阵 Z 的所有奇异值之和。

给定一个数据矩阵 $X=[x_1,x_2,\cdots,x_n]\in \mathbf{R}^{D\times n}$,分别从 k 个不同的子空间 $\{S_i\}_{i=1}^{k}$ 中获得。$\{d_i\}_{i=1}^{k}$ 表示第 k 个子空间中采样观测点的维数,第 i 个子空间 S_i 中得到的 n_i 个采样观测值的数据矩阵被记为 X_i,即 $X_i=[X_1,X_2,\cdots,X_k]$。为了将采样观测值对应到子空间,需要计算一个关联矩阵,用来编码采样观测值之间的关系。因此,可以利用数据矩阵 X 本身作为字典矩阵,则得到新的凸优化函数表达式为

$$\min_{Z} \|Z\|_* \\ \text{s.t.} \quad X=XZ \tag{5-32}$$

即使在数据采样点不充足的条件下,式(5-32)所示的凸优化函数仍一直

存在解,因为一个数据矩阵总是可以被自己表示的。更准确地说,因为解空间为 $I-\text{null}(X)$,因此,当 $\text{rank}(X)<n$ 时总会存在一个不平凡解。这就是和稀疏表示不同的地方,稀疏表示在用矩阵本身表示时会倾向获得一个平凡解。

5.6 本章小结

本章主要介绍了几种数据降维方法,包括主元分析、t-SNE 算法、主成分追踪、鲁棒主元分析以及低秩矩阵表示。其中:主元分析方法是应用最广泛的数据降维方法;t-SNE 算法是一种用于挖掘高维数据的非线性降维算法;主成分追踪方法是一种特殊的数据降维方法,主要用于解决工业设备数据采集过程存在异常值的问题。低秩矩阵表示方法是近些年提出的和主成分追踪方法原理相近的数据降维方法。

本章参考文献

[1] 苏键,陈军,何洁. 主成分分析法及其应用[J]. 轻工科技. 2012(9):12-13,16.

[2] 李艳双,曾珍香,张闽,等. 主成分分析法在多指标综合评价方法中的应用[J]. 河北工业大学学报,1999,28(1):94-97.

[3] 王智文,杜玖松,徐庆,等. 基于主成分分析法的特种设备安全状况评价[J]. 安全,2015,36(12):30-32.

[4] 吴卫东. 主成分分析法在发电设备故障检测与诊断中的研究[J]. 中国科技博览,2012(35):241-242.

[5] 肖赋,王盛卫,徐新华,等. 基于主成分分析法的空调系统传感器自动故障诊断[J]. 建筑科学,2008,24(6):34-39.

[6] 陈彦,王艳. 基于改进主成分分析法的离散制造能耗分析[J]. 系统仿真学报,2016,28(12):3087-3094.

[7] 丛岩. 基于主成分和支持向量机的设备寿命周期费用建模方法[J]. 船海工程,2010,39(4):165-167.

[8] TIPPING M E,BISHOP C M. Probabilistic principal component analysis[J]. Journal of the Royal Statistical Society,2010,61(3):611-622.

[9] BALDI P,HORNIK K. Neural networks and principal component analy-

sis: learning from examples without local minima[J]. Neural Networks, 1989, 2(1):53-58.

[10] FRISTON K J, FRITH C D, LIDDLE P F, et al. Functional connectivity: the principal-component analysis of large (PET) data sets[J]. Journal of Cerebral Blood Flow & Metabolism, 1993, 13(1):5-14.

[11] ZOU H, HASTIE T, TIBSHIRANI R. Sparse principal component analysis[J]. Journal of Computational & Graphical Statistics, 2006, 15(2):265-286.

[12] GABRIEL K R. The biplot graphic display of matrices with application to principal component analysis[J]. Biometrika, 1971, 58(3):453-467.

[13] WOLD S, ESBENSEN K, GELADI P. Principal component analysis[J]. Chemometrics & Intelligent Laboratory Systems, 1987, 2(1):37-52.

[14] VIDAL R, MA Y, SASTRY S S. Principal component analysis[J]. IEEE Transactions on Pattern Analysis & Machine Intelligence, 2005, 27(12):1945-1959.

[15] MAATEN L V D, HINTON G. Visualizing data using t-SNE[J]. Journal of Machine Learning Research, 2008, 9(Nov): 2579-2605.

[16] ZHU J, GE Z, SONG Z. Robust supervised probabilistic principal component analysis model for soft sensing of key process variables[J]. Chemical Engineering Science, 2015, 122:573-584.

[17] HUBERT M, DEBRUYNE M. Minimum covariance determinant[J]. Wiley Interdisciplinary Reviews Computational Statistics, 2010, 2(1):36-43.

[18] GE Z, SONG Z. Performance-driven ensemble learning ICA model for improved non-Gaussian process monitoring[J]. Chemometrics & Intelligent Laboratory Systems, 2013, 123(2):1-8.

[19] CANDES E, LI X, MA Y, et al. Robust principal component analysis[J]. Journal of the ACM, 2009, 58(3):1-37.

[20] CANDES E, LI X, MA Y, et al. Robust principal component analysis: recovering low-rank matrices from sparse errors[C]//2010 IEEE Sensor Array and Multichannel Signal Processing Workshop, 2010: 201-204.

[21] 潘怡君. 基于鲁棒主元分析方法的大型高炉故障检测研究[D]. 杭州：浙

江大学，2018.

[22] LIU G, LIN Z, YU Y. Robust subspace segmentation by low-rank representation[C]//Proceedings of the 27th International Conference on Machine Learning, 2010: 663-670.

[23] LIN Z C, CHEN M M, MA Y. The augmented lagrange multiplier method for exact recovery of corrupted low-rank matrices[J]. arXiv preprint arXiv:1009.5055, 2010.

[24] GE Z, SONG Z, GAO F. Review of recent research on data-based process monitoring[J]. Industrial & Engineering Chemistry Research, 2013, 52(10):3543-3562.

[25] GHARIBNEZHAD F, MUJICA L, RODELLAR J. Applying robust variant of principal component analysis as a damage detector in the presence of outliers[J]. Mechanical Systems & Signal Processing, 2015, 50-51: 467-479.

[26] PAN Y, YANG C, SUN Y, et al. Fault detection with principal component pursuit method[C]// 12th European Workshop on Advanced Control and Diagnosis (ACD), 2015: 25-32.

[27] PAN Y, YANG C, AN R, et al. Fault detection with improved principal component pursuit method[J]. Chemometrics & Intelligent Laboratory Systems, 2016, 157(1):111-119.

[28] PAN Y, YANG C, AN R, et al. Robust principal component pursuit for fault detection in a blast furnace process[J]. Industrial & Engineering Chemistry Research, 2018, 57(1): 283-291.

[29] QIN S. Survey on data-driven industrial process monitoring and diagnosis[J]. Annual Reviews in Control, 2012, 36(2):220-234.

[30] RAHMANI M, ATIA G K. Low rank matrix recovery with simultaneous presence of outliers and sparse corruption[J]. IEEE Journal of Selected Topics in Signal Processing, 2018, 12(6):1170-1181.

[31] ROUSSEEUW P, DRIESSEN K. A fast algorithm for the minimum covariance determinant estimator [J]. Technometrics, 1999, 41(3): 212-223.

[32] ROUSSEEUW P, LEROY A. Robust regression and outlier detection

[M]. John Wiley & Sons, 2005.

[33] CAI J, CANDES E, et al. A singular value thresholding algorithm for matrix completion[J]. Siam Journal on Optimization, 2008, 20(4): 1956-1982.

第 6 章

数据分类与聚类方法

6.1 分类算法的背景及现状

随着人类社会和计算机技术的飞速发展,电子数据的积累出现了爆炸式的增长。这些海量的电子数据里面无疑隐藏着丰富的对人类深具价值的知识,而传统的数据分析工具只能利用其中很少的一部分。近年来不断完善发展的数据挖掘技术恰恰能帮助人们从数据中发现大量的隐藏知识,而分类正是其中的极其重要的技术方法。作为数据挖掘、机器学习和模式识别中一个重要的研究领域,分类算法的评估分类方法有准确率、速度、强壮性、可伸缩性、可解释性五条标准,其中准确率又是重中之重。本章从这些方面研究、分析了国内外比较流行的若干种分类方法:最近邻、回归分析、决策树分类、贝叶斯分类、神经网络分类、支持向量机分类、组合分类等。通过对当前数据挖掘中具有代表性的优秀分类算法进行分析和比较,总结出各种分类算法的原理、优缺点及其应用领域,对各类算法存在的缺陷进行探索研究,提出相关改进方向,为使用者选择算法或研究者改进算法提供依据。

6.1.1 背景

如今,随着计算能力、存储技术、网络技术的高速发展,人类积累的数据量正以指数级速度增长。对于这些数据,人们迫切希望从中提取出隐藏的有用信息,需要发现更深层次的规律,对决策、商务应用提供更有效的支持。为了满足这种需求,数据挖掘技术得到了长足的发展。而分类(classification)在数据挖掘中是一项非常重要的任务,目前在商业上应用最多,与之对应的分类算法在学术界也引起了广泛的讨论与研究。

6.1.2 国内外研究现状

随着当代数据的爆炸式增长,数据挖掘技术成为发展最为热门的技术之一。数据挖掘技术对商业的巨大指导作用促使了国内外对相关理论的研究。1995年召开的第一届知识发现和数据挖掘国际学术会议(KDD)掀开了数据挖掘技术研究的序幕,随后,相关会议数量的平均年增长率为40%。1999年,第三届亚太知识发现和数据挖掘会议(PAKDD)在北京召开更是加快了国内该领域的研究步伐。目前,国内对数据保存、保护的意识也越来越强,相关数据挖掘技术也得到长足发展。对于分类技术,国内外科研院校的研究方向主要集中于相关算法的理论研究与改进,而一些经典算法也已经在网络、商业中得到非常好的应用。

6.2 基本概念

分类算法是解决分类问题的方法,是数据挖掘、机器学习和模式识别中一个重要的研究领域。分类算法通过对已知类别训练集的分析,从中发现分类规则,以此预测新数据的类别。根据分类算法不同的理论基础和算法的不同特性,可以从统计学、机器学习、生物学、专家系统等不同方向对算法进行归类研究,本节以此为依据,介绍了即时学习分类算法(如 kNN),基于统计学的分类算法(如 Logistic 回归预测、支持向量机(SVM)、贝叶斯(Bayes)分类器等),决策树分类算法(如 ID3、C4.5(C5.0)、CART 等),基于关联规则的分类算法(如 CBA、ADT、CMAR 等),组合分类器(如 Bagging、AdaBoost、随机森林等),以及一些边缘分类算法,如基于遗传算法在分类中的应用等。通过对各算法的研究比较,得出各算法在不同环境下的适应程度。用来比较和评估分类方法的标准主要有:

(1) 预测的准确率,模型正确地预测新样本的类标号的能力;
(2) 计算速度,包括构造模型以及使用模型进行分类的时间;
(3) 强壮性,模型对噪声数据或空缺值数据正确预测的能力;
(4) 可伸缩性,对于数据量很大的数据集,有效构造模型的能力;
(5) 模型描述的简洁性和可解释性,模型描述越简洁、越容易理解,则越受欢迎。

由此即可根据测评标准得到各分类算法在不同场景下的分类效果,给使用者选择算法提供依据。分类算法的应用非常广泛,如在银行风险评估、客户类别分类、文本检索和搜索引擎分类、安全领域中的入侵检测以及软件项目中的应用等。

6.3 常用的算法详述

6.3.1 即时学习分类算法

即时学习(lazy learning)的方法在训练时仅仅是保存样本集的信息,直到测试样本到达时才进行分类决策。也就是说这个决策模型是在测试样本到达后才生成的。相对于其他的分类算法来说,这类算法可以根据每个测试样本的样本信息来学习模型,这样的学习模型可以更好地拟合局部的样本特性。作为最常用的即时学习方法,kNN算法的思路非常简单直观:如果一个样本在特征空间中的 k 个最相似(即特征空间中最邻近)的样本大多数属于某一个类别,则该样本也属于这个类别。其基本原理是在测试样本到达的时候寻找到测试样本的 k 个邻近样本,然后选择这些邻近样本类别最集中的一种作为测试样本类别。

即时学习算法是对最近邻算法的一个高层描述,对于每一个测试样例 $z=(x',y')$,算法计算它和所有训练样例 $(x,y)\in D$ 之间的距离(或相似度),以确定其最近邻列表 D_z。

算法 6-1　kNN 分类算法

1:令 k 是最近邻数目,D 是训练样例的集合

2:for 每个测试样例 $z=(x',y')$ do

3:　　计算 z 和每个样例 $(x,y)\in D$ 之间的距离 $d(x',x)$

4:　　选择离 z 最近的 k 个训练样例集合 $D_z\subseteq D$

5:　　$y'=\underset{v}{\mathrm{argmax}}\sum_{(x_i,y_i)\in D_z}I(v=y_i)$

6:end for

一旦得到最近邻列表,测试样例就会根据最近邻中的多数类进行分类。

多数表决:

$$y'=\underset{v}{\mathrm{argmax}}\sum_{(x_i,y_i)\in D_z}I(v=y_i) \quad (6\text{-}1)$$

其中:v 是类标号;y_i 是一个最近邻的类标号;$I(\cdot)$ 是指示函数,如果参数为真,则返回1,否则返回0。

最近邻算法是最为广泛应用的算法,但是由于需要计算目标点到所有训练集的距离,当训练集样例数目非常大时,计算成本非常大,而且算法对于 k 值的选取也非常敏感。因此如果想更好地应用 kNN 算法,可以从以下两个方向进

行改进。

（1）高效的索引技术可以降低测试样例找到最近邻时的计算量。

（2）降低 k 值影响的途径之一是根据每个最近邻 x_i 距离的不同对其进行加权。

加权表决：

$$y' = \underset{v}{\arg\max} \sum_{(x_i, y_i) \in D_z} w_i * I(v = y_i) \tag{6-2}$$

kNN 算法大多用于文本、图像分类，处理具有一定相似性和模糊性的数据集的分类问题，而且 kNN 算法对于数据和 k 值选取具有敏感性，可对训练数据的不同属性进行适当的归一化处理或者邻近性度量等预处理以降低算法做出错误预测的概率。

6.3.2 基于统计学的分类算法

基于统计学的分类算法顾名思义是运用统计学相关的理论知识作基础，并应用延伸到分类算法中。常见的具有统计学理论背景的经典分类算法有 Logistic 回归预测、贝叶斯分类器、支持向量机等。

6.3.2.1 Logistic 回归预测

Logistic 回归是研究观察结果（因变量）为二分类或多分类时，与影响因素（自变量）之间关系的一种多变量分析方法，属于概率型非线性回归。利用 Logistic 回归进行分类的主要思想是：根据现有数据对分类边界线建立回归公式，以此进行分类。这里的"回归"是指通过最优化方法找到最佳拟合参数集，作为分类边界线的方程系数。通过分类边界线进行分类，具体说来就是将每个测试集上的特征向量乘以回归系数（即最佳拟合参数），再将结果求和，最后输入到 Logistic 函数（也称 Sigmoid 函数），根据 Sigmoid 函数值与阈值的关系进行分类。也就是说，Logistic 分类器由一组权值系数组成，最关键的问题就是如何求得这组权值。

对于最优权系数的选取，最常用的方法是梯度上升法。其主要思想是：找到某个函数的最大值，最快的方法是沿着该函数的梯度方向探寻。记梯度为 ∇，函数 $f(x, y)$ 的梯度可表示为

$$\nabla f(x, y) = \begin{pmatrix} \dfrac{\partial f(x, y)}{\partial x} \\ \dfrac{\partial f(x, y)}{\partial y} \end{pmatrix} \tag{6-3}$$

梯度算子总是指向函数值增长最快的方向,设移动步长为 α,则梯度上升的迭代公式为

$$\omega := \omega + \alpha \nabla_\omega f(\omega) \quad (6\text{-}4)$$

利用式(6-4)一直迭代至停止条件即可求出权系数,则可进一步确定回归直线。

由前面的分析可知,Logistic 回归计算量不大,容易实现,但只能处理一些数值型或标称型数据,而且数据属性的分类界限要明显,分类效果才会好,对于界限模糊、样本属性多、样本容量大的数据集,该方法的计算复杂度会很高且分类效果不佳。对于大样本多属性数据集,采用该算法时一般需对其进行改进,改进方法就是一次只用一个样本点来更新回归系数,改进后的方法称为随机梯度上升算法。

算法 6-2 随机梯度上升算法

1:所有回归系数初始化为 1
2:对数据集中的每个样本
3:    计算该样本的梯度
4:    使用 alpha * gradient
5:返回回归系数值

6.3.2.2 贝叶斯分类器

贝叶斯分类是一类分类算法的总称,这类算法均以贝叶斯定理为基础。贝叶斯分类法是一种对属性集和类变量的概率关系建模的方法,能够把类的先验知识和从数据集中收集的新证据相结合。贝叶斯分类有两种常用的实现方式:朴素贝叶斯分类器和贝叶斯信念网络。

贝叶斯定理是关于随机事件 A 和 B 的条件概率(或边缘概率)的一则定理。$P(A|B)$ 表示在事件 B 已经发生的前提下,事件 A 发生的概率,叫做事件 B 发生下事件 A 的条件概率。其基本求解公式为

$$P(A|B) = \frac{P(AB)}{P(B)}$$

即

$$P(A|B) = \frac{P(B|A) \cdot P(A)}{P(B)}$$

朴素贝叶斯分类是一种十分简单的分类算法,其基本思想是:对于给出的待分类项,求解在此项出现的条件下各个类别出现的概率,比较所计算的概率,待分类项属于概率最大的项所对应的类标号。朴素贝叶斯算法流程如图 6-1 所示。

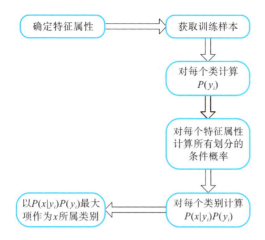

图 6-1　朴素贝叶斯算法流程图

利用朴素贝叶斯分类器计算条件概率时,要求各特征属性是独立属性,而对于连续属性则需要对其进行相应的转化。贝叶斯分类法使用两种方法估计连续属性的类条件概率:

(1) 第一种方法是把每一个连续的属性离散化,然后用相应的离散区间替换连续属性值,该方法把连续属性转化为序数属性。通过计算类 y 的训练记录中落入 X_i 对应区间的比例来估计条件概率 $P(X_i|Y=y)$。对于离散区间的选择需要通过实验获取,如果选择的离散区间数目太大,则会因为每一个区间中训练记录太小而不能对 $P(X_i|Y)$ 作出可靠估计;相反,选择的区间数目太小,有些区间含有不同类别的记录,因此会失去正确的决策边界。

(2) 第二种方法是假设连续变量符合某种概率分布,然后使用训练数据估计分布的参数。高斯分布通常用来表示连续属性的类条件概率分布。该分布中,μ 和 σ^2 是高斯分布的均值和方差,对于每个类 y_i,属性 X_i 的类条件概率为

$$P(X_i=x_i|Y=y_i)=\frac{1}{\sqrt{2\pi}\sigma_{ij}}e^{\frac{(x_i-\mu_{ij})^2}{2\sigma_{ij}^2}} \qquad (6-5)$$

参数 μ_{ij} 可以用类 y_i 的所有训练记录关于 X_i 的样本均值来估计,参数 σ^2 可以用这些训练记录的样本方差来估计。

在训练后验概率时,如果有一个属性的类条件概率等于 0,则计算的总的后验概率为 0,因此当训练样例很少而属性数目又很大时,仅使用记录比例来估计类条件概率的方法比较脆弱。一种极端情况是当训练样例不能覆盖那么多属

性值时,我们可能就无法对某些测试记录分类。解决该问题的途径是使用 m 估计方法估计条件概率:

$$P(x_i|y_i)=\frac{n_c+mp}{n+m} \quad (6-6)$$

其中:n 是类 y_i 中的实例总数;n_c 是类 y_i 的训练样例中取值 x_i 的样例数,m 是等价样本大小的参数;p 是用户指定的参数。如果没有训练样例(即 $n=0$),则 $P(x_i|y_i)=p$。因此 p 可以看作是在类 y_i 的记录中观察属性值 x_i 的先验概率。等价样本大小决定先验概率和观测概率 n_c/n 之间的平衡。

朴素贝叶斯分类器最大的优势或许就在于,它在接受大数据量训练和查询时所具备的高速度,尤其当训练量递增时则更是如此。在不借助任何旧有训练数据的前提下,每一组新的训练数据都有可能会引起概率值的变化,而且对于数据中孤立的噪点,分类器是健壮的,因为在估计条件概率时,噪点被均分。但是因为贝叶斯分类器要求属性间具有独立性,所以属性的相关性可能降低分类器的性能。因此对于属性间具有较强相关性的情况应使用贝叶斯信念网络。

贝叶斯信念网络说明联合条件概率分布,它提供一种因果关系的图形,可以在其上进行学习。信念网络由两部分定义:第一部分是有向无环图,其每个节点代表一个随机变量,而每条弧代表一个概率依赖,如果一条弧由节点 Y 到 Z,则 Y 是 Z 的双亲或直接前驱,而 Z 是 Y 的后继;第二部分是每个属性都有一个条件概率表(CPT)。贝叶斯信念网络的建立包括两个步骤:(1)创建网络结构;(2)估计每一个节点的概率。算法执行过程如下:

算法 6-3 贝叶斯信念网络拓扑结构生成算法

1:设 $T=(X_1,X_2,\cdots,X_d)$ 表示变量的全序
2:for $j=1$ to do
3:令 $X_{T(j)}$ 表示 T 中第 j 个次序最高的变量
4:令 $\pi(X_{T(j)})=\{X_{T(1)},X_{T(2)},\cdots,X_{T(j-1)}\}$,表示排在 $X_{T(j)}$ 前面的变量的集合
5:从 $\pi(X_{T(j)})$ 中去掉对 X_i 没有影响的变量
6:在 $X_{T(j)}$ 和 $\pi(X_{T(j)})$ 之间画弧
7:end for

上述贝叶斯信念网络本质上是在关联属性中建立属性权重。由于现实生活中很难保证属性间的独立性,因此基于特征属性加权的思想应用广泛,其中涉及一些非重要属性的简化和属性分组简化各属性间的依赖性等创新性方法,

但其基本理论思想与贝叶斯信念网络如出一辙。

6.3.2.3 支持向量机

支持向量机(SVM)是基于统计学习理论的一种机器学习方法,通过寻求结构化风险最小来提高学习机泛化能力,实现经验风险和置信范围的最小化,从而达到在统计样本量较少的情况下,亦能获得良好统计规律的目的。它是一种二类分类模型,其基本模型定义为特征空间上的间隔最大的线性分类器,即支持向量机的学习策略便是间隔最大化,最终转化为一个凸二次规划问题的求解。

图 6-2 中方框和圆圈分别表示两个类别,而对于这两个类别的分类可以找到无数个超平面(图中给出两个),每个超平面的训练误差均为 0,但检验误差不定,根据在检验样本上的运行效果,分类器需要在这些超平面中选择一个来表示它的决策边界。如图 6-2 所示的 B_1、B_2 的边缘,显然 B_1 具有较大决策边界,当决策边界受到轻微扰动时,决策边界边缘较小的分类器对于模型的拟合更加敏感,从而在未知样本上的泛化能力较差,这种线性分类器边缘与其泛化误差之间的有关内容称为结构风险最小化理论。由此可知,泛化误差最小化问题转化为设计具有最大决策边界边缘的超平面的问题。对于该问题的求解分为线性支持向量机和非线性支持向量机两个方向进行研究。

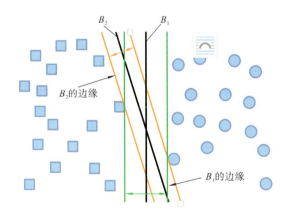

图 6-2 支持向量机原理图

线性可分时,最大化边缘等价于最小化下面的函数:

$$f(\omega)=\frac{\|\omega\|^2}{2} \qquad (6-7)$$

且 $y_i(\omega * x_i + b) \geq 1, i=1,2,\cdots,N$，即

$$\begin{cases} \min\limits_{\omega} \dfrac{\|\omega\|^2}{2} \\ y_i(\omega * x_i + b) \geq 1, \ i=1,2,\cdots,N \end{cases} \qquad (6\text{-}8)$$

将式(6-8)的凸优化问题转化为拉格朗日函数如下：

$$L_p = \frac{\|\omega\|^2}{2} - \sum_{i=1}^{N} \lambda_i (y_i(\omega * x_i + b) - 1) \qquad (6\text{-}9)$$

λ_i 为拉格朗日乘子，由拉格朗日函数可知，最小化 ω 即最小化 L_p，对 ω、b 求偏导，并令其等于 0。

$$\begin{cases} \dfrac{\partial L_p}{\partial \omega} = 0 \Rightarrow \omega = \sum\limits_{i=1}^{N} \lambda_i y_i x_i \\ \dfrac{\partial L_p}{\partial b} = 0 \Rightarrow \sum\limits_{i=1}^{N} \lambda_i y_i = 0 \end{cases} \qquad (6\text{-}10)$$

将式(6-10)代入拉格朗日函数中即可得到

$$L_D = \sum_{i=1}^{N} \lambda_i - \frac{1}{2} \sum_{i,j}^{N} \lambda_i \lambda_j y_i y_j x_i x_j \qquad (6\text{-}11)$$

则在拉格朗日函数中最小化 L_p 就是最大化对偶拉格朗日函数 L_D，即最大化 λ_i。求解 λ_i 应采用 SMO 优化算法(本文不做详述)，由此即可得到 ω、b，从而获得决策边界：$\omega * x + b = 0$。

对于具有非线性决策边界的数据集，关键在于将数据从原先的坐标空间变换成一个新的坐标空间 $\varphi(x)$，从而可以在变换后的坐标空间中使用一个线性的决策边界来划分样本。需要使用一种称为核函数的工具将数据转换成易于被分类器理解的形式，则对偶拉格朗日函数变为

$$L_D = \sum_{i=1}^{N} \lambda_i - \frac{1}{2} \sum_{i,j} \lambda_i \lambda_j y_i y_j \varphi(x_i) \varphi(x_j) \qquad (6\text{-}12)$$

使用二次规划即可得到 λ_i，继而得到 ω、b，但是由于空间中向量的点积 $\varphi(x_i)\varphi(x_j)$（即相似度）运算难以得到，因此引入核函数。

核函数是一种使用原始数据及计算变换空间中的相似度的方法，因此点积 $\varphi(x_i)\varphi(x_j)$ 可以看作两个实例 x_i、x_j 在变换后的空间中的相似性度量。例如：对于非线性空间下的二次方程式 $x_1^2 - x_1 + x_2^2 - x_2 = -0.46$，在新空间下转化为线性的变换公式为

$$\varphi(x_1, x_2) \to (x_1^2, x_2^2, \sqrt{2} x_1, \sqrt{2} x_2, \sqrt{2} x_1 x_2, 1) \qquad (6\text{-}13)$$

所以在映射函数 φ 中的两个输入变量 x_1、x_2 在变换后的空间中的点积可以写为

$$\varphi(u,v) = (u_1^2, u_2^2, \sqrt{2}u_1, \sqrt{2}u_2, \sqrt{2}u_1u_2, 1)$$
$$* (v_1^2, v_2^2, \sqrt{2}v_1, \sqrt{2}v_2, \sqrt{2}v_1v_2, 1)$$
$$= u_1^2v_1^2 + u_2^2v_2^2 + 2u_1v_1 + 2u_2v_2 + 2u_1v_1u_2v_2 + 1$$
$$= (u*v+1)^2 \tag{6-14}$$

由此可知变换后的空间中的点积可以用原空间中的相似度函数表示：

$$K(u,v) = \varphi(u)\varphi(v) = (u*v+1)^2$$

在原始空间中计算的相似度函数 K 即核函数。在非线性 SVM 中常用的函数有

$$\begin{cases} K(x,y) = (x*y+1)^p \\ K(x,y) = e^{\frac{-\|x-y\|^2}{2\sigma^2}} \\ K(x,y) = \tanh(kx*y-\sigma) \end{cases} \tag{6-15}$$

作为一种拥有坚实统计学理论基础的分类算法，SVM 在大量的实际应用（手写数字识别、文字分类）中展现功效，尤其对于数值型和标称型数据处理效果好，而且对于高维数据的计算消耗也不大，有着不错的处理效果。但是 SVM 对于参数的选择以及核函数的选择比较敏感，不加修改的 SVM 只能处理二分类问题，这是其最大的局限。

6.3.3 决策树分类算法

决策树是一个分类预测模型，它代表的是对象属性与对象值之间的一种映射关系。树中每个节点表示某个对象，每个分叉路径则代表着某个可能的属性值，每个叶节点则对应从根节点到该叶节点所经历的路径所表示的对象的值。由此可见，决策树是一种不断选择属性作为分类标准，递归构建过程的分类算法，也因此面临两个问题：(1)如何选择合适的属性来划分子集；(2)如何停止树的分裂过程。下面从两个方面说明决策树的构建过程。

对于问题(1)中的属性选择问题，有很多度量可以确定划分记录的最佳方法，这些度量用划分前和划分后记录的类分布定义，最佳划分的度量通常根据划分后子女节点的不纯性度量选择，不纯性度量越低，类分布就越倾斜，则选择的属性效果越好。不纯性度量的方法有

$$\text{Entropy}(t) = -\sum_{i=0}^{c-1} p(i|t) \log_2 p(i|t)$$

$$\text{Gini}(t) = 1 - \sum_{i=0}^{c-1} [p(i|t)^2]$$

$$\text{Classification\_erro}(t) = 1 - \max_i [p(i \mid t)] \tag{6-16}$$

为了确定测试条件的效果,我们需要比较父节点(划分前)的不纯性度量和子女节点(划分后)的不纯性度量,两者相差越大,测试条件越好。增益 Δ 是一种可以用来决定划分效果的标准:

$$\Delta = I(\text{parent}) - \sum_{j=1}^{k} \frac{N(v_j)}{N} I(v_j) \tag{6-17}$$

其中:$I(\cdot)$ 是给定节点的不纯性度量;N 是父节点上的记录总数;k 是属性值的个数;$N(v_j)$ 是与子女节点 v_j 相关联的记录个数。决策树归纳算法通常选择最大化增益 Δ 的测试条件,$I(\text{parent})$ 对于所有测试条件不变,所以最大化增益等价于最小化子女节点的不纯性度量的加权平均值。当选择熵(entropy)作为增益的不纯性度量时,熵的差就是信息增益 Δ_{info},即划分数据集前后信息发生的变化。由于熵和 Gini 指标等不纯性度量趋向有利于具有大量不同值的属性,因此对评估标准进行了改进,把属性测试条件产生的输出数目也考虑进来,即采用增益率的划分标准来评估划分,增益率定义为

$$\text{Gain\_ratio} = \frac{\Delta_{\text{info}}}{\text{Split\_info}} \tag{6-18}$$

其中:划分信息 $\text{Split\_info} = -\sum_{i=1}^{k} P(v_i) \log_2 P(v_i)$,而 k 是划分总数,这样当某个属性产生了大量的划分时,它的划分信息也将变得很大,从而降低增益率。

算法 6-4 决策树算法框架

TreeGrowth(E,F)
1: **if** stopping_cond(E,F)=true **then**
2:   leaf=createNode()
3:   leaf.label=Classify(E)
4:   return leaf
5: **else**
6:   root=createNode()
7:   root.test_cond=find_best_split(E,F)
8:   令 $V=\{v \mid v$ 是 root.rest_cond 的一个可能的输出$\}$
9:   **for** 每个 $v \in V$ **do**
10:    $E_v = \{e \mid \text{root.test\_cond}(e)=v$ 并且 $e \in E\}$
11:    child=TreeGrowth(E_v,F)
12:    将 child 作为 root 的派生节点增加到树中,并将边(root→child)标记为 v

13： end for

14： end if

15： return root

接下来分析问题(2)如何停止树的分裂过程。在构建决策树时,会涉及训练误差和泛化误差两种误差类型。在算法 6-4 中,决策树的增长过程是对树的最大限度增长,模型复杂度很高,因此训练误差很低,然而泛化误差却很高。对于泛化误差的估计可以使用如下方法验证:

(1) 使用再代入估计;

(2) 结合模型复杂度使用奥卡姆剃刀原则,在给定的具有相同的泛化误差的模型中,较简单的模型比更复杂的模型有优先权;

(3) 估计统计上界;

(4) 使用确认集,将训练集分裂出一部分作为确认集。

对于泛化误差中过拟合问题的解决可以使用两种方法。

(1) 先剪枝(提前终止规则)。在此方法中,树增长算法在产生完全拟合整个训练数据集的完全增长的决策树之前就停止决策树的生长,因此需要采用更具限制性的结束条件,比如,当观察到的不纯性度量的增益(或估计的泛化误差的改进)低于某个确定的阈值时就停止扩展叶节点。

(2) 后剪枝。在该方法中,初始决策树按照最大规模生长,然后进行剪枝的步骤,自底向上修剪完全增长的决策树,修剪方法有二:① 用新的叶节点替换子树,该叶节点的类标号由子树下记录数中的多数类确定;② 用子树中最常使用的分支代替子树。

两者相比,后剪枝技术倾向于产生更好的结果。

纵观决策树相关算法,其中最常见、最经典的决策树算法有 ID3、C4.5、CART 等算法。ID3 算法通过前面阐述的信息增益原理进行属性的选择,通过这种选择减少了类别划分次数,从而得到较小的决策树。ID3 对于树的期望是越小型的决策树越优于大的决策树。但是 ID3 的缺点很明显,其分裂度量标准偏向于选择属性取值个数较多的属性,而属性取值个数较多的属性并不一定是最优的属性;而且该算法常用于对标称属性的数据集进行划分,难以处理连续属性的数据集。大部分对于 ID3 的改进也集中在这两个方面,如通过添加修正参数来改进属性取值个数较多的属性,降低此属性的重要性。而后在 ID3 基础上又产生了 C4.5 和 CART 算法。C4.5 算法是 ID3 算法的改进,增加了对连续型属性、属性值空缺情况的处理,并且在最优属性的选择上,C4.5 采用增益率作为划分标准,但是由此也使得算法计算量变大,树的生成时间变长,影响了决策树的生成和结构,因此对 C4.5 的改进基本集中于如何提高算法效率上。研究人员提出一种方法,利用数学上等价无穷小的性质减少信息增益率的计算量,采用全局优化策略弥补简化所引起的误差,进而提高计算效率。CART 决策树是一个对二元属性划分的算法,连续属性可以通过一个阈值变为二元属性,与 ID3 和 C4.5 不同的是,算法中对于属性的选择应用了 Gini 指数来计算划分前后的增益,进而选择最佳属性。在树的增长过程中一般通过计算 χ^2 值来判断分类条件和类别的相关程度,从而决定是否停止树的分裂。当 χ^2 很小时,说明分类条件和类别是独立的,即按照该分类条件进行分类是不合理的,此时节点停止分裂。注意,这里的"分类条件"是指按照 Gini Gain 最小原则得到的"分类条件"。分类回归树划分得太细会对噪声数据产生过拟合作用,CART 决策树一般采用后剪枝办法解决过拟合问题。由此可知,CART 决策树既能处理离散型也能处理连续型的数据。

除了 ID3、C4.5、CART 等经典算法,也有一些应用相对比较广泛的算法,如:PUBLIC、SLIQ 和 SPRINT 等。针对决策树的所有相关算法,其理论基础差不多,只是在数据集的属性选择上有些差异,所以在实际应用中要根据所处理的数据集进行算法的选择,并针对该常用数据集做适当修改。

6.4　组合分类器

组合分类器或者分类器组合是一种通过聚集多个分类器的预测来提高分类准确率的技术。组合方法由训练数据构成一组基分类器,然后通过对每个基分类器的预测进行投票来分类。其基本逻辑视图如图 6-3 所示。

由此可见,组合分类器的思想是在原始数据上构建多个分类器,然后在分类未知的样本时聚集它们的预测结果。下面给出构建组合分类器的几种方法。

(1) 通过处理样本数据集。这种方法是根据某种抽样分布,通过对原始数据进行再抽样得到多个分类训练集,然后使用特定的学习算法为每个训练数据集建立一个分类器。Bagging(袋装)和 Boosting(提升)是两种处理训练数据集的组合方法。

(2) 通过处理输入特征。这种方法通过选择输入特征的子集来形成每个训练集。子集可以随机选择,也可以根据领域专家的建议选择。对于那些含有大量冗余数据的特征数据集,此种方法效果特别好。随机森林(random forest)就

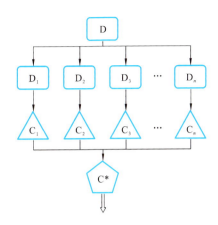

图 6-3 组合分类器逻辑视图

是一种处理输入特征的组合方法,它使用决策树作为基分类器。

(3) 通过处理类标号。这种方法适用于类足够多的情况。通过将类标号随机划分成两个不相交的子集 A_0 和 A_1,把训练数据集变换为分类问题。类标号属于子集 A_0 的训练样本指派到类 0,类标号属于子集 A_1 的训练样本指派到类 1,然后基于重新标记过的数据再次训练分类器。重复上述步骤多次,就得到一组基分类器。

(4) 通过处理学习算法。同一个学习算法在同一个数据集上进行训练时,得到的模型是不一样的。根据这个原理可以通过多次训练得到不同模型然后进行组合,得到组合分类器。下面针对上述几种不同的方法所涉及的算法做介绍。

Bagging 是一种根据均匀概率分布从数据集中重复抽样(有放回)的算法。每个数据集和原始数据集一样大,算法流程如下:

算法 6-5 Bagging 算法

1: 设 k 为自助样本集的数目
2: **for** $i=1$ to k **do**
3: 生成一个大小为 N 的自助样本集 D_i
4: 在自助样本集 D_i 上训练一个基分类器 C_i
5: **end for**
6: $C^*(x) = \mathrm{argmax}_y \sum_i \delta(C_i(x) = y)$
  {如果参数为真则 $\delta(\cdot) = 1$,否则 $\delta(\cdot) = 0$}

Bagging 通过降低基分类器方差改善了泛化误差。Bagging 的性能依赖于基分类器的稳定性。如果基分类器是不稳定的,Bagging 有助于降低训练数据的随机波动导致的误差;如果基分类器是稳定的,即对训练数据集中的微小变化是鲁棒的,则组合分类器的误差主要是由基分类器的偏倚所引起的,这时 Bagging 可能对基分类器性能的改善作用不明显,甚至降低其性能。

Boosting 是一个迭代的过程,用来自适应改变训练样本的分布,使得基分类器聚集在那些难分的样本上。Boosting 初始时为每个训练样本分配权值,且训练过程中每一次提升结束后都自动调整权值。Boosting 中最常用的一种算法是 AdaBoost。在 AdaBoost 中,基分类器的重要性依赖于错误率,错误率 ε_i 定义为

$$\varepsilon_i = \frac{1}{N}\left[\sum_{j=1}^{N} w_j I(C_i(x_j) \neq y_j)\right] \tag{6-19}$$

则由 ε_i 可得到重要性参数

$$\alpha_i = \frac{1}{2}\ln\left(\frac{1-\varepsilon_i}{\varepsilon_i}\right)$$

AdaBoost 算法将每一个分类器 C_i 的预测值根据 α_i 进行加权,而不是使用多数表决方案。这种机制有助于 AdaBoost 惩罚那些准确率很差的模型。算法流程如下:

算法 6-6 AdaBoost 算法

1: $w=\{w_j=1/N\,|\,j=1,2,\cdots,N\}$。{初始化 N 个样本的权值}
2: 令 k 表示提升的轮数
3: **for** $i=1$ to k **do**
4: 　根据 w,通过对 D 进行抽样(有放回)产生训练集 D_i
5: 　在 D_i 上训练基分类器 C_i
6: 　用 C_i 对原训练集 D 中的所有样本分类
7: 　$\varepsilon = \frac{1}{N}\left[\sum_j w_j \delta(C_i(x_j) \neq y_j)\right]$,{计算加权误差}
8: 　**if** $\varepsilon > 0.5$ **then**
9: 　　$w=\{w_j=1/N\,|\,j=1,2,\cdots,N\}$ {重新设置 N 个样本的权值}
10: 　　返回步骤 4
11: 　**end if**
12: 　$\alpha_i = \frac{1}{2}\ln\left(\frac{1-\varepsilon_i}{\varepsilon_i}\right)$
13: 　更新样本权值
14: **end for**
15: $C^*(x) = \mathrm{argmax}_y \sum_i \delta(C_i(x)=y)$

随机森林是一类专门为决策树分类器设计的组合方法。它组合多棵决策树作出的预测,其中每棵树都是基于随机向量的一个独立集合的值产生的。与

AdaBoost 不同,随机森林采用一个固定的概率分布产生随机向量。使用决策树袋装是随机森林的特例,通过随机地从原始训练集中有放回地选取 N 个样本,将随机性加入构建模型的过程中。在构建模型的整个过程中,袋装也使用同样的均匀概率分布来产生它的自助样本。

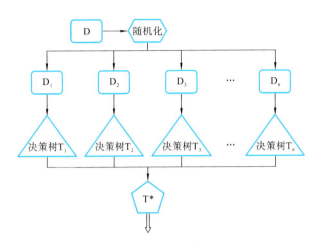

图 6-4　随机森林结构图

实现步骤:

步骤 1　在原始数据集上创建随机向量;

步骤 2　使用随机向量建立决策树;

步骤 3　组合决策树。

实验表明,随机森林的分类准确性可以与 AdaBoost 相媲美。它对噪声更加鲁棒,运行速度比 AdaBoost 快得多。

6.5　聚类

聚类算法是一种有效的非监督的机器学习算法,是数据挖掘中的一个非常重要的研究课题。聚类是将数据划分成群的过程。通过确定数据之间在预先制定的属性上的相似性来完成聚类任务,这样最相似的数据就聚集成簇。聚类与分类的不同点:聚类的类别取决于数据本身,而分类的类别是由数据分析人员预先定义好的。

聚类就是按照一定的要求和规律对事物进行区分和分类的过程,在这一过程中没有任何关于类别的先验知识,也没有其他人的指导,仅靠事物间的相似性作为类属划分的准则,因此属于无监督分类的范畴。聚类分析则是指用数学方法研究和处理给定对象的分类。聚类分析是多元统计分析的一种,也是非监督模式识别的一个分支。基于"物以类聚"的思想,它将数据对象分为若干个类或簇,使得在同一个簇中的对象之间具有较高的相似度,而不同簇中的对象差别较大。通过聚类,人们可以发现全局的分布模式以及数据属性之间的相互关系。

6.5.1 基本概念

一个聚类分析过程的质量取决于对相似性度量标准的选择。通常情况下,聚类算法不是计算两个样本间的相似度,而是用特征空间中的距离作为度量标准来计算两个样本间的相异度。相异度的度量用 $d(x,y)$ 来表示,通常称相异度为距离。当 x 和 y 相似时,距离 $d(x,y)$ 取值很小,当 x 和 y 不相似时,$d(x,y)$ 就很大。其中距离测度要满足距离公理的四个条件:自相似性、最小性、对称性以及三角不等性。常用的距离测量方法及其适用的聚类方法如表 6-1 所示。

表 6-1 聚类算法中常用的距离测量方法

测量方法	距离计算公式	注　释	适用的聚类方法
闵可夫斯基距离	$D_{ij} = \left(\sum_{l=1}^{d} \mid x_{il} - x_{jl} \mid^{1/n} \right)^{n}$	当 $n=2$(欧几里得距离)时任何的旋转和平移都不会改变计算结果。较大的数值和方差这两个特点要比其他特点优先考虑	基于闵可夫斯基族群的模糊 C-means 算法
欧几里得距离	$D_{ij} = \left(\sum_{l=1}^{d} \mid x_{il} - x_{jl} \mid^{1/2} \right)^{2}$	这是最常用的距离测定方法,是闵可夫斯基距离中当 $n=2$ 时的一种特殊情况。经常在球形聚类中使用	K-means 聚类算法
城区距离	$D_{ij} = \sum_{l=1}^{d} \mid x_{il} - x_{jl} \mid$	这是闵可夫斯基距离中当 $n=1$ 时的一种特殊情况。经常在球形聚类中使用	模糊 ART 聚类算法
苏普距离	$D_{ij} = \max_{1 \leqslant l \leqslant d} \mid x_{il} - x_{jl} \mid$	这是闵可夫斯基距离中当 $n \to \infty$ 时的一种特殊情况	使用苏普标准的模糊 C-means 算法

续表

测量方法	距离计算公式	注　释	适用的聚类方法
马哈拉诺比斯距离	$D_{ij}=(x_i-x_j)^T S^{-1}(x_i-x_j)$	对任意的非奇异线性变换都是不变的。S 由所有的对象值算出。经常在球形聚类中使用。当特征有关联时，该距离等同于欧几里得距离	椭圆 ART，层次聚类算法

典型的聚类过程主要包括数据（或称之为样本或模式）准备、特征选择和特征提取、接近度计算、聚类（或分组）、聚类结果评估等步骤。

聚类过程：

(1) 数据准备：包括特征标准化和降维。

(2) 特征选择：从最初的特征中选择最有效的特征，并将其存储于向量中。

(3) 特征提取：通过对所选择的特征进行转换形成新的突出特征。

(4) 聚类（或分组）：首先选择适合特征类型的某种距离函数（或构造新的距离函数）进行接近程度的度量；然后执行聚类或分组。

(5) 聚类结果评估：是指对聚类结果进行评估。评估主要有 3 种：外部有效性评估、内部有效性评估和相关性测试评估。

聚类是数据挖掘中的一种工具，聚类分析也可以作为一种独立的工具，用来洞察数据的分布，观察每个簇的特征，将进一步分析集中在特定的簇集合上，这就对聚类算法的处理能力有如下典型要求。

(1) 可伸缩性：聚类算法应该适合处理不同规模的数据集。

(2) 处理不同类型属性的能力：现有的大量算法都针对单一类型的数据，对于混合型数据的处理方法仍旧是一个重要的方向。

(3) 发现任意形状的簇：基于距离的相似性度量手段往往只能发现球状聚类，因此能发现数据集中任意形状的簇也是衡量聚类算法的一个重要标准。

(4) 用于决定输入参数的领域知识最小化：数据挖掘在实际应用中往往与专业相联系，输入参数的确定一直是个难题。一个好的算法的参数要尽可能与领域知识无关。

(5) 处理噪声数据的能力：绝大多数真实世界中的数据集都包含孤立点、缺失值甚至错误的数据。包括 K-means 在内的许多算法都对噪声数据较为敏感，在这类数据上可能产生较低质量的聚类结果。

（6）对于输入对象的顺序不敏感：有些算法对不同的数据输入顺序可能产生不同的结果，使得算法具有较差的稳定性，研究对于输入数据对象的顺序不敏感的聚类算法具有重要的意义。

（7）高维性：现有的许多聚类算法擅长处理低维的数据，由于高维特征空间中数据固有的稀疏性，传统的距离度量方式逐渐失效，这给聚类算法在很大程度上带来了困难。开发针对高维数据集的聚类算法是很有必要的。

（8）基于约束的聚类：现实世界中的应用可能需要在各种约束条件下进行聚类，要找到既满足给定约束条件，又具有良好聚类结果的数据分组是一项具有挑战性的任务。

（9）可解释性和可用性：数据挖掘的目标是找到可解释的、可理解的和可用的模式。因此，需要给聚类结果以特定的语义解释，以便和具体的应用相联系。

6.5.2 聚类算法的分类

现有的文献中有大量的聚类算法，很难对聚类算法提出一个简洁的分类，因为这些类别可能重叠，从而使得一种算法具有几种类别的特征。本书试图对不同的聚类算法提供一个相对有组织的描述，将聚类算法分为七类，即基于划分的聚类算法、基于层次的聚类算法、基于密度的聚类算法、基于图论的聚类算法、模糊聚类算法、基于模型的聚类算法、基于神经网络的聚类算法。

（1）基于划分的聚类算法。

K-means、K-modes、partitioning around medoids（PAM，围绕类药物分配）、clustering large applications（CLARA，大型应用中的聚类算法）、multi-layer multi-center atom set cohesion clustering algorithm（MMACA，多层多中心原子集内聚力聚类算法）。

（2）基于层次的聚类算法。

基于层次的聚类算法分为凝聚的层次聚类算法和分裂的层次聚类算法两类。这两种方法中凝聚的层次聚类算法是一类比较常用的聚类算法，传统的凝聚层次聚类算法中的一项关键操作是计算两个簇之间的邻近度，常用的邻近度的度量方式有单链（single link）、全链（complete link）、组平均（group average）、Ward方法和质心方法。改进的凝聚层次聚类算法有balanced iterative reducing and clustering using hierarchies（BIRCH）、clustering using representatives（CURE）、robust clustering using links（ROCK）等。

分裂的层次聚类算法有divisive analysis（DIANA）、monothetic analysis（MONA）等。

(3) 基于密度的聚类算法。

基于密度的聚类算法有 density based spatial clustering of applications with noise(DBSCAN)、ordering points to identify the clustering structure(OPTICS)、density-based clustering(DENCLUE)、density peaks clustering (DPC)等。

基于网格的聚类算法大部分是基于密度的。基于网格的聚类算法形成了许多聚类算法的基础,常用的网格聚类算法都是自底向上划分的,如 statistical information grid(STING)、wave cluster、clustering in quest(CLIQUE)、MAFIA 等;少部分采用自顶向下划分,如 OptiGrid、CLTree 等。

(4) 基于图论的聚类算法。

基于图论的聚类算法有 chameleon、delaunay triangulation graph(DTG)、highly connected subgraphs(HCS)、clustering identification via connectivity kernels(CLICK)、cluster affinity search technique(CAST)等。

(5) 模糊聚类算法。

模糊聚类算法有 fuzzy-means(FCM)、mountain method(MM)、possibilistic-means clustering algorithm(PCM)、fuzzy-shells(FCS)等。

(6) 基于模型的聚类算法。

基于模型的聚类算法有共享近邻聚类算法(expectation-maximization,EM)、自组织映射聚类算法(self-organizing map,SOM)等。

(7) 基于神经网络的聚类算法。

基于神经网络的聚类算法有两种:一种是竞争学习(competitive learning),另一种是自组织特性映射(self-organizing feature map,SOFM),这两种方法都涉及有竞争的神经元。

6.6 基于划分的聚类算法

给定一个含有 n 个对象的数据集,以及要生成的簇的数目 k。划分方法的任务就是首先将数据构建成 k 个划分,然后采用一种迭代的重定位技术,将对象在不同的划分间移动,直至满足一定的准则。一个好的划分的一般准则是:在同一个簇中的对象尽可能"相似",不同簇中的对象则"相异"。

6.6.1 K-means 算法

最经典的基于划分的聚类算法是 K-means,它是由 MacQueen 于 1967 年提出的。算法的主要思想是找出数据集的 k 个类中心(质心),把数据集划分成

为 k 个类,使得数据集中的点与所属类的类中心点的距离平方和最小。算法流程如下:

(1) 在数据集 D 中随机地选择 k 个对象,每个对象代表一个簇的初始均值或中心。

(2) 对数据集中剩下的每个对象,根据其与各个簇中心的欧氏距离,将它分配到最相似的簇。

(3) 算法迭代地降低簇内对象的方差,对于每个簇,它使用上次迭代分配到该簇的对象,计算新的均值。然后使用更新后的均值作为新的簇中心,重新分配所有对象。

(4) 重复步骤(2)、(3),直到分配稳定,即本轮形成的簇与前一轮形成的簇相同。

该算法对初值敏感,需事先给出要生成的簇数 k,聚类的结果可能依赖于初始簇中心的随机选择,得到的结果常常止于局部最优解,而非全局最优解;对噪声和离群点敏感,只能对球形簇适用。K-means 算法的优点是算法简单,易于实现。算法的时间复杂度是 $O(nkt)$,其中 n 是对象总数,k 是簇数,t 是迭代次数,因此对处理大型数据集,该算法是相对可伸缩和有效的。图 6-5 所示为 K-means 算法的聚类过程。

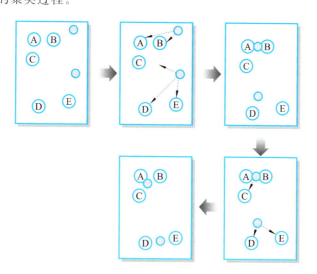

图 6-5 K-means 算法的聚类过程

6.6.2 K-modes 算法

K-means 算法仅当簇的均值有定义时才能使用,K-modes 算法是 K-means

算法的一个变体,它扩展了 K-means 范例,用簇的众数取代簇的均值来聚类标称数据,采用新的向异性度量来处理标称对象,采用基于频率的方法来更新簇的众数。K-means 和 K-modes 都不能处理孤立点(outliers)情形。

6.6.3 PAM 算法

针对 K-means 算法对离群点敏感这一缺陷,不采用簇中对象的均值作为参考点,而是挑选实际对象来代表簇,确切地说,使用了一个绝对误差标准,其定义如下:

$$E = \sum_{i=1}^{k} \sum_{p \in C} \text{dist}(p, o_i) \tag{6-20}$$

其中:E 是数据集中所有对象 p 与代表对象 o_i 的绝对误差之和。这是 PAM 算法的基础。算法通过最小化该绝对误差,把 n 个数据对象划分到 k 个簇中。

PAM 算法以数据集中实际的数据点为中心进行聚类,而不像 K-means 算法中以质心为中心点进行搜索。算法流程如下所示。

算法 6-7　PAM 算法

输入:结果簇的个数 k。
　　包含 n 个对象的数据集合 D。
输出:k 个簇的集合。
方法:
(1) 从 D 中随机选择 k 个对象作为初始的代表对象或种子;
(2) 重复;
(3) 将每个剩余的对象分配到最近的代表对象所代表的簇;
(4) 随机地选择一个非代表对象;
(5) 计算代替代表对象的总代价 S;
(6) 如果满足条件则替换,形成新的 k 个代表对象的集合;
(7) 直到不发生变化。

当存在噪声和离群点时,PAM 算法比 K-means 算法更鲁棒,因为中心点不像均值那样容易受离群点或者其他极端值的影响。然而,PAM 算法每次迭代的时间复杂度是 $O(k(n-k))$,当 n 和 k 的值较大时,这种计算成本变得相当大,远高于 K-means 算法,这两种算法都要求用户指定簇数 k。

6.6.4 CLARA 算法

K-means 和 PAM 这样的算法在小型数据集上运行良好,但是不适用于大数据集。CLARA 和 PAM 算法相似，主要减少了 PAM 中的计算量。该算法是一种基于抽样的方法，并不考虑整个数据集合，而是使用数据集的一个随机样本，由样本计算最佳中心点，对样本采用 PAM 算法聚类。利用这样的一个思想可大大减少计算量。

算法的有效性依赖于样本大小，如果样本计算的最佳中心点都远离最佳的 k 个中心点，则算法不可能发现好的聚类。

6.6.5 MMACA 算法

对于一个聚类算法，人们通常从它的复杂度、对参数选定的依赖、是否适合应用在大型数据集、对噪声和离群点的敏感性、聚类时使用的相似度或者距离测量方法、对数据集的形状和大小要求、伸缩性等方面来进行评价。基于划分的 multi-layer multi-center atom set cohesion clustering algorithm（MMACA）算法的基本思想基于以下几点：

（1）所有数据集中的数据都被随机划分到 m 个原子集中，然后构建各个子集中心的距离函数用来计算距离，将最大距离作为原子半径。

（2）从 m 个原子半径中，选择最小的作为核半径，以核半径作为标准，离群点和噪声点围绕原子中心形成新的原子集。

（3）新的原子集根据相似性或者子集中心距离函数乘以价值函数逐渐凝聚成一个原子层，直到原子集聚合完成。

（4）计算原始原子组或者质心。找出每个数据噪声或者局部集中领域的原子距离。将局部噪声和局部异常点分配到各个原子集中，根据原子组的浓度分类进行聚类。

与其他的划分型聚类算法相比，MMACA 算法不只产生一个单独的组，而是产生一种聚类层次结构，在集群形成之前，过滤掉噪声或者离群点。MMACA 算法不仅适用于球形和凸集群，也适用于其他任意形状的集群和大数据，而且对较小的数据集有很好的适应能力。为了适应大数据集中的聚类，算法的初始值的设置和核半径的变化对聚合算法迭代过程有影响。算法步骤如下：

（1）从数据集中任选一个点，记为 a_1，选取离该点最近的 $m-1$ 个点，组成簇 q_1，再次从剩余的点中随机选取一个点 b_1，选取不在 q_1 中，且到该点最近的 $m-1$ 个点，组成簇 q_2，直到整个数据集被分成 n/m 个子集。

（2）计算集合中每两个点之间的距离，将每个子集中的最大距离标记为：$l_1,l_2,\cdots,l_s$，其中 $s=n/m$。将 $l_1,l_2,\cdots,l_s$ 中的最小值作为核心半径 R。

（3）将每个集合中的某一点作为中心，D_i 是集合中其他点到作为中心的那个点的距离，将这个距离与 R 做比较，如果 $D_i > R$，则这个点被定义为噪声点，将噪声点从原子集中剔除，放入噪声集中，其他的点保留在原子集中。

（4）将剔除了噪声点的集合称为初始点集，计算每个子集的中心，记作 $Z = \{z_1, z_2, \cdots, z_s\}$。

（5）从 Z 中随机选取一个中心，计算各个中心之间的距离 z_{ij}，将所有 $z_{ij} < \mu R$（μ 是一个可调整参数）的中心添加到一个下属中心集中，记为 $q_1 = \{i, i_1, i_2, \cdots, i_k\}$，继续计算不是质心 r 的第二质心，如果 $z_{i1r} < \mu R$，将 r 添加到 q_1 中，$q_1 = \{i, i_1, i_2, \cdots, i_k, r\}$；继续上述步骤，直到 q_1 中的所有点都被计算完，然后移除 q_1。

（6）调节参数 μ，重复步骤（5）（6），直到所有的中心都稳定，否则继续调节参数。

（7）计算 Z 中每个中心和噪声集的中心距离，记录最短距离所对应的质心，将数据添加到对应的原始子集中。重复该步骤直到所有的噪声点都被计算完。

传统的划分式聚类算法对初始点的依赖很大，MMACA 算法有效地避免了初始点选择对算法的影响，同时在算法复杂度和鲁棒性上都有所提高，算法时间复杂度为 $O(n^2)$，相对一般划分算法来说，耗时较长。

6.7 基于层次的聚类算法

层次聚类算法通过将数据组织成若干组并形成一个相应的树状图来进行聚类，可以分为两类，即自底向上的凝聚层次聚类和自顶向下的分裂层次聚类。凝聚层次聚类的策略是先将每个对象各自作为一个原子聚类，然后对这些原子聚类逐层进行聚合，直至满足一定的终止条件；后者则与前者相反，它先将所有的对象都看成一个聚类，然后将其不断分解直至满足终止条件。

6.7.1 传统的凝聚层次聚类算法

（1）单连接算法。

该算法的主要思想是发现最大连通子图，如果至少存在一条连接两个簇的边，并且两点之间的最短距离小于或等于给定的阈值，则合并这两个簇。

（2）全连接算法。

该算法寻找的是一个团，而不是连通的分量，一个团是一个最大的图，其中任意两个顶点之间都存在一条边。如果两个簇中的点之间的距离小于距离阈值，则合并这两个簇。

(3) 平均连接算法。

如果在两个目标簇中,一个簇中的所有成员与另一个簇中的所有成员之间的平均距离小于距离阈值,则合并这两个簇。

以上三个算法的复杂度都是 $O(n^2)$,其中 n 是数据成员的个数,由此可知它们的效率不高。而且在单连接算法中存在链式效应,影响了凝聚算法的实际应用。链式效应是指当两个簇中只要存在两个相近的点,这两个簇就合并了,完全不管这两个簇中还可能存在其他相距很远的点。因此合并后的簇中可能存在一些根本就互不相关的点。

6.7.2 改进的凝聚层次聚类算法

(1) BIRCH 聚类算法。

BIRCH 是一个综合性的层次聚类方法。它用聚类特征和聚类特征树(CF)来描述聚类过程。CF 树是一个平衡树,它有两个参数:分支因子和阈值,它存储了层次聚类的聚类特征。分支因子定义为每个非叶节点孩子的最大数目,而阈值是指存储在树的叶子节点中的子聚类的最大直径。一个数据项总是被插入最近的叶子条目(子聚类)中。如果在插入后,该叶子节点中的子聚类的直径大于阈值,则该叶子节点或其他节点很有可能被分裂。在新数据插入后,关于该数据的信息会向树根传递。我们可以通过改变阈值来修改 CF 树的大小,从而控制其所占内存的容量;另外,CF 树可以动态地构造,因此不要求所有的数据一次性地读入内存,故存储在外存上的数据项可以逐个被读入。BIRCH 算法通过一次扫描就可以进行较好的聚类,该算法的计算复杂度是 $O(n)$,其中 n 是对象的数目。

BIRCH 算法的优点是通过聚类特征可以方便地进行中心、半径、直径及类内、类间距离的运算。算法具有对象数目的线性易伸缩性和良好的聚类质量。缺点是由于受 CF 树节点大小的限制,CF 树节点并不总是与用户所认为的自然聚类相对应。而且,如果簇不是球形的,则 BIRCH 算法不能很好地工作。

(2) CURE 聚类算法。

CURE 算法中既有层次部分,也有划分部分,所以 CURE 是一个综合性的聚类算法。CURE 算法的过程如下:首先从每个簇中选择 c(常数)个点,然后运用收缩因子 a,将这些分散的点向簇的质心方向收缩。当 a 为 1 的时候,所有点都收缩成一点,即质心。由这些点代表的簇,要比单个点更具有代表性。通过多个有代表性的点,簇的形状可以更好地被表示出来。这一步完成后,再使用层次聚类算法中的凝聚算法。在凝聚算法中的每一步,距离最近的代表性点所对应的簇将被合并。它们之间的距离被定义为两个簇中代表性点之间的距离的最小值。

算法优点:回避了用所有点或单个质心来表示一个簇的传统方法,将一个簇用多个具有代表性的点来表示,使 CURE 算法可以适应非球形的几何形状;收缩因子降低了噪声对聚类的影响,从而使 CURE 算法对孤立点的处理更加健壮,而且能识别非球形和大小变化比较大的簇;对于大型数据库具有良好的伸缩性。算法缺点:参数设置对聚类结果有很大的影响,CURE 算法不能处理分类属性。CURE 算法的复杂度是 $O(n)$,其中 n 是对象的数目。

6.7.3 分裂层次聚类算法

最小生成树(MST)聚类算法是常见的分裂层次聚类算法。初始的时候,所有的数据成员都包含在一个簇中,是一个簇,然后将上层簇重复地分裂为两个下层簇,直到每一个成员都组成一个单独的簇为止。代表算法:基于 MST 的单连接算法。其分裂过程为:将最小生成树的边从最长到最短依次进行剪切。该算法将产生与凝聚算法完全相同的簇集,只是产生过程的次序完全相反。

层次聚类算法的前提条件是假设数据是一次性提供的,因此都不是增量算法。其缺陷在于,一旦一个步骤(合并或分裂)完成,它就不能被撤销,因而不能更正错误的决定。改进层次聚类算法的聚类质量的一个有希望的方向是将层次聚类和其他聚类技术进行集成。

6.8 基于密度的聚类算法

基于划分和基于层次的聚类算法旨在发现球状簇。它们很难发现任意形状的簇。为了发现任意形状的簇,作为选择,我们可以把簇看作数据空间中被稀疏区域分开的稠密区域。这是基于密度的聚类算法的主要策略,这种方法可以发现非球状的簇,其主要思想是:从数据对象的分布密度出发,将密度邻近区域连接起来,只要邻近区域的密度(对象或数据点的数目)超过某个阈值,就继续聚类,从而可以发现具有任意形状的簇,并能有效地处理异常数据。也就是说,对给定类中的每个数据点,在一个给定范围的区域内必须至少包含某个数目的点。

6.8.1 DBSCAN 聚类算法

DBSCAN 是一个基于密度的聚类算法。该算法将具有足够高密度的区域划分为簇,并可以在带有"噪声"的空间数据库中发现任意形状的类。它定义簇为密度相连的点的最大集合。

如果采用空间索引,该算法利用类的密度连通性可以快速发现任意形状的类,其基本思想是:对于一个类中的每个对象,在其给定半径的邻域中包含的对象不能少于某一给定的最小数目,如图 6-6 所示,其中 N、A、B、C 表示不同簇的中心。DBSCAN 聚类算法的特点是不进行任何的预处理而直接对整个数据集进行聚类操作。当数据量非常大时,就必须有大量内存的支持,I/O 消耗也非常大。其时间复杂度为 $O(n\lg n)$,聚类过程的大部分时间用在区域查询操作上。

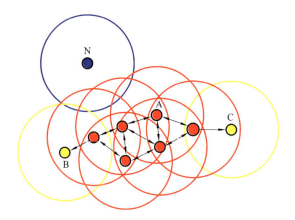

图 6-6　核心点、边界点、噪声点

算法流程如下:

算法 6-8　DBSCAN 算法

输入:D:一个包含 n 个对象的数据集。

　　　Eps:半径参数。

　　　MinPts:邻域密度阈值。

输出:基于密度的簇的集合。

方法:

(1) 标记所有对象为 unvisited;

(2) 如果满足条件;

(3) 　　随机选择一个 unvisited 对象 p;

(4) 　　标记 p 为 visited;

(5) 　　如果 p 的邻域至少有 MinPts 个对象;

(6) 　　　　创建一个新簇 C,并把 p 添加到 C;

(7) 　　令 N 为 p 的邻域中的对象的集合；
(8) 　　对于 N 中每个点 p'；
(9) 　　　　如果 p' 是 unvisited；
(10) 　　　　标记 p' 为 visited；
(11) 　　　　如果 p' 的邻域至少有 MinPts 个点，把这些点添加到 N；
(12) 　　　　如果 p' 还不是任何簇的成员，把 p' 添加到 C；
(13) 　　输出 C；
(14) 　　else 标记 p 为噪声；
(15) 直到没有标记为 unvisited 的对象。

DBSCAN 算法能够发现空间数据库中任意形状的密度连通集；在给定合适的参数条件下，能很好地处理噪声点；对用户邻域知识的要求较少；对数据的输入顺序不太敏感；适用于大型数据库。但 DBSCAN 算法要求事先指定邻域和阈值，具体使用的参数依赖于应用的目的。

6.8.2　OPTICS 聚类算法

尽管 DBSCAN 能根据给定输入参数 Eps 和 MinPts 对对象进行聚类，但它仍然将选择能产生可接受的聚类结果的参数值的权利留给了用户。事实上，这也是许多其他聚类算法存在的问题。对于真实的高维数据集合，参数通常是依靠经验设置的，难以确定。绝大多数算法对参数值非常敏感：设置的细微不同可能导致差别很大的聚类结果。而且，真实的高维数据集合经常分布不均，全局密度参数不能刻画其内在的聚类结构。

为了解决这个问题，OPTICS 聚类分析方法应运而生。OPTICS 没有显式地产生一个数据集合簇，它为自动和交互的聚类分析计算一个簇次序，这个次序代表了数据基于密度的聚类结构。它包含的信息等同于从一个宽广的参数设置范围所获得的基于密度的聚类信息。

考察 DBSCAN 可知，对一个恒定的 MinPts，关于高密度的（即较小的 Eps 值）聚类结果被完全包含在根据较低密度所获得的密度相连的集合中。参数 Eps 是距离，它是邻域的半径。因此，为了生成基于密度聚类的集合或次序，可以扩展 DBSCAN 算法来同时处理一组距离参数值。为了同时构建不同的聚类，对象应当以特定的顺序来处理。这个次序根据最小的 Eps 值密度可达的对象来确定，以便高密度的聚类能被首先完成。基于这个思想，每个对象需要存储两个值——核心距离和可达距离。一个对象 p 的核心距离是使得 p 成为核心对象的最小 Eps。如果 p 不是核心对象,则不定义 p 的核心距离。一个对象 q 关于另一个对象 p 的可达距离是 p 的核心距离与 p 到 q 的距离两者中的较大值。如果 p 不是核心对象,则不定义 p 和 q 之间的可达距离。

OPTICS 算法创建了数据库中对象的一个次序,额外存储了每个对象的核心距离和一个适当的可达距离。已经出现了一种算法,该算法基于 OPTICS 产生的次序信息来抽取聚类。对于小于该次序时采用的距离以及为抽取所有基于密度的聚类,这些信息是足够的。

由于 OPTICS 与 DBSCAN 在结构上有等价性,因此 OPTICS 算法具有和 DBSCAN 相同的时间复杂度。

6.8.3　DENCLUE 聚类算法

DENCLUE(density-based clustering)是一个基于一组密度分布函数的聚类算法。该算法主要基于下面的想法:

(1) 每个数据点的影响可以用一个数学函数来形式化地模拟,它描述了一个数据点在邻域内的影响,被称为影响函数;

(2) 数据空间的整体都可以被模型化为所有数据点的影响函数的综合;

(3) 聚类可以通过确定密度吸引点来得到,这里的密度吸引点是全局密度函数的局部最大值。

假设 x 和 y 是 d 维特征空间 F^d 中的对象。数据对象 y 对 x 的影响函数是一个函数,它是根据一个基本的影响函数定义的。原则上,影响函数可以是一个任意的函数,它由某个邻域内的两个对象之间的距离来决定。距离函数 $d(x,y)$ 应当是自反的和对称的,例如欧几里得距离,它用来计算一个方波影响函数或者一个高斯影响函数。

根据密度函数,我们能够定义该函数的梯度和密度吸引点(全局密度函数的局部最大点)。一个点 x 是被一个密度吸引点 x 密度吸引的,如果存在一组点 $x_0,x_1,\cdots,x_k$,且 $x_0=x,x_k=x$,对 $0<i<k,x_{i-1}$ 的梯度是在某一方向上连续的和可微的影响函数。一个用梯度指导的爬山算法能用来计算一组数据点的密度吸引点。基于这些概念,能够形式化地定义由中心定义的簇和任意形状的簇。在 x 的密度函数不小于一个阈值 a 时,以密度吸引点 x 的中心定义的簇是一个被 x 密度吸引的子集 C。一个任意形状的簇是子集 C 的集合,每一个子集 C 均被簇密度吸引,且密度函数值又不小于阈值 a,并从每个区域到另一个区域都存在一条路径 P,该路径上的每个点的密度函数值都不小于 a。

DENCLUE 的优点:① 它有一个坚实的数学基础,概括了其他的聚类方法,包括基于划分的、层次的和基于位置的方法;② 对于含有大量"噪声"的数据集合,它有良好的聚类特性;③ 对高维数据任意形状的聚类,它给出了简洁的数学描述;④ 它使用了网格单元,只保存实际包含数据点的网格单元的信息,它以一个基于树的存取结构来管理这些单元,因此比 DBSCAN 等算法的速度要快。但是这个方法要求对密度参数 q 和"噪声"阈值 E 进行仔细选择,因为这些参数的选择可能显著地影响聚类结果的质量。

6.8.4 CLIQUE 聚类算法

基于网格的聚类算法采用了网格的数据结构,它将空间量化为有限数目的单元,这些单元形成了网格结构,所有的聚类操作都在网格上进行。大部分基于网格的聚类算法都使用了两个关键参数:网格划分参数 k 和密度阈值 E。算法 STING、CLIQUE 等都通过将数据空间的每一维划分为 k 个段来产生均匀划分的网格,这种方法的主要优点是处理速度快,其处理时间独立于数据对象的数目,仅依赖于量化空间中每一维上的单元数目。

CLIQUE 聚类算法综合了基于网格和基于密度的聚类方法。它对大规模数据库中的高维数据的聚类非常有效。CLIQUE 的中心思想如下:给定一个多维数据点的大集合,数据点在数据空间中通常不是均衡分布的;CLIQUE 区分空间中稀疏的和拥挤的区域(或单元),以发现数据集合的全局分布模式;如果一个单元中的数据点的数目超过了某个输入模型参数,则该单元是密集的。在 CLIQUE 中,簇定义为相连的密集单元的最大集合。

CLIQUE 分两步进行多维聚类:

(1) CLIQUE 将 n 维数据空间划分为互不相交的长方形单元,识别其中的密集单元。该工作对每一维进行。代表密集单元的相交子空间形成了一个候选搜索空间,其中可能存在更高维的密集单元。

CLIQUE 将更高维的密集单元的搜索限制在子空间的密集单元的交集中。这种方法来自关联规则挖掘中的先验性质。一般来说,该性质在搜索空间中利用数据项的先验知识,以便裁减空间。CLIQUE 所具有的性质如下:如果一个 k 维单元是密集的,那么它在 $k-1$ 维空间上的投影也是密集的。也就是说,给定一个 k 维的候选密集单元,检查它的 $k-1$ 维投影单元,只要有一个是非密集的,那么 k 维单元就不可能是密集的。因此,可以从 $k-1$ 维空间中的密集单元来推断 k 维空间中潜在的(或候选的)密集单元。通常,最终的结果空间比初始空间要小很多,确定结果空间之后,然后检查密集单元决定聚类。

(2) CLIQUE 为每个簇生成最小化的描述。对每个簇,它确定覆盖相连的密集单元的最大区域,然后确定最小的覆盖。CLIQUE 自动地发现最高维的子空间,高密度聚类存在于这些子空间中。CLIQUE 对元组的输入顺序不敏感,无须架设任何规范的数据分布。数据分布随着输入数据的大小线性地扩展,当数据的维数增加时,具有良好的可伸缩性。但是,由于方法大大简化,聚类结果的精确性可能会降低。

6.8.5 DPC 算法

2014 年 6 月,Alex 和 Alessandro 提出了一个可供参考的算法,称为基于快速搜索与发现密度峰值的聚类(clustering by fast search and find of density peaks,DPC)算法。该算法计算距离的方法类似 PAM 算法,仅依据数据点之间的距离,可以发现非球形簇,并且可以自动获得正确类簇个数。其基本原理基于理想的类簇中心具备两个基本特征:① 局部密度大于围绕它的邻居的密度;② 不同类簇中心之间的距离相对较远。

对于每个数据点 i,需要计算两个量:局部密度和样本 i 到局部密度比它大且离它最近的样本 j 的距离。这两个量都是仅基于数据点之间被假定满足三角不等式的距离的。

样本 i 的局部密度被定义为

$$\rho_i = \sum_j \chi(d_{ij} - d_c) \tag{6-21}$$

当 $x>0$ 时,$\chi(x)=1$;否则 $\chi(x)=0$,$d_{ij}-d_c$ 是截断距离。

首先计算点 i 和所有其他局部密度比它大的点的距离,然后选取其中的最小值。计算公式为

$$\delta_i = \min_{j:\rho_j>\rho_i}(d_{ij}) \tag{6-22}$$

对于密度最大的点,我们通常取 $\delta_i = \max_j(d_{ij})$。若样本 i 的密度是局部最大密度或者全局最大密度,则表示样本 i 到局部密度比它大的点的距离远大于其最近邻样本的距离。因此,通常选择密度最大的点作为类簇中心。

DPC 算法通过构造样本距离相对于样本密度的决策图(decision graph)获取类簇中心,选择样本距离、样本密度都较大的样本作为类簇中心。对于剩余样本 j,DPC 算法将其归入密度比 j 大且距离 j 最近的样本所在类簇,一步完成对剩余样本 j 的分配。一步分配策略使得 DPC 算法非常高效。通过构造样本距离与样本密度的决策图,DPC 算法使得任意维数据集的类簇中心均可展示在二维平面上,从而实现对任意维数据的聚类分析,如图 6-7、图 6-8 所示。

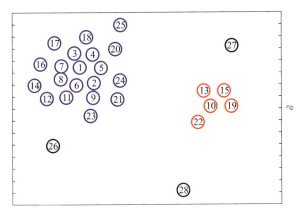

图 6-7 二维数据

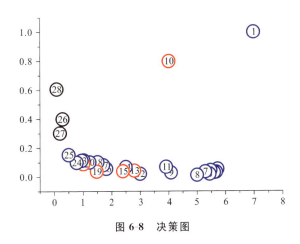

图 6-8 决策图

6.9 其他聚类算法

6.9.1 模糊聚类算法

传统的聚类分析是一种"硬"聚类(crisp clustering)方法,是把每个待处理的对象严格地划分到某个类中,事物之间的界限分明,硬划分算法的典型代表是 C-均值算法。在这个算法中,隶属度不是 1 就是 0。由于客观世界中存在着大量的界限不明显的聚类问题,硬划分并不能真正地反映对象和类的实际关系,因而根据模糊集理论提出了用模糊的方法来处理聚类问题。

FCM 类型的算法最早是从"硬"聚类目标函数的优化中导出的。为了借助目标函数法求解聚类问题,人们利用均方逼近理论构造了带约束的非线性规划函数,通过优化求解获得数据集的模糊划分和聚类,模糊 C-means 聚类方法的基本思想是:将数据集 $X=\{x_1,x_2,\cdots,x_n\}$ 分为 c 类,X 中的任意样本对 i 类的隶属度为群 n,分类结果可以用一个模糊隶属度矩阵 $\boldsymbol{U}=\{u_{ik}\}\in \mathbf{R}^m$ 表示,模糊 C-means 聚类是通过最小化关于隶属度矩阵 $\boldsymbol{U}$ 和聚类中心 $\boldsymbol{V}$ 的目标函数 $J_m(\boldsymbol{U},\boldsymbol{V})$ 来实现的,模糊 C-means 聚类算法的迭代序列或其子序列必收敛到目标函数的一个极小值或者鞍点。

如何为分类找到一个标准,是需要解决的问题。目前使用较多的聚类准则是最小平方误差和。对于数据集 X 的划分,实际上就是求有约束条件函数 W 的最小值。

$$W = \min\{W(\boldsymbol{U},\boldsymbol{P})\} = \min\Big\{\sum_{i=1}^{c}\Big(\sum_{x_k \in X_i}(d_{ik})^2\Big)\Big\} \tag{6-23}$$

$$\sum_{i=1}^{c} u_{ik} = 1, \quad 1 \leqslant k \leqslant n \tag{6-24}$$

其中:$\boldsymbol{U}$ 与 $\boldsymbol{P}$ 分别为数据集 X 的划分矩阵与聚类中心矩阵。

$$(d_{ik})^2 = (\boldsymbol{x}_k - \boldsymbol{p}_i)^{\mathrm{T}}(\boldsymbol{x}_k - \boldsymbol{p}_i) \tag{6-25}$$

可得到如下公式:

$$u_{ik} = \frac{1}{\sum_{j=1}^{c}\Big(\dfrac{d_{ik}}{d_{ij}}\Big)^2} \tag{6-26}$$

$$\boldsymbol{p}_i = \frac{\sum_{k=1}^{n}(u_{ik})^2 \boldsymbol{x}_k}{\sum_{k=1}^{n}(u_{jk})^2} \tag{6-27}$$

目标函数 $W(\boldsymbol{U},\boldsymbol{P})$ 在迭代过程中是递减的,这种方法在很大程度上依赖于初始聚类中心的选择,如果初始分类严重地偏离全局最优分类,用 FCM 算法非常容易陷入局部极小值,得到一个局部最优解。

该方法的优点就是设计简单,解决问题的范围广,并易于在计算机上实现。FCM 算法属于模式识别中的无监督学习,它不需要训练样本,可以直接通过机器学习达到自动分类的目的。模式识别中最关键的技术就是特征提取,模糊聚类不但能从原始数据中提取特征,而且还能对特征进行优化选择和降维。在物体识别和线条检测中,模糊聚类可以用于原始的数据上或者变换域中。在模式识别的一些具体应用领域中,模糊聚类也取得了较好的结果。但这种算法本质上是一种局部搜索算法,容易陷入局部极小值。而且 FCM 算法及改变度量方式得到的聚类算法都要求隶属度归一,这种约束的最大缺陷就是当数据中包含噪声和孤立点的时候,聚类效果不好,很可能这些噪声和孤立点都被赋予较大的隶属度,因此出现了很多通过改变隶属度的约束条件而得到的算法。

6.9.2 基于图论的聚类算法

Chameleon(变色龙)算法采用动态建模的层次聚类方法进行聚类,其正确性由下述事实保证:仅当合并后的结果簇类似于原来的两个簇时,这两个簇才应当合并。Chameleon算法由三个关键步骤组成:稀疏化、图划分和层次聚类。具体描述如下:

(1) 由数据集构造成一个 k-最近邻图 G_k;

(2) 通过一个多层图划分算法将图 G_k 划分成大量的子图,每个子图代表一个初始子簇;

(3) 利用相似度函数 $RI\{C_i,C_j\} \times RC\{C_i,C_j\}^a$ 合并相应的簇,最好地保持簇的自相似性;

(4) 重复步骤(3),直至不再有可以合并的簇或者达到用户指定的簇个数时停止合并。

Chameleon算法能够有效地聚类空间数据,能识别具有不同形状、大小和密度的簇,对噪声和异常数据不敏感。Chameleon算法的时间复杂度为$O(n^2)$,因此,使用Chameleon算法对中小规模数据集的聚类分析是个很好的选择,但在大规模数据集的应用中受到了限制。

6.9.3 基于模型的聚类算法

在基于统计模型的聚类算法中,一种方便而有效的做法是:假定数据由一个统计过程产生,并且通过找出最佳拟合数据的统计模型来描述数据,其中统计模型用分布和该分布的一组参数描述。基于统计模型算法中著名的期望最大化(expeatation-maximization,EM)算法,它对参数做初始估计,然后迭代地改进这些估计。

EM算法是一种使用了最大似然估计混合模型参数的算法。给定参数值的一个估计,EM算法计算每个点属于每个分布的概率,然后使用这些概率,计算参数(这些参数是最大似然参数)的新估计。继续该迭代,直到参数的估计不再改变或改变很小。算法的流程如下:

(1) 选择参数模型的初始集(与 K-means 算法一样,可以随机地选取,也可以用其他方法选取)。

(2) 重复。

(3) 期望步。对于每个对象,计算每个对象属于每个分布的概率。

(4) 最大化步。给定期望步得到的概率,找出该期望的新的最大似然参数估计。

(5) 直到参数不再改变(或改变低于预定阈值)。

EM 算法类似于 K-means 算法,实际上,欧几里得数据的 K-means 算法是具有相同协方差矩阵,但具有不同均值的球形高斯分布的 EM 算法的特殊情况。期望步对应于 K-means 算法中将每个对象指派到一个簇的步骤,但每个对象会以某一概率指派到某个簇中。最大化步对应于计算簇质心,是选取分布的所有参数来进行最大似然估计。

使用混合模型对数据建模,并使用 EM 算法估计这些模型的参数,这种发现簇的方法有许多优点和缺点。优点方面:EM 算法比 K-means 或者模糊 C-means 更具有一般性,可以适用于各种类型的分布;此外,EM 算法提供了一种消除与数据相关联的复杂性的方法。缺点方面:EM 算法可能很慢,不适合有大量分量的模型;在估计簇的个数或者选择正确的模型形式方面也存在问题。

6.9.4 基于神经网络的聚类算法

自组织映射(self-organizing maps,SOM)算法作为一种聚类和高维可视化的无监督学习算法,是通过模拟人脑对信号处理的特点而发展起来的一种人工神经网络。该模型由芬兰赫尔辛基大学教授 Teuvo Kohonen 于 1981 年提出,现在已成为应用最广泛的自组织神经网络方法。

SOM 网络结构如图 6-9 所示,它由输入层和竞争层(输出层)组成。输入层神经元数为 n,竞争层由 m 个神经元组成的一维或者二维平面阵列,网络是全连接的,即每个输入节点都同所有的输出节点相连接。

SOM 网络能将任意维输入模式在输出层映射成一维或二维图形,并保持其拓扑结构不变;网络通过对输入模式的反复学习可以使权重向量空间与输入模式的概率分布趋于一致,即具有概率保持性。网络竞争层的各神经元竞争对输入模式的响应机会,获胜神经元有关的各权重朝着更有利于它竞争的方向调整,一般表现为以获胜神经元为圆心,对近邻的神经元表现出兴奋性侧反馈,而对远邻的神经元表现出抑制性侧反馈,即"近邻者相互激励,远邻者相互抑制"。

SOM 算法的具体过程如下:

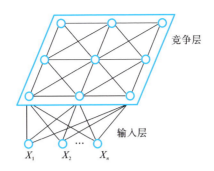

图 6-9　SOM 网络结构图

（1）将权值 W_{ij} 赋予小的随机初始值；设置一个较大的初始邻域 N_c，并设置网络的循环次数 T；

（2）给出一个新的输入模式 X_k，$X_k = \{X_{1k}, X_{2k}, \cdots, X_{nk}\}$，输入到网络上；

（3）计算模式 X_k 和所有的输出神经元的距离 d_{jk}，并选择和 X_k 距离最小的神经元 c，即

$$X_k - W_c = \min\{d_{jk}\} \tag{6-28}$$

则 c 为获胜神经元；

（4）更新节点 c 及其邻域节点的连接权值

$$w_{ij}(t+1) = w_{ij}(t) + \eta(t)(x_i - w_{ij}(t)) \tag{6-29}$$

其中，$0 < \eta(t) < 1$ 为增益函数，随着时间增加逐渐减小；

（5）选取另一个学习模式提供给网络的输入层，返回步骤（3），直到输入模式全部提供给网络；

（6）令 $t = t+1$，返回步骤（2），直至 $t = T$ 为止。

SOM 是一种聚类技术，它将相邻关系强加在结果簇质心上。因此，互为邻居的簇之间比非邻居的簇之间更相关。这种联系有利于聚类结果的解释和可视化。但是无导师学习的发展现在还不成熟，SOM 算法还存在一些局限性，比如：

（1）网络结构是固定的，不能动态改变；

（2）网络训练时，有些神经元始终不能获胜，成为"死神经元"；

（3）SOM 网络在没有经过完整的重新学习之前，不能加入新的类别；

（4）当输入数据较少时，训练的结果通常依赖于样本的输入顺序；

（5）网络连接权的初始状态、算法中的参数选择对网络的收敛性能有较大影响。

6.10 本章小结

数据挖掘所要解决的核心问题就是如何将海量的信息转换为决策性的知识。目前,在通信、保险、金融等领域,数据挖掘的作用已引起人们的广泛关注。应用的需求是研究最大的动力,近年来关于数据挖掘的研究达到了高潮,国际顶级会议中有关数据挖掘方面的文章也占有一定比重。数据挖掘技术开始从研究领域走向应用领域,国内外的许多企业都开始凭借数据挖掘技术提供的决策知识进行决策。而且,信息技术的快速发展决定了数据挖掘技术也必将继续前进。因此,数据挖掘技术作为一门应用直接驱动的技术始终充满着活力。本章对分类和聚类算法的研究现状及关键问题进行综述,其中分类算法详细讨论了决策树、贝叶斯、基于关联规则以及支持向量机等分类算法在数据挖掘应用中的研究发展,用户要根据数据的特点,选择合适的分类算法或混合交互分类算法。在今后的工作中,为进一步提高分类的准确率、降低计算复杂度,更应该综合多领域技术,将分类算法与多学科相互交叉、相互渗透,使之向着更多样化的方向发展。聚类算法重点介绍了 K-means、PAM、MMACA、BIRCH、CURE、DBSCAN、OPTICS、DENBCLUE、CLIQUE、DPC、FCM、Chameleon、SOM 等的算法原理、关键技术和适用场景,并客观评价了它们的优缺点。在聚类算法的选择上,要根据数据的特点及需求进行。聚类算法在高维数据的应用上是一个亟待解决的问题,高维数据的稀疏性导致算法特征提取效果有限,所以聚类算法对高维特征的有效利用是未来研究的重点方向。

本章参考文献

[1] QUINLAN J R. C4.5 programs for machine learning[M]. San Mateo, California: Morgan Kaufmann, 1992.

[2] MEHTA M, AGRAWAL R, RISSANEN J. SLIQ: a fast scalable classifier for data mining[C]//Proceedings of the 5th International Conference on Extending Database Technology, Avignon, France, 1996: 18-32.

[3] SHAFER J, AGRAWAL R, MEHTA M. SPRINT: a scalable parallelclassifier for data mining[C]//Proceedings of the 22nd International Conference on Very Large Databases, Mumbai (Bombay), India, 1996.

[4] FRIEDMAN N, GEIGER D, GOLDSZMIDT M. Bayesian network classi-

fier[J]. Machine Learning,1997,29(1):131-163.

[5] LIU B,HSU W,MA Y. Integrating classification and association rule mining[C]//Proceedings of the 4th International Conference on Knowledge Discovery and Data Mining. New York,USA:AAAI Press,1998:80-86.

[6] WANG M,IYER B,VITTER J S. Scalable mining for classification rules in relational databases[C]//Proceedings of the 1998 International Database Engineering and Applications Symposium. Cardiff,Wales,UK:IEEE Computer Society,1998:58-67.

[7] LU H J,LIU H Y. Decision tables:scalable calssification exploring RDBMS capabilities[C]//Proceedings of the 26th International Conference on Very Large Databases. Cairo,Egypt,2000:373-384.

[8] 刘红岩. 可扩展的快速分类算法的研究与实现[D]. 北京:清华大学,2000.

[9] MERETAKIS D,WÜTHRICH B. Extending naive Bayes classifiers using long itemsets[C]//Proceedings of the 5th International Conference on Knowledge Discovery and Data Mining. USA:AAAI Press,1999:295-301.

[10] 郭炜星. 数据挖掘分类算法研究[D]. 杭州:浙江大学,2008.

[11] QUINLAN J R. Induction of decision tree[J]. Machine Learning,1986,1(1):81-106.

[12] HAN J W,MICHELINE K. Data mining concepts and techniques[M]. 北京:高等教育出版社,2001.

[13] 张丽娟,李丹军. 分类方法的新发展:研究综述[J]. 计算机科学,2006,33(10):11-12.

[14] 丁春荣,李龙澍,杨宝华. 基于粗糙集的决策树构造算法[J]. 计算机工程,2010,36(11):75-77.

[15] 季桂树,陈沛玲,宋航. 决策树分类算法研究综述[J]. 科技广场,2007(1):9-12.

[16] QUINLAN J R. Learning efficient classification procedures and their application to chess and games[C]//MICHALSKI R S,CARBONELL J G,MITCHELL T M. Machine learning:an artificial intelligence approach. CA:Morgan Kaufmann,1983:463-482.

[17] BRESLOW L A,AHA D W. Simplifying decision trees: a survey[J]. Knowledge Engineering Review,1997,12(1):1-40.

[18] BRIGHTON H,MELLISH C. Advances in instance selection for instance-based learning algorithms[J]. Data Mining and Knowledge Discovery,2002,6(2):153-172.

[19] BRUHA I. From machine learning to knowledge discovery: survey of preprocessing and postprocessing[J]. Intelligent Data Analysis,2000,4(3):363-374.

[20] BURGES C J C. A tutorial on support vector machines for pattern recognition[J]. Data Mining and Knowledge Discovery,1998,2:121-167.

[21] CAMARGO L S,YONEYAMA T. Specification of training sets and the number of hidden neurons for multilayer perceptrons[J]. Neural Computation,2001,13(12):2673-2680.

[22] CASTELLANO G,FANELLI A,PELILLO M. An iterative pruning algorithm for feedforward neural networks[J]. IEEE Transactions on Neural Networks,1997,8(3):519-531.

[23] CESTNIK B,KONONENKO I,BRATKO I. Assistant 86: a knowledge elicitation tool for sophisticated users[C]//Proceedings of the Second European Working Session on Learning,1987,31-45.

[24] CESTNIK B. Estimating probabilities: a crucial task in machine learning[C]//Proceedings of the European Conference on Artificial Intelligence,1990:147-149.

[25] CHENG J,GREINER R. Learning bayesian belief network classifiers: algorithms and system[C]//AI 2001,2001:141-151.

[26] CHENG J,GREINER R,KELLY J,et al. Learning Bayesian networks from data: an information-theory based approach[J]. Artificial Intelligence,2002,137(1/2):43-90.

[27] CHICKERING D M. Optimal structure identification with greedy search[J]. Journal of Machine Learning Research,2002,3(Nov):507-554.

[28] CLARK P,NIBLETT T. The CN2 induction algorithm[J]. Machine Learning,1989,3(4):261-283.

[29] COHEN W. Fast effective rule induction[C]//Proceedings of ICML-95,

1995:115-123.

[30] COVER T,HART P. Nearest neighbor pattern classification[J]. IEEE Transactions on Information Theory,1967,13(1):21-27.

[31] COWELL R G. Conditions under which conditional independence and scoring methods lead to identical selection of bayesian network models[C]//Proceedings of the 17th International Conference on Uncertainty in Artificial Intelligence,2001:91-97.

[32] CRAMMER K,SINGER Y. On the learnability and design of output codes for multiclass problems[J]. Machine Learning,2002,47(2/3):201-233.

[33] CRISTIANINI N,SHAWE-TAYLOR J. An introduction to support vector machines and other kernel-based learning methods[M]. Cambridge:Cambridge University Press,2000.

[34] CSISZAR I. Maxent,mathematics,and information theory[M]// HANSON K,SILVER R. Maximum entropy and Bayesian methods. Kluwer Academic Publishers,1996.

[35] DE MANTARAS,ARMENGOL E. Machine learning from examples:inductive and lazy methods[J]. Data & Knowledge Engineering,1998,25(1/2):99-123.

[36] DIETTERICH,T G. Approximate statistical tests for comparing supervised classification learning algorithms[J]. Neural Computation,1998,10(7):1895-1924.

[37] DIETTERICH T G. An experimental comparison of three methods for constructing ensembles of decision trees:bagging,boosting,and randomization[J]. Machine Learning,2000,40(2):139-157.

[38] DOMINGOS P,PAZZANI M. On the optimality of the simple Bayesian classifier under zero-one loss[J]. Machine Learning,1997,29(2):103-130.

[39] DUTTON D,CONROY G. A review of machine learning[J]. Knowledge Engineering Review,1996,12(4):341-367.

[40] EKLUND P,HOANG A. A performance survey of public domain machine learning algorithms technical report[D]. School of Information

Technology, Griffith University,2002.

[41] ELOMAA T, ROUSU J. General and efficient multisplitting of numerical attributes[J]. Machine Learning,1999,36:201-244.

[42] ELOMAA T. The biases of decision tree pruning strategies[J]. Lecture Notes in Computer Science,1999, 1642:63-74.

[43] FLACH P A, LAVRAC N. The role of feature construction in inductive rule learning[R]. University of Bristol,2000.

[44] FRANK E, WITTEN I. Generating accurate rule sets without global optimization[M]//SHAVLIK J. Machine learning: proceedings of the fifteenth international conference. San Francisco, CA: Morgan Kaufmann Publishers,1998.

[45] FREUND Y, SCHAPIRE R. Large margin classification using the perceptron algorithm[J]. Machine Learning, 1999,37(3): 277-296.

[46] FRIEDMAN J H. Regularized discriminant analysis[J]. Journal of the American Statistical Association,1989,84(405):165-175.

[47] FRIEDMAN N, GEIGER D, GOLDSZMIDT M. Bayesian network classifiers[J]. Machine Learning,1997,29(2/3): 131-163.

[48] FRIEDMAN N, KOLLER D. Being Bayesian about network structure: a Bayesian approach to structure discovery in Bayesian networks[J]. Machine Learning,2003,50(1): 95-125.

[49] FURNKRANZ J. Pruning algorithms for rule learning[J]. Machine Learning, 1997, 27: 139-171.

[50] FURNKRANZ J. Separate-and-conquer rule learning[J]. Artificial Intelligence Review,1999,13(1): 3-54.

[51] CLUSTER S H. Analysis algorithms[M]. West Sussex: Ellis Hor-wood Limited, 1980.

[52] BERGET I, MEVIK B H, NAS T. New modifications and applications of fuzzy C-means methodology[J]. Computational Statistics & Data Analysis, 2008, 52(5): 2403-2418.

[53] GUHA S, RASTOGI R, SHIM K. CURE: an ecient clustering algorithm for large databases[C]// Proceedings of the 1998 ACM SIGMOD International Conference on Management of Data. Washington: ACM

Press,1998:73-84.

[54] ZHANG T,RAMAKRISHNAN R,LIVNY M. BIRCH:an ecient data clustering method for very large databases[C]//Proceedings of the 1996 ACM SIGMOD International Conference on Management of Data. Montreal:ACM Press,1996:103-114.

[55] ESTER M,KRIEGEL H P,SANDER J,et al. A density-based algorithm for discovering clusters in large spatial databases with noise[C]//Proceedings of KDD,1996:226-232.

[56] HUANG Z X. A fast clustering algorithm to cluster very large categorical data sets in data mining[C]//Research Issues on Data Mining and Knowledge Discovery. Arizona:ACM Press,1997:1-8.

[57] GAN G,WU J,YANG Z. A genetic fuzzy K-modes algorithm for clustering categorical data[J]. Expert Systems with Applications,2009,36(2):1615-1620.

[58] RODRIGUEZ A,LAIO A. Clustering by fast search and find of density peaks[J]. Science,2014,344(6191):1492-1496. DOI:10.1126/science.1242072

[59] ZHOU D Q,ZHANG L L,DENG X Y. Multi-layer multi-center atom set cohesion clustering algorithm[C]//5th ICCCNT,2014:1-6.

[60] SNEATH P. The application of computers to taxonomy[J]. Journal of General Microbiology,1957,17(1):201-226.

[61] SORENSEN T. A method of establishing groups of equal amplitude in plant sociology based on similarity of species content and its application to analyzes of the vegetation on Danish commons[J]. Biologiske Skrifter,1948,5:1-34.

[62] NG R,HAN J. Efficient and effictive clustering methods for spatial data mining[C]//Proceedings of the 20th VLDB Conference,Santiago,Chile,1994:144-155.

[63] GUHA S,RASTOGI R,SHIM K. ROCK:a robust clustering algorithm for categorical attributes[C]//Proceedings of the IEEE Conference on Data Engineering,1999:512-521.

[64] TAN P N,STEINBACH M,KUMAR V. Introduction to Data Mining

[M]. Addison Wesley,2005.

[65] WANG W,YANG J,MUNTZ R. STONG:a statistical information grid approach to spatial data mining[C]//Proceeding of 23th VLDB Conference,1997:186-195.

[66] HAN J W, KAMBER M, PEI J. Data mining: concepts and techniques [M]. 3rd ed. Morgan Kaufmann,2011.

[67] ZHANG T,RRMAKRISHNAN R,LIVNY M. An efficientdata clustering method for very large databases[C]//Proceedings of ACM SIGMOD International Conference in Management of Data. New York: ACM Press,2012:103-114.

[68] SPIVAK G. Can the subaltern speak[M]//NELSON C,GRASBERG L. Victory in Limbo:imagism. Urbana:University of Illinois Press,2010: 271-313.

[69] SHAMIR O,TISHBY N. On the reliability of clustering stability in the large sample regime[C]//Proceedings of the 21st International Conference on Neural Information Processing Systems,2008:1465-1472.

[70] LI K L, CAO Z, CAO L P, et al. Some developments on semi-supervised clustering[J]. Pattern Recognition and Artificial Intelligence, 2009,22(5):735-742(in Chinese with English abstract).

[71] CHEN X, LIU W, QIU H, et al. APSCAN:a parameter free algorithm for clustering[J]. Pattern Recognition Letters,2011,32:973-986.

[72] JIANG H,LI J,YI S,et al. A new hybrid method based on partitioning-based DBSCAN and ant clustering[J]. Expert Systems with Applications,2011,38(8):9373-9381. DOI:10.1016/j. eswa. 2011.01.135

[73] 张宏东. EM 算法及其应用[D]. 济南:山东大学,2014.

[74] 石丽红. 基于 SOM 算法的高维数据可视化[D]. 秦皇岛:燕山大学,2013.

[75] 杨占华,杨燕. SOM 神经网络算法的研究与进展[J]. 计算机工程,2006,32(16):201-202,228.

[76] 王品,黄焱. 改进的 OPTICS 算法在调制识别中的应用[J]. 计算机工程与应用,2011,47(16):141-143.

[77] 蔡伟杰,张晓辉,朱建秋,等. 关联规则挖掘综述[J]. 计算机工程,2001(5):31-33,49.

[78] 王光宏,蒋平.数据挖掘综述[J].同济大学学报(自然科学版),2004,32(2):246-252.

[79] 苏新宁,杨建林,邓三鸿,等.数据挖掘理论与技术[M].北京:科学技术文献出版社,2003.

[80] 陈京明.数据仓库与数据挖掘技术[M].北京:电子工业出版社,2004.

[81] 孙玉芬.基于网格方法的聚类算法研究[D].武汉:华中科技大学,2011.

[82] TAN P N,STEINBACH M,KUMAR V.数据挖掘导论[M].范明,范宏建,等译.北京:人民邮电出版社,2006.

[83] DUNHAM M H.Data mining introductory and advanced topics[M].北京:清华大学出版社,2003.

[84] 李金广.数据挖掘中聚类算法研究综述[J].中国科技信息,2010(17):48-49.

[85] 徐小峰,朱杰,张舒.核聚类算法研究[J].大众科技,2010(9):24,23.

[86] 杨占华,杨燕.SOM 神经网络算法的研究与进展[J].计算机工程,2006(16):201-202,228.

[87] 蒋盛益,庞观松,张黎莎.Chameleon 算法的改进[J].小型微型计算机系统,2010,31(8):1643-1646.

[88] 伍育红.聚类算法综述[J].计算机科学,2015,42(S1):491-499,524.

[89] HAN J W,KANBER M,PEI J.数据挖掘概念与技术[M].范明,孟小峰,译.北京:机械工业出版社,2012.

[90] 关庆,邓赵红,王士同.改进的模糊 C-均值聚类算法[J].计算机工程与应用,2011,47(10):27-29,88.

[91] 周涛,陆惠玲.数据挖掘中聚类算法研究进展[J].计算机工程与应用,2012,48(12):100-111.

[92] 曾山.模糊聚类算法研究[D].武汉:华中科技大学,2012.

[93] 王千,王成,冯振元,等.K-means 聚类算法研究综述[J].电子设计工程,2012,20(7):21-24.

[94] 翟东海,鱼江,高飞,等.最大距离法选取初始簇中心的 K-means 文本聚类算法的研究[J].计算机应用研究,2014,31(3):713-715,719.

[95] 吴迪.基于加权相似度的序列聚类算法研究[D].秦皇岛:燕山大学,2014.

[96] 赵慧,刘希玉,崔海青.网格聚类算法[J].计算机技术与发展,2010,20(9):83-85,89.

[97] 孔翔宇,毕秀春,张曙光. 财经新闻与股市预测——基于数据挖掘技术的实证分析[J]. 数理统计与管理,2016,35(2):215-224.

[98] 李明丽,孙连英,邢邗,等. 密度峰值算法在中文自动文摘中的应用研究[J]. 北京联合大学学报(自然科学版),2016,30(2):46-49.

[99] 杨龙光,林兆彬. 我国地方政府债务风险的量化分析[J]. 统计与决策,2016(8):146-149.

[100] 吴宇翔,龚涛,梁文宇. 基于改进的免疫模糊聚类方法的医学图像分割[J]. 微型机与应用,2016,35(6):51-53,57.

第 7 章 案例分析

7.1 工业过程故障检测与识别

随着社会生产力的普遍提高,工业过程变得越来越复杂,生产设备越来越昂贵,对性能退化、生产率下降和安全危害的容忍度越来越低,如风力发电厂、航空飞机、石化生产和微电子生产,都涉及系统零误差、零故障等待时间的要求。随着计算机控制、通信网络和信息技术的出现,大量与工艺条件和状态有关的操作数据被收集起来,这不仅使新的故障检测和识别方法成为可能,也带来了新的挑战。

故障检测和识别作为保证工业系统可靠性和安全性、降低意外故障风险的一种有效手段,在多个领域取得了成功。它对如何尽早检测故障的发生,以及如何尽可能准确地识别故障的位置和类型进行研究。在早期,原始的故障检测和识别只是一个简单阈值检查器,用于完成异常报警功能。随着系统复杂度的增加,简单的阈值检查方法变得无效,因此提出了基于分析模型的故障检测方法,以克服极限检查带来的困难。随着 20 世纪 70 年代状态空间建模和系统识别技术的成熟,基于模型的故障检测和识别自 20 世纪 80 年代以来成为研究的主流。基于模型的方法包括严格的过程模型开发,这些过程模型要么来自基本原理,要么来自实测数据。几乎在同一时期,由于数字信号处理技术的显著进步,基于信号的故障检测和识别方法得到了发展。

近年来,随着智能仪器、物联网技术和计算机技术的迅速发展,数据处理中心与无线网关已广泛应用于先进的工业系统中,其提供了收集和存储大量过程数据的能力。然而,因为所收集的数据量太大,大多数现有的故障检测和识别方法无法得到充分有效的利用。因此,"信息量密度低但数据量大"是当今工业自动化中相当普遍的现象。许多计算机科学中的人工智能技术被用到故障检测和识别中来处理大量的数据,并从数据中提取有用的信息(或称为知识、模式)。特别是以深度学习为代表的新型智能技术的发展,进一步扩展了计算技术对大规模数据的处理分析能力,引领了数据驱动的故障检测和识别,成为了当下的研究热点与趋势。本节将系统地介绍故障检测和识别的相关知识,通过三种典型方法分析故障检测和识别的发展与特点。

7.1.1 故障检测和识别方法的分类

故障检测和识别是一个基于冗余数据挖掘显式或隐式知识的模型,这里按照利用数据的不同模式将其分为三类。

第一种是基于模型的故障检测和识别,其中只有少量的在线数据用于检测和诊断故障。利用统计第一性原理或系统辨识技术,建立数学模型。系统输入和输出的数据被输入数据处理引擎中,该引擎通过比较测量数据和模型的预测来生成预测误差结果,然后使用残差分类器或分类器进行故障检查,并判断可能的故障类型。一个理想的基于模型的故障检测和识别理论上应仅对系统故障的残差敏感,而对系统输入中的干扰或偏差(如电机供电不平衡或电机负载变化)不敏感。

第二种是基于信号的故障检测和识别,重点关注故障与信号模式之间的关系。由于系统内部的故障通常对系统状态的输出变量有直接的影响,所以在大多数基于信号的故障检测和识别中使用的信号都是采样输出变量,而不需要建立动态的输入-输出模型。通过历史数据寻找对故障检测有重要价值的知识的过程一般称为特征工程,之后这些知识会通过在线特征提取加以利用。这对于十分复杂的工业过程或机器系统是有益的,因为在这些系统中,通常无法获得精确的输入-输出模型和/或难以估计其参数。

第三种是基于人工智能的故障检测和识别,将系统大量的历史数据加以利用以挖掘故障与数据直接的联系。一般采用的方法有专家系统和机器学习。在狭义上,以数据为基础的故障检测和识别通常被称为数据驱动的故障检测和识别。这种数据驱动的故障检测和识别是基于通过智能训练或机器学习方法从大量历史数据中挖掘出隐含知识的。当知识从历史数据发展成隐式表示系统变量依赖关系的知识库或模型库时,检查最近的数据与历史数据之间的一致性,然后使用分类器进行最终决策。

图 7-1 为三种方法在工业过程故障检测和识别中的数据使用与流程总结。在后面的内容中我们将对这几种方法做细致介绍,以方便读者比较与选用。

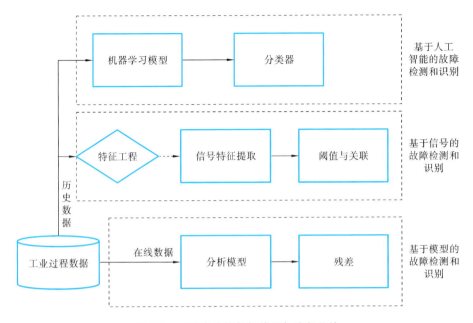

图 7-1 三种方法的数据使用与流程总结

7.1.2 基于模型的故障检测和识别方法

基于模型的故障检测和识别一般需要对整个过程的输入和输出建立模型：

$$y_k = F(u_k, x_k, d_k, f_k, \theta) \tag{7-1}$$

其中：y_k 为系统输出；$x_k \in \mathbf{R}^n$ 为 n 维状态向量；d_k 为未知输入，表示建模误差、测量噪声和外部干扰；f_k 为可能检测到的故障；θ 为建模利用到的参数。

由于故障通常会引起整个系统的模式发生变化，所以可以通过对该过程的状态进行物理上的分析比较，形成一个预估的输出 $\hat{y}$。当预估的输出与实际输出具有较大偏差时，即可认为发生了故障。对于故障判别的方法有：① 基于系统辨识的参数估计方法；② 基于过滤器的方法；③ 奇偶方程校验。

基于系统辨识的参数估计方法是采用参数估计的方法确定模型参数，如估计一个系统中的物理系数（阻力、刚度和荷载等）。对于模型参数存在一个直接的线性关系 $\theta = f(\varphi)$，可以通过最小二乘误差等方法估计模型中 θ 的变化。一般来说，当某个物理量超出其预定的范围时就可以判断相应的故障。基于参数识别方法的主要优点是，当模型参数与物理系数一一对应时，故障诊断非常简单。当系统存在大量噪声与非线性关系时，该方法将很受局限。该方法容易受传感器、传输故障的制约,这些故障都可能偶然地破坏模型参数与物理量之间的关系,最终影响结果。

基于卡尔曼滤波方法的状态估计也是故障残差判别的有效方法。卡尔曼滤波是将式(7-1)中的系统考虑为一个线性状态-状态空间模型:

$$x_{k+1}=Ax_k+B_d d_k+B_f f_k$$
$$y_k=Cx_k+D_d d_k+D_f f_k \quad (7-2)$$

其中:x_k 代表了系统的状态;d_k 仍为未知输入;f_k 为可能检测到的故障;y_k 代表了该状态下系统的输出。由此可见,A、B_d、B_f、C、D_d、D_f 都是通过系统的实际运行数据的协方差来进行估计。一般来说,将系统的误差 d_k 设为正态分布,f_k 设为固定的几种离散状态,以此从参数角度区分有故障参数的输出变化和有噪声产生的输出变化。对于非线性系统,采用非线性观测器或扩展卡尔曼滤波器。之后,基于过滤器的故障检测和识别的核心是使预估输出与真实输出的偏差对故障 f_k 敏感,但对干扰 d_k 不敏感(鲁棒性)。解耦方法是一种主要的故障检测和识别方法,它将扰动和模型不确定性作为未知输入,从残差中解耦,间接实现对扰动的不敏感。此外还有基于观测器、故障估计等方法,它们是为故障诊断和容错控制而开发的,具有估计执行器/传感器故障的能力。

基于模型的故障检测和识别的另一种主要方法是奇偶方程,即数据处理是对模型与传感器输出和已知输入的奇偶校验(一致性)。该方法将式(7-2)简化为

$$Y_k=Tx_{k-\beta}+Qd_k \quad (7-3)$$

其中:T 与 Q 可以通过参数估计的方法求解。由此需要一个向量 w^T 使得传感器实际输出 Z_k 与估计输出 Y_k 的残差

$$r_k=w^T(Z_k-Y_k) \quad (7-4)$$

在一般健康运行情况下为零,即 $w^T[T,Q]=0$。通过该方程建立残差的预估器,当预估残差高于一个阈值时即可认为出现相应的故障。

7.1.3 基于信号的故障检测和识别方法

基于信号的故障检测和识别是基于对输出信号的分析,而不涉及目标系统的显式输入-输出模型。系统输出信号的模式和特征通常与故障相关。这种相关性是基于信号的故障检测和识别的基础。因此,可以对输出信号进行监测和分析,发现其特征模式和故障链接,从而对故障及其类型提供有用的预测。

常见的信号包括振动、速度、力、电流、声音和磁通密度,这些信号一般是高

频的时序数据。分析时序数据的模式可以是时域上的、频率上的或者二者的结合。特征的例子有信号均值、方差、趋势、快速傅里叶变换（FFT）的频谱。典型的信号分析技术包括 FFT、频谱估计、小波变换和经验模态分析。此外，可以使用参数信号模型（例如 ARIMA 模型）直接估计信号的模式。

将信号看作时域波形和时域中具有周期、峰值、均值和标准偏差等特征的信息，高阶统计量如均方根（RMS）、偏度、峰度和波峰因子也被使用。此外，互相关分析是时域故障检测和分类中广泛采用的一种技术。交互作用系数 $r_{xy} = \text{cov}_{xy}/\sigma_x\sigma_y$ 提供了两个信号 x 和 y 之间的线性相关性的无量纲测量。如果 $|r_{xy}|$ 趋近于 1，则系统极有可能处于两个信号高度对应的状态，如果 $|r_{xy}|$ 趋近于 0，则系统不处于该状态。

许多与机电故障相关的信号含有特征频率分量，不同的故障在频域内可能导致不同的信号模式。在大多数情况下，这些频率可以由先验知识或目标系统的已知参数来确定，例如电机的磁极数。利用振动和电流信号的频率分析来检测轴承、定子、转子和偏心故障已经得到了广泛的研究。频域分析首先将时域波形转换为频域等效波形。离散傅里叶变换（DFT）是在线监测中最常用的方法，可将频谱主要频率、频率峰值和主导频率作为可能的故障特征。包络分析也可以用来寻找可能的故障模式。电机电流特征分析（MCSA）作为最成功的基于信号的故障检测和识别方法，在现代工业驱动系统中得到了广泛的应用。

频率分析方法假设波形都是不随时间变化的周期波，但是实际工业过程中的波形常常是非稳态的。因此时域或频域的单个特征通常无法提取所有的底层信号信息。时频分析结合了时域波形和相应的频谱，这使得其能够检查瞬态特征，如影响和故障事件，以及随着时间的推移监测频率内容。短时傅里叶变换（STFT）是一种常用的方法，将信号分割成短时段，然后对每个窗口应用 FFT。在 STFT 中，维格纳-维尔分布（WVD）克服了这种分辨率限制，但它也受到变换本身的干扰项的影响。改进后的变换，如 Choi-Willams 分布、Zao-Atlass-Marks（ZAM）分布和锥形分布等得到了发展，进一步推进了时频分析。此外，小波分析和经验模态分析等方法也被应用在该领域。这几种方法都可以获得一个随时间不太变化的时频谱，结合其他统计分析方法或这些方法的相互混合将会进一步扩展基于信号的故障检测和识别方法。

7.1.4 基于人工智能的故障检测和识别方法

对于那些过于复杂而没有显式的系统模型或信号特征的系统，需要一种实例学习机制来自动化完成故障检测和识别。与基于模型/信号的故障检测和识别(需要先验的已知模型或信号模式)不同,基于人工智能的故障检测和识别从只有大量历史数据可用的地方开始,"发现"代表系统变量之间信息冗余的底层知识,因此也称为数据驱动的故障检测和识别。

故障检测和识别中的知识可以是定性的,也可以是定量的,多种模型与方法都在故障检测和识别方面存在应用潜力。其中定量分析工具可以根据人工智能的模型性质分类为监督学习、非监督学习和强化学习方法。

定性方法包括故障树、符号图和专家系统三大类。故障树最初于20世纪60年代在贝尔实验室开发,是一种逻辑因果树,它将主要事件(故障)从底层传播到顶层(症状)。符号图是一个带有从"原因"节点到"结果"节点的有向弧的图,并且这些弧被赋予正号或负号。符号图是故障检测和识别中应用最广泛的定性知识形式。专家系统通常是一个定制的、复杂的系统,往往通过收集狭窄领域的专业知识得以建立。专家系统实际上是一个基于规则的系统,它以一组规则的形式展示人类的专业知识。这些定性的故障检测和识别是基于传统的象征性AI的。象征性AI最早是在1950—1960年代发展起来的,在1980年代由于专家系统在状态监测方面的成功应用而复兴。如今,随着计算机计算能力的成倍增长,计算智能已成为最具吸引力的人工智能技术。由于机器学习是一种以密集计算为代价从大量经验数据中获取知识的有效方法,因此将机器学习应用于从数据中检测和诊断故障非常简单,不需要显式模型。

在监督学习故障检测和识别中,首先对数据进行分类,并使用标签标记系统的状态和症状,如健康、故障和故障类型。机器学习者也知道这些标签。这里的机器学习者是指机器学习算法。机器学习者的任务是寻找表示信息冗余和数据模式与故障之间关系的模式和规则。基于人工智能的故障检测和识别中典型的机器学习者有神经网络、模糊逻辑、PCA等。这里我们以神经网络为例介绍其在故障检测和识别中的应用。

在故障检测和识别中,神经网络输入的是历史数据集,最终的输出是目标系统状态(健康或故障)的指示。数据集的维数和故障可能的类型数是给定的。由于神经网络具有良好的逼近复杂非线性函数的能力,因此利用神经网络逼近非线性模型是可行和直接的。在基于神经网络的故障检测和识别中,最重要的阶段是训练,通过训练算法调整连接权值和节点参数,使神经网络近似于模型。更具体地说,训练是一个最小化神经网络与期望函数之间逼近误差的优化过程。其他监督方法包括支持向量机(SVM)、贝叶斯分类器、粗糙集等也是通过相同的原理进行模型逼近,只是在模型结构与训练方法上存在差异。

随着这几年深度学习网络的快速发展,尤其是深度卷积神经网络、深度循环神经网络的组件化和高效的随机训练算法的产生,深度学习模型迸发出极大的应用潜力。传统的反向传播算法在深度化的神经网络中,常常出现梯度爆炸和梯度消失的问题,多层神经网络之间的权重复用问题,限制了神经网络的泛化能力。这些挑战也出现在复杂、高维、动态的工业过程中,因此深度学习对于工业过程的故障检测和识别也存在很大的价值。同时深度学习可以很好地处理关联数据,可以跟信号处理中的时频分析相结合,提升模型的拟合能力。在7.1.6 小节中我们将基于深度学习算法开展一个故障检测与识别的仿真案例,以进一步说明深度学习方法在该领域的运用。

监督学习和非监督学习的区别在于为机器学习模型提供的训练数据是否有标注。非监督学习者接受没有分类标签的训练数据,必须自己开发和选择分类标签。无监督算法通常寻找数据块之间的相似性,以确定它们是否可以被组成一个组,因此这个过程也称为"集群"。在故障检测和识别中,这些不同的组通常与不同的错误相关联,并且在理想情况下,每个组都应该与自己的错误有一对一的映射。然而,无监督算法不能保证这一点,并可能收敛到非最优解。K-means 算法、自组织神经网络等都在其中有着典型应用案例。

7.1.5 多层和网络化工业过程中的故障检测和识别

由于这些基于模型、基于信号和基于人工智能的故障检测和识别技术各有优缺点,因此将这三种互补的技术集成在一起以获得更好的性能是一种趋势。一个典型的工业自动化系统可以分为三个部分。

(1) 现场控制系统　控制器、执行器、传感器等现场设备通过相应的现场总线连接,形成各种控制回路。在现场采集原始数据,并对数据进行控制和监视。典型的现场控制系统包括可编程逻辑控制器(PLC)和分布式控制系统(DCS)。

(2) 过程管理系统　这一层的基础是一个监控和数据采集(SCADA)系统,用来收集和分析分布在现场控制系统中的数据。安全和可靠性通常在这一层进行监视,并采取适当的监视控制决策和行动以保持流程处于工作状态。

(3) 业务管理系统　顶层通常由企业资源计划(ERP)系统、制造执行系统(MES)和设备维护管理系统(EMS)组成。它们分别由多个部门进行协作与管理,具有不同的系统目标。如 ERP 系统主要负责企业整体业务管理与财务管理,MES负责生产过程的数据收集与任务下达,EMS负责工业设备的健康管理与维修作业安排。

大型工业系统是一种网络化的信息系统,其原始数据从低层设备采集到上层设备。不同的数据采集和处理任务在不同的层进行,目的也不同。在最低的现场控制系统级别,基于模型/信号的故障检测和识别实时处理在线数据。在过程管理系统层,大量的在线数据在较长时间内被收集和存储,数据库一般根据系统使用的需要分为实时数据库与历史数据库,然后以批处理的方式处理。在业务管理系统层,众多方法通过对数据的分析进行设备故障识别与警示,根据相关业务进行管理。

随着为控制系统设计的实时现场总线网络的成功和通信网络的迅速发展,越来越多的通用网络技术,如以太网、Wi-Fi等被引入工业自动化领域,为网络化工业过程开辟了一个新的领域。然而,围绕着这些网络的可靠性对故障检测和识别的影响是一个重要的挑战。如基于竞争的媒体访问控制和包交换通信协议可能会引入更多的延迟和数据丢失的不确定性。设计一种对网络引起的延迟和包丢失具有鲁棒性的故障检测系统也是研究的重点。

7.1.6 仿真案例

本小节将通过一个网络公开数据集验证说明深度学习模型在故障检测和识别方面的应用。该数据集来源于 Scania 卡车的运行数据,数据集收集了 76000 行设备在故障情况下的传感器与操作行为数据,每行数据共 171 维。数据可以在 https://archive.ics.uci.edu/ml/datasets/APS+Failure+at+Scania+Trucks 下载。

数据中我们感兴趣的是由空气压力系统(APS)导致的相关故障,因为这样的故障可以指导企业改进相关设计和维护方法,也可以帮助设备拥有者及时更换相关零件和避免检测费用。这种故障在数据集中"class"维标记为"pos",也就是正标签,其他故障标记为"neg",也就是负标签。数据集中还有大量的缺值,标记为"na"。

首先,将数据集分为训练集 60000 行和测试集 16000 行,我们将在训练集上建立模型,将模型代入测试集中验证效果。因为数据集中的数据都为正数,我们将数据中的"na"用 −1 代替;用 1 代表"class"维中的正标签,用 0 代表"class"维中的负标签。通过皮尔逊相关系数研究维之间的相关性,结果如图 7-2 所示。

我们从数据中可以发现,数据分为多个相关系数很高的小块。这是由于数

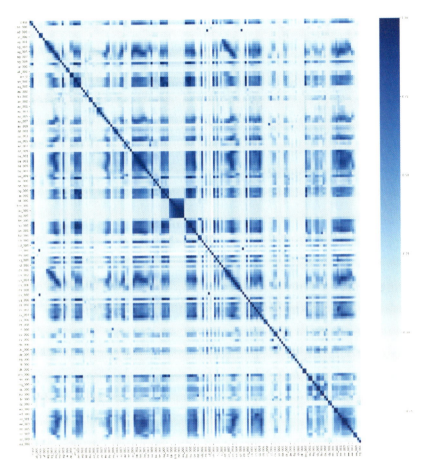

图 7-2 数据集中各个维度相关系数热度图

据有几个维,如"ag_X"共 9 个维度,是一个传感器在不同环境(如温度)下的读数。我们将"class"维相关系数绝对值高于 0.5 的维度选择出来,共 17 个维,构建新的相关系数热度图,如图 7-3 所示。

通过主成分分析法可以分析出维度中的变化方差,我们先将数据按照最大、最小值放缩至[0,1]区间内,然后进行 PCA 分析,结果如图 7-4(a)所示。其中,方差最大的值为 0.449,之后的方差快速变小,前 10 维的总方差占总体的 95%。通过这两种方法就可以完成数据的降维,一般选择关联系数绝对值大且变化方差也较大的数据作为模型的输入。对数据中方差最大的两个维进行可视化分析,结果如图 7-4(b)所示,可以发现正标签一般位于数据空间的中部,这

图 7-3　高相关性维度的相关系数热度图

说明一般的线性分割器在这两维空间内无法区分正负标签,需要设计更复杂的机器学习模型。

这里,设计一个都是全连接神经元的四层神经网络:前三层激活函数为 re-lu,神经元数分别为 256、128、64;最后一层有两个神经元,激活函数为 Softmax,即将输出张量总和控制为 1。每一层神经元之间都带有 dropout 机制,即每批次训练时只激活部分神经元进行训练,这种方式可以有效地避免过拟合。这样形成的模型的输入为除"class"以外的所有维,共需要训练优化 85058 个变量。模型结构如表 7-1 所示:

第 7 章 案例分析

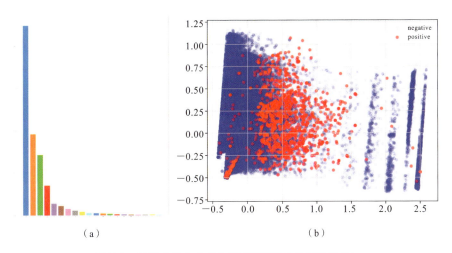

(a)　　　　　　　　　　　(b)

图 7-4　维度的变化方差(a)和前两维可视化效果(b)

表 7-1　深度学习模型结构

Layer（type）	Output Shape	Param #
dense_1（Dense）	（None，256）	43776
dropout_1（Dropout）	（None，256）	0
dense_2（Dense）	（None，128）	32896
dropout_2（Dropout）	（None，128）	0
dense_3（Dense）	（None，64）	8256
dropout_3（Dropout）	（None，64）	0
dense_4（Dense）	（None，2）	130

Total params：85058
Trainable params：85058
Non-trainable params：0

这样复杂的神经网络需要通过强大的学习算法完成优化。我们首先选择"categorical_crossentropy"作为优化目标。该优化目标为最小化交叉熵，即

$$\text{loss} = -\sum_{i=1}^{n} y_{i1} \lg y_{i1} - \sum_{i=1}^{n} y_{i2} \lg y_{i2} \qquad (7\text{-}5)$$

其中：y_{i1} 为从第 i 个样本真实值中选择第 1 个标签的结果，选择 $y_{i1}=1$，否则 $y_{i1}=0$。通过将数据中的标签转换为类型向量，完成优化目标的计算。之后我们将"Adam"算法作为优化器，学习率为 0.001。Adam 优化算法是随机梯度下降算法的扩展式，近来广泛用于深度学习应用中。在 100 次循环训练中，最小的损失函数为 0.0219，最优的准确度为 0.9937。训练结果如表 7-2 所示。

表 7-2　深度学习模型训练结果

Train on 42000 samples, validate on 18000 samples
Epoch 1/100
- 1s - loss：0.0851 - acc：0.9748 - val_loss：0.0365 - val_acc：0.9850
Epoch 10/100
- 1s - loss：0.0243 - acc：0.9923 - val_loss：0.0219 - val_acc：0.9923
Epoch 20/100
- 1s - loss：0.0212 - acc：0.9935 - val_loss：0.0228 - val_acc：0.9921
Epoch 30/100
- 1s - loss：0.0195 - acc：0.9935 - val_loss：0.0219 - val_acc：0.9927
Epoch 40/100
- 1s - loss：0.0173 - acc：0.9946 - val_loss：0.0242 - val_acc：0.9931
Epoch 50/100
- 1s - loss：0.0156 - acc：0.9952 - val_loss：0.0257 - val_acc：0.9928
Epoch 60/100
- 1s - loss：0.0147 - acc：0.9955 - val_loss：0.0251 - val_acc：0.9937
Epoch 70/100
- 1s - loss：0.0136 - acc：0.9962 - val_loss：0.0265 - val_acc：0.9933
Epoch 80/100
- 1s - loss：0.0127 - acc：0.9963 - val_loss：0.0256 - val_acc：0.9935
Epoch 90/100
- 1s - loss：0.0112 - acc：0.9966 - val_loss：0.0299 - val_acc：0.9928
Epoch 100/100
- 1s - loss：0.0114 - acc：0.9967 - val_loss：0.0278 - val_acc：0.9934

我们将 100 次循环中每一次的损失函数值和预测的准确度进行分析，结果如图 7-5 所示。约在 20 次循环之后测试集的损失函数值就不再减小，而训练集的损失函数值还将不断降低。而测试集的准确度在 40 次循环之后就不再降低。这是由于随着训练的深入，模型将会出现过拟合的情况，即模型过度变化

会提高在训练集中的效果但损失了在测试集中的效果，导致拟合失效。因此我们选择测试集准确度最高的模型进行保存，从而完成对测试集的预测。在测试集上，模型预测的交叉熵为 0.0301，准确度为 0.9918。

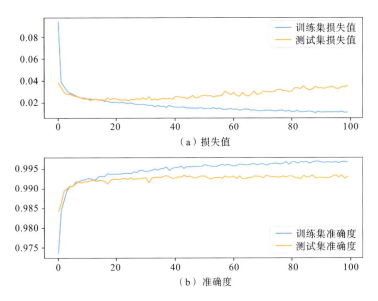

图 7-5　训练中的损失函数值和预测的准确度

在测试集中的 16000 个样本中，共有 375 个正标签和 15625 个负标签。预测模型将 42 个负标签误识别为正标签，96 个正标签误识别为负标签。由于样本中的正标签远远少于负标签，存在训练偏倚，因此我们将在训练中加入类型权重，正标签的权重为 10，负标签的权重为 1。这样训练的模型共有 100 个负标签被错标，57 个正标签被错标，训练偏倚的情况大大好转。

7.1.7　总结

本节重点对各种故障检测和识别方法进行了介绍与对比，不同的方法各有优缺点。基于模型的故障检测和识别能够从少量的在线数据中实时检测和诊断故障。基于模型的方法具有检测未知故障类型的能力，但它需要目标系统的显式输入/输出模型，其性能取决于模型的好坏。然而，基于信号和基于人工智能的方法不需要一个明确的或完整的系统模型。具体来说，基于信号的方法侧重于分析系统的输出信号，较少关注输入信号的动态。当系统在未知或不平衡的情况下工作时，其性能可能会下降，而基于人工智能的方法依赖于大量高维的历史数据,计算成本最高。基于人工智能的故障检测和识别是基于实例学习的,其性能严重依赖于训练数据,不善于检测未知故障,需要实际使用者按照实际情况选择相关方法或者方法的组合。最后我们分析了多层和网络化工业过程中的故障检测和识别方法,这个领域尚没有完善的方法论与技术,需要从多个领域共同完善,才能为复杂工业过程的管理系统服务。

7.2 工业设备寿命预测

工业生产过程中,设备的老化过程是不可避免的。企业需要制定合理的设备维护策略以尽可能减少由于设备故障导致的各类损失。因此,工业设备的剩余有效寿命(remaining useful life,RUL)预测是十分迫切的。根据有效的 RUL 预测,企业可以制定合理的设备维护策略以减少损失。本节提出一种基于时序卷积长短期记忆网络模型,对工业设备的 RUL 进行建模及预测。我们使用 PHM2008(prognostics and health management 2008,故障预测与健康管理 2008)和 PHM2012 两种不同的设备运行数据对模型进行验证,并对实验结果进行分析,其中 PHM2008 包含 4 个子集,PHM2012 包含 3 种实验条件。通过对 PHM2008 和 PHM2012 测试集上的数据进行验证发现,我们的模型具有良好的通用性,在两类不同的设备、不同的负载条件和 PHM2012 数据量相对较少的情况下均能够得到良好的预测 RUL 值,为工业设备剩余有效寿命预测的研究提供了有价值的参考。此外,针对数据量及样本量的限制,首先使用经验模态分解(empirical mode decomposition,EMD)进行数据扩充,实验结果表明使用 EMD 算法后得分从 0.134 提升到 0.245,最后尝试利用迁移学习法进行小样本学习,在 PHM2012 的第一种条件下训练模型,对第三种条件下的少量数据进行微调,最终将第三种条件测试集上的 score 评分从 0.046 提升到 0.147,实验表明迁移学习、特征扩充等方法均可以提高模型的泛化能力,在工业情况下具有很高的实际价值。

7.2.1 引言

为了保持竞争力,工业生产企业必须让其生产设备长期保持良好的工况,需要在减少设备维护费用的前提下提高设备的可用性、稳定性和安全性,而设备故障预测则成为其关键环节。准确的设备故障预测能够提前为设备维护人员提供设备安全预警,维护人员依据预警提前确定设备维护时间,减少由于设备故障产生的废品率、缩短维护时间,进而减少企业的损失,具有极大的社会效益和经济效益。为此,工业生产企业需要采取适当的设备维护策略来满足这一需求。目前,基于工况的维护策略(condition-based maintenance,CBM)和预测性维护策略(predictive maintenance,PM)是最有效的两种方式,这两种方式流行的原因是它们通过预测故障发生来优化设备维护策略。与传统的故障发生后再维护不同,在 CBM 或 PM 中,维护人员对设备的维护是根据观察到或预测出的设备健康状况来定的。

通常情况下,一个 CBM 系统由七部分整合而成:传感器、信号处理、工况监测(故障检测)、健康状况评估(故障诊断)、故障预测、预测支持和最终展示。其中,故障预测是相对较新颖的任务。在学术界有越来越多故障预测的相关研究涌现,工业界也展现出了相当浓厚的兴趣,在过去的 10 多年里众多故障预测的方法、工具和应用也涌现出来。这些故障预测方法主要可以分为三种:基于模型的预测方法、数据驱动的预测方法和混合预测方法。

(1) 基于模型的预测方法依赖分析模型(代数或微分方程)来代表工业设备运转状态及其老化机制。这类方法的主要优点是能够提供准确的结果。但是,其缺点则主要存在于实际工况中。真实的设备系统通常是非线性的,设备的老化机制通常是随机的且很难以分析模型的形式得到。

(2) 数据驱动的预测方法旨在将设备的检测和运行数据转换成与设备老化有关的信息、系统运行状态及其老化机制模型。这类方法运用人工智能以及统计方法学习设备的老化模式并预测设备的有效剩余寿命。数据驱动的预测方法可以应用于那些获取并处理的检测数据易于构建物理和分析模型的场景。

(3) 混合预测方法则结合了前两种方法,因此同时具备前两种方法的优势和劣势。

在实际情况中,故障检测是容易实现的,因为故障在实际工业系统中容易模拟。然而,故障预测却并非如此,因为故障通常是设备的一个或多个部件长期缓慢老化的结果。因此为了验证故障预测方法,需要通过加速设备部件老化测试来收集设备的老化数据。在本节中我们利用时序卷积网络(temporal convolutional network,TCN)和循环神经网络(recurrent neural network,RNN)来构建一种数据驱动的故障预测模型,并用两种不同的设备老化数据(PHM2008 和 PHM2012),来检验设备故障预测方法。详细的设备数据介绍将在文中呈现。实验证明,我们的方法能够很好地拟合不同类型数据的老化模式,能够在特定时间点有限地给出当前设备的 RUL。

7.2.2 时序卷积-长短期记忆网络

由于本节面对的数据是工业设备的时序运行状态数据,本质上来说,它是一种时序数据。因此,使用循环神经网络及其变体能够很好地捕捉这些数据的时序关系以及每个数据点自身蕴含的设备零部件状态信息。但是考虑到本节使用的两个数据集均为设备零部件的振动数据,每个传感器收集的数据数值范围较大、每个传感器的数值范围不同,直接将循环神经网络应用于原始数据,模型很难收敛,因此,我们使用时序卷积网络(TCN)与长短期记忆网络(LSTM)相结合的方式构建时序卷积-长短期记忆网络(TCNLSTM)进行工业设备的RUL预测,其中 LSTM 是 RNN 的一个变体,被广泛应用于序列任务的处理中。网络的整体结构如图 7-6 所示。

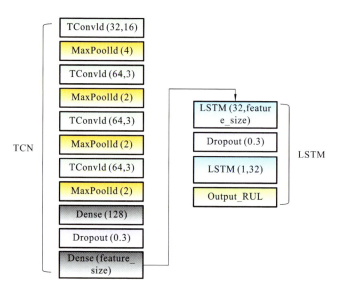

图 7-6 时序卷积-长短期记忆网络

7.2.2.1 时序卷积网络

时序卷积网络是 2018 年被提出能够很好地处理序列问题的一种一维卷积网络的变体。为了适应处理时序问题的两大要求:① 网络输入 $x_0, x_1, \cdots, x_t$ 的时序数据,网络输出也是一样大小的 $y_0, y_1, \cdots, y_t$ 的预测;② 时序预测要求,对时刻 t 的预测 x_t 只能通过 t 时刻之前的输入 $x_1, x_2, \cdots, x_{t-1}$ 来判别。TCN 卷积操作在一维卷积的基础上进行了扩张卷积操作,如图 7-7 所示,层数越深,扩张的幅度越大。

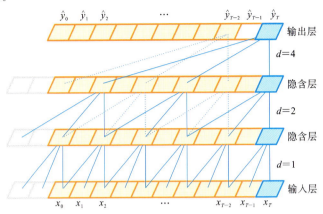

图 7-7　TCN 中的扩张卷积

此外,为了提高 TCN 的准确率,引入残差卷积的跳跃连接和 $1*1$ 的卷积操作,如图 7-8 所示。

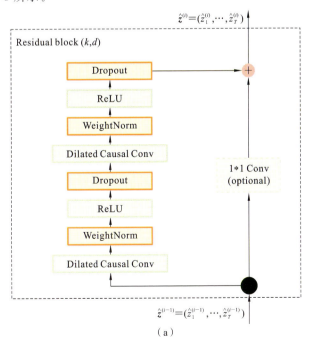

(a)

图 7-8　TCN 中的残差卷积和 $1*1$ 卷积

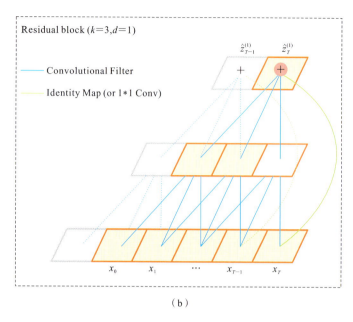

(b)

续图 7-8

7.2.2.2 长短期记忆网络

LSTM 是 RNN 的一个变体，用来解决 RNN 无法处理较长序列以及梯度爆炸和梯度消失等问题。LSTM 在 RNN 的基础上对隐藏层的信息处理进行了改进。它在 RNN 的隐藏单元 h 的基础上增加了记忆单元 c 用于存储长期历史信息，设计了输入门、遗忘门、输出门和候选记忆单元这三种门操作和一个记忆单元计算操作，对序列的历史信息和当前信息进行衡量，有选择地对历史信息进行剔除和对当前阶段有效信息进行存储。图 7-9 所示为 LSTM 的整体结构。其中，f_t、i_t、o_t 和 $\bar{C}_t$ 分别表示遗忘门、输入门、输出门和候选记忆单元。σ、tanh 为内部计算使用的激活函数。

遗忘门：首先 LSTM 要决定让哪些信息继续通过，这是通过一个带有 sigmoid 激活函数的神经网络层遗忘门 f_t 实现的。它的输入是前一时刻隐藏层 h_{t-1} 和当前输入 x_t，输出是由 0~1 之间的数值组成的向量，表示让 $\bar{C}_{t-1}$ 各部分信息通过的比重。0 表示"不让任何信息通过"，1 表示"让所有信息通过"，如图 7-10 所示。

输入门：决定让多少新的信息加入状态中来。实现这个需要两个步骤：首先，一个带有 sigmoid 层的输入门 i_t 决定哪些信息需要更新；然后 tanh 层生成

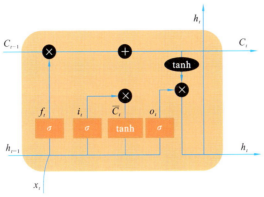

图 7-9　LSTM 结构

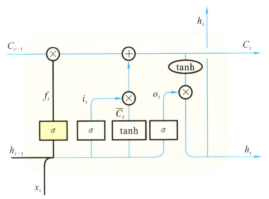

图 7-10　计算遗忘门 f_t

一个候选记忆单元 $\overline{C}_t$，即用来更新的内容。把这两部分联合起来，即可对网络状态进行更新，如图 7-11 所示。

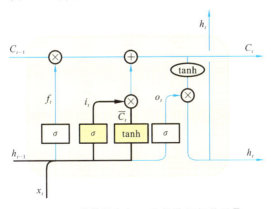

图 7-11　计算输入门 i_t 和候选记忆单元 $\overline{C}_t$

新的记忆单元计算:把过去状态乘上权重表示从 $\overline{C}_t$ 中遗忘的信息,新信息乘以信息权重 i_t 表示向 $\overline{C}_t$ 添加的新信息,如图 7-12 所示。

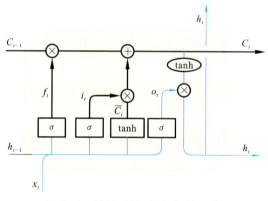

图 7-12　计算时刻 t 的记忆单元 $\overline{C}_t$

输出门:首先,使用一个 sigmoid 层从计算前一时刻隐藏层 h_{t-1} 和当前输入 x_t 的信息中得到输出权重 o_t;然后,$\overline{C}_t$ 通过一个 tanh 激活函数把数值都归到 -1 和 1 之间,将 tanh 层的输出和 sigmoid 层计算出来的权重相乘,得到新的隐藏层,如图 7-13 所示。

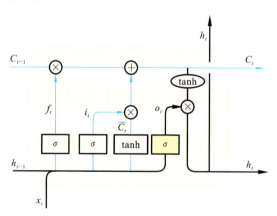

图 7-13　输出门计算

7.2.3　数据规约方法

Dropout:是指在深度学习网络的训练过程中,对于神经网络单元,按照一定的概率将其丢弃,如图 7-14 所示。对随机梯度下降来说,由于是随机丢弃,每一个 mini-batch 都在训练不同的网络。该方法是防止过拟合,提高模型效果的一

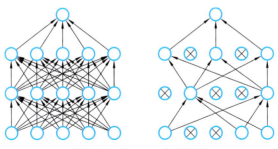

图 7-14 Dropout 作用机制

个常用方法。

数据归一化：由于不同数据的规格单位不同，首先对数据进行最大最小值归一化处理，如式(7-6)和式(7-7)所示：

$$X_{std} = (X - X_{min})/(X_{max} - X_{min}) \qquad (7\text{-}6)$$

$$X_{scaled} = X_{std}(X - X_{min}) + X_{min} \qquad (7\text{-}7)$$

其中：X 为原数据，X_{scaled} 为处理后的数据。图 7-15 所示为 PHM2008 数据集处理后的结果。

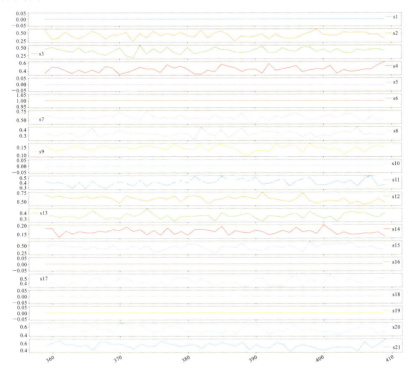

图 7-15 经过最大最小值归一化处理后的 PHM2008 数据

7.2.4 实验数据

本节介绍使用的数据集（PHM2008、PHM2012）相应的评分函数。

7.2.4.1 PHM 2008 数据集

PHM 2008 数据集是由美国 NASA 提供的一个模拟数据。这些设备老化数据集描述的是航空发动机部件的老化问题。该数据集包含 4 个子集：FD001，FD002，FD003，FD004。每个子集包含了从 21 个传感器上收集得到的时序数据，包括编号、工况条件和故障条件等，每个数据样本由 26 维组成。每个工况条件下都有一个训练集、测试集和每个引擎的 RUL。因此，每个工况下有 3 个文件，整个 PHM2008 数据集由 12 个文件构成。各数据集的介绍如表 7-3 所示。

表 7-3 PHM2008 数据集简介

数 据 集	FD001	FD002	FD003	FD004
训练集引擎数	100	260	100	249
测试集引擎数	100	259	100	248
运行条件	1	6	1	6
故障条件	1	1	2	2
训练集时间点	17731	48819	21820	57522
测试集时间点	13096	33991	16596	41214

表 7-3 中的引擎数表示每个子集中包含的引擎个数，时间点表示各个引擎采样轨迹的时间点的总和。以 FD001 为例，其中共有 100 个引擎样本，1 号引擎的采样轨迹包含 192 个时间点；其中每个时间点代表 1 s，每个时间点占用 1 行。类似的组织形式同样应用于其他的训练和测试文件。与 FD001 对应的 RUL 文件包含 100 个数值，作为当前引擎剩余寿命预测值的标签，每个样本点代表对应编号的引擎的当前剩余寿命。以 FD001 的 1 号引擎为例，该数值表示 1 号引擎运行 192 s 后的 RUL 值。

PHM2008 数据集同样提供了评分函数，$RUL_{Estimated}$ 和 RUL_{True} 分别代表 RUL 的预测值和真实值，因此，第 n 个引擎的误差值为

$$E_n = RUL_{Estimated} - RUL_{True} \tag{7-8}$$

由此容易发现，E_n 的值可正可负。当 E_n 为正值时，表示模型的预测性能很差，因为它意味着设备将在预测值到达之前出现故障。因此需要对 E_n 取正值时进行惩罚。于是，最终的评分函数写为

$$S = \begin{cases} \sum_i^N e^{-E_i/13} & (E_i < 0) \\ \sum_i^N e^{-E_i/10} & (E_i \geq 0) \end{cases} \tag{7-9}$$

7.2.4.2 PHM 2012 数据集

PHM2012 数据集由 IEEE PHM 2012 Data Challenge 管理，并发布于一个新的用于设备轴承加速老化测试实验平台 PRONOSTIA 上。该数据平台提供的是设备轴承在三种不同的负载条件下的老化数据。该实验平台提供的运行情况数据与轴承的常规退化过程一致。换句话说，轴承是以全新的状态一直运行到故障发生，其间几乎包含了轴承退化过程中的所有损耗类型（例如：球状损耗、内外环损耗等）。图 7-16 所示为 PRONOSTIA 平台上产生损耗的轴承与正常轴承的对比。

图 7-16 正常及退化后的轴承

PRONOSTIA 平台是由 FEMOT-ST 的 AS2M 部分设计实现的，提供球状轴承老化过程的实验数据，这些数据包含了轴承的全生命周期（轴承从全新到轴承完全故障）数据。PRONOSTIA 主要包含三部分：旋转部分、故障生成部分和数据测量部分。图 7-17 所示为 PRONOSTIA 的整体结构。轴承老化是通过径向力生成器作用于球状轴承上完成的，并通过振动传感器和温度传感器来收集轴承的老化数据。振动传感器由两个相互垂直的加速器组成，采样频率为

25.6 kHz，每次取 0.1 s 的采样数据；温度传感器是电阻式温度检测器（resistance temperature detector，RTD）PT100，采样频率为 10 Hz。

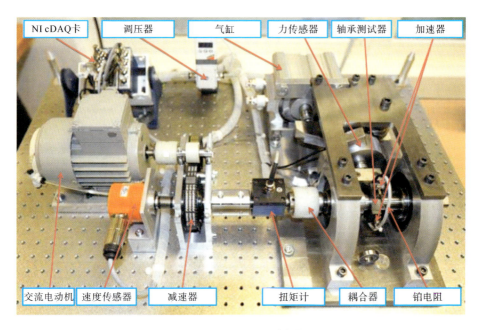

图 7-17　PRONOSTIA 的整体结构

根据轴承及其退化进程的不同，每个轴承的故障模式可能略有差异。图 7-18 所示为 PRONOSTIA 平台上产生的一个全生命周期的振动原始数据，其中包含了三种负载条件下的全部数据，按照顺序依次拼接起来。PRONOSTIA 产生的数据存在以下几种老化模式：① 理想的老化模式，即随着时间的推进，轴承的老化越来越明显，呈缓慢递增的形式，这样的数据利用阈值就能非常容易地预测设备的 RUL；② 突然老化，在一些情况下，轴承的老化会突然发生，且不呈现缓慢递增的情况；③ 理论模型误匹配；④ 噪声程度影响轴承的老化过程。

PRONOSTIA 平台的轴承老化运行环境主要有三种：① 负载 4000 N 时，轴承转速为 1800 r/min；② 负载 4200 N 时，轴承转速为 1650 r/min；③ 负载 5000 N 时，轴承转速为 1500 r/min。详细的训练及测试数据比例如表 7-4 所示。其中训练集包含 7534 个时间样本，测试集包含 13965 个时间样本，每个时间点包含 2560 个振动数据。

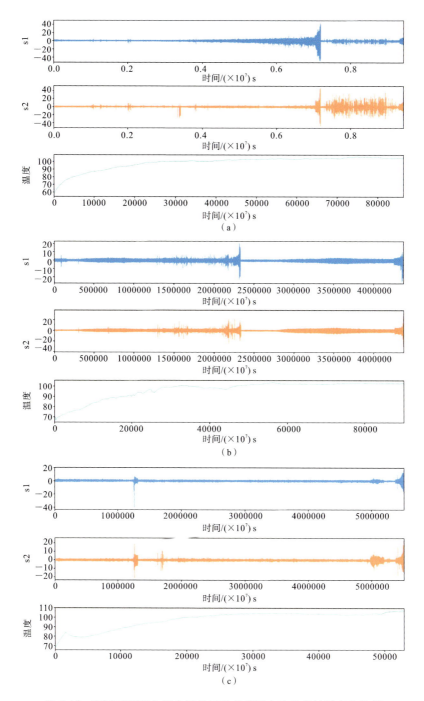

图 7-18 PRONOSTIA 平台下的三种负载压力产生的轴承老化数据

注：每张图的第一行和第二行为振动传感器的两个加速器数据，第三行为温度传感器数据。

表 7-4 PRONOSTIA 产生的训练集和测试集

数据集	运行情况		
	条件 1	条件 2	条件 3
训练集	Bearing1_1 Bearing1_2	Bearing2_1 Bearing2_2	Bearing3_1 Bearing3_2
测试集	Bearing1_3 Bearing1_4 Bearing1_5 Bearing1_6 Bearing1_7	Bearing2_3 Bearing2_4 Bearing2_5 Bearing2_6 Bearing2_7	Bearing3_3

PRONOSTIA 平台同样提供了评分函数,用于评估预测模型的精度。以 RUL_i 和 $ActRUL_i$ 分别表示由模型预测的和真实的轴承剩余有效寿命,下标 i 表示表 7-4 中第 i 个条件下的测试数据。第 i 个测试数据的错误率为

$$Er_i = 100\% \times \frac{ActRUL_i - RUL_i}{ActRUL_i} \quad (7\text{-}10)$$

预测不足和过度预测将以不同的形式进行处理:好的预测性能是模型能够较早地预测出 RUL(即 $Er_i > 0$ 或 $RUL_i < ActRUL_i$),而较差的预测性能则是模型产生了高于实际 RUL 的预测值(即 $Er_i < 0$ 或 $RUL_i > ActRUL_i$)。因此 RUL 的精度分值及最终所有的测试预测 RUL 的分值分别为

$$A_i = \begin{cases} \exp^{-\ln(0.5) \cdot (Er_i/5)} & (Er_i < 0) \\ \exp^{\ln(0.5) \cdot (Er_i/20)} & (Er_i \geq 0) \end{cases} \quad (7\text{-}11)$$

$$Score = \frac{1}{11} \sum_{i=1}^{11} A_i \quad (7\text{-}12)$$

7.2.5 实验及分析

在本小节中,我们将给出时序卷积-长短期记忆网络在 PHM2008 和 PHM2012 数据集上的实验结果,并对其进行分析。考虑工业生产场景可知,新设备或维护后的设备投入使用后老化过程即同时开启。但是这些设备在投产后的一段时间其老化过程相对缓慢,设备运行状态始终处于良好区间,即设备正常运行。由于设备的长期运行,其各零部件的老化已经较为明显,设备会产生比正常状态波动大的运行状态数据。因此,设备正常运行状态的时间序列数据可视为负样本数据。训练过程中将这类数据加入会加大模型训练的难度,极

端条件下会导致模型难以收敛。PHM2008 和 PHM2012 均包含了这类数据，这对数据的建模提出了较高的要求。

7.2.5.1　PHM2008

我们首先在 PHM2008 数据集上进行测试，将 PHM2008 的 4 个训练数据文件合并，构成一个完整的、可直接用于训练的数据集。此外，将测试数据集以同样的方式组织用于验证训练过程中模型的训练情况。处理后的训练数据和测试数据分别包含 160359 个样本和 104897 个样本，训练集与测试集数据没有任何重合，且测试数据不参加模型训练。训练过程中使用的损失函数是均方误差（mean squared error，MSE）。模型训练过程如图 7-19 所示。从图中可以发现，我们提出的模型不仅对训练集的 MSE 能够迅速收敛，测试集的 MSE 基本上也以同样的趋势迅速收敛，这表明我们提出的模型能够有效且迅速地对 PHM2008 的数据进行建模，具有很好的泛化能力。

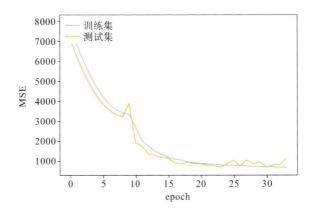

图 7-19　PHM2008 数据集训练集损失和测试集损失的整体过程

由于 PHM2008 数据集中包含了设备正常状态下的运行数据，因此，采取两种不同的策略检验提出的模型的泛化能力：① 不对原始数据进行特殊处理，直接使用原始数据进行模型训练，如图 7-20(a)所示；② 对正常状态下的运行数据进行归一化处理，将正常状态下的设备 RUL 设置为最后一个正常状态时间点对应的 RUL，如图 7-20(b)所示。图中由下向上的拐点代表设备维护完毕，而由上向下的拐点代表设备重新投入运行。下面用两种类型的处理方式检验模型在不同数据分布下的泛化能力。

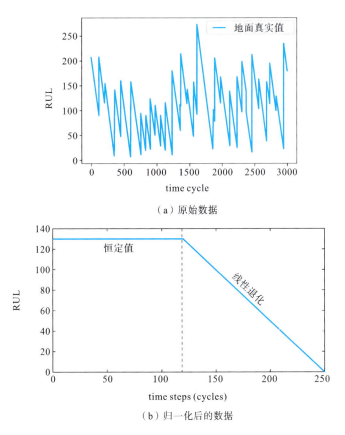

(a) 原始数据

(b) 归一化后的数据

图 7-20　原始数据与归一化后的数据

图 7-21 所示为使用原始数据的实验结果,图(a)为全部测试集数据的拟合结果;图(b)为测试数据集中异常状态数据的拟合结果,其中蓝色曲线代表每个时间点真实的 RUL,黄色曲线代表由模型预测得到的预测 RUL。从图(a)中可以看到当训练集数据中包含正常状态和异常状态的数据时,模型在设备刚开始运行的阶段,预测结果拟合较弱,但当设备运行一段时间后,模型的预测 RUL 大部分低于真实 RUL 或与真实 RUL 重合(见图(b))。模型能够准确地预测设备将要发生故障的时间点。相较于设备运行初期的 RUL 预测值,设备运行较长时间后的 RUL 预测值的准确度更为重要,只有在设备接近故障前,准确地预测出其 RUL 才能够准确地制定合理的维护策略,我们提出的模型在这方面有明显优势。

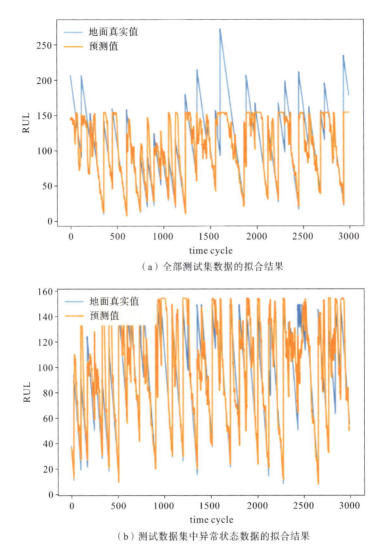

（a）全部测试集数据的拟合结果

（b）测试数据集中异常状态数据的拟合结果

图 7-21　使用原始数据的实验结果

图 7-22 所示为使用归一化后的数据的实验结果，其中图（a）所示为连续 8000 个测试集样本点的预测 RUL 结果，图（b）、（c）、（d）所示分别为测试集不同的随机抽样的预测 RUL 结果。从图（b）、（c）、（d）中可以看到，模型在归一化后的数据上的 RUL 预测结果依然与真实 RUL 值非常接近，甚至在部分设备正常运行状态的情况下（蓝色曲线的横线部分），预测的 RUL 结果与真实 RUL 值非常接近。这些实验表明我们提出的模型在 PHM2008 数据集上的准确度和鲁棒性均比较高。

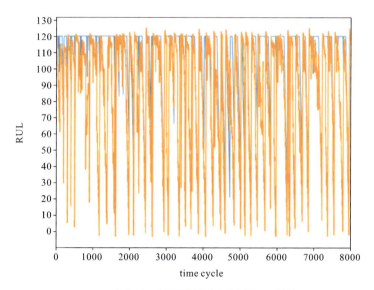

(a)8000个测试集样本点的预测RUL结果

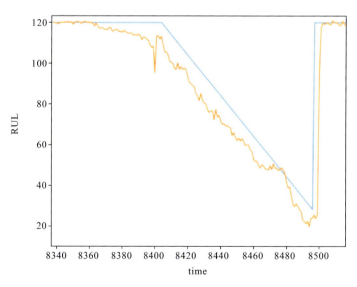

(b)随机抽样拟合结果1

图 7-22 使用归一化后的数据的实验结果

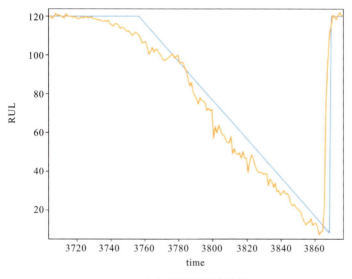

(c) 随机抽样拟合结果2

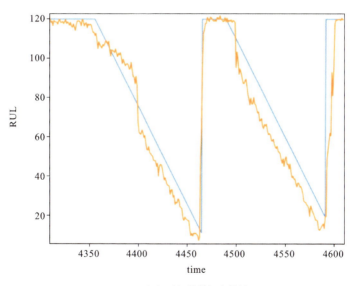

(d) 随机抽样拟合结果3

续图 7-22

7.2.5.2 PHM2012

我们将同样的模型应用于 PHM2012 数据集,对 PHM2012 数据集进行建模。PHM2012 数据集包含与 PHM2008 数据集相同的数据类型:正常数据和异常数据。与 PHM2008 数据集不同的是,PHM2012 数据集的训练样本和数据维度都远小于 PHM2008 数据集。这无疑给模型的训练和收敛又增加了相当大的难度。图 7-23 所示为我们提出的模型在 PHM2012 训练集和测试集原始数据上的损失曲线。

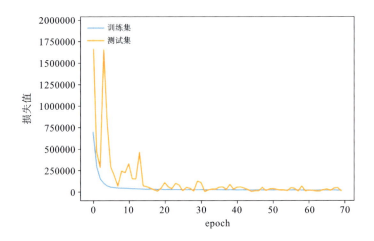

图 7-23 本节提出的模型在 PHM2012 训练集和测试集原始数据上的损失曲线

图 7-24 展示了我们提出的模型在全部测试集上的拟合结果。图中的横坐标从左到右依次表示三种不同压力条件下的轴承数据。可以看到,模型在第一种压力条件下的拟合情况非常好,几乎与真实 RUL 值一致,但是第二种、第第三种的拟合情况与第一种的拟合情况相比较弱。而第三种和第二种相比,第三种的拟合情况要好于第二种的拟合情况。这是因为除了训练集数据和特征的局限性外,第二种信号的中间波动最大,这在已有的数据局限性上又加大了模型的拟合难度。

由于 PHM2012 的训练集样本数和样本数据的特征数都很少,因此 PHM2012 很难达到与 PHM2008 同样好的效果。于是我们尝试了一种新的方式,将每个训练集样本数据的特征用经验模态分解(empirical mode decomposition,EMD)方式进行扩充。EMD 方法的关键是它能使复杂信号分解为有限个本征模函数(intrinsic mode function,IMF),所分解出来的每个 IMF 分量包含

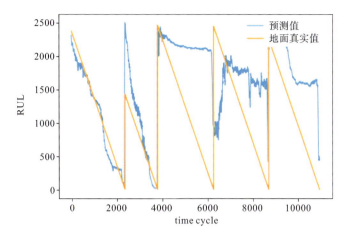

图 7-24 PHM2012 测试集的全部数据的拟合曲线

了原信号在不同时间尺度的局部特征信号。EMD 分解方法是基于以下假设条件建立的：① 数据至少有两个极值，一个最大值和一个最小值；② 数据的局部时域特性是由极值点间的时间尺度唯一确定的；③ 如果数据没有极值点但有拐点，则可以通过对数据微分一次或多次求得极值，然后再通过积分来获得分解结果。图 7-25 所示为 EMD 分解信号的一个实例。

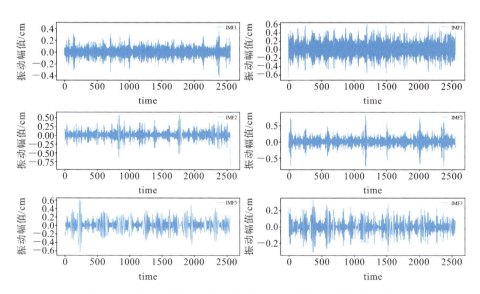

图 7-25 EMD 分解振动传感器的两个加速器传感数据的例子

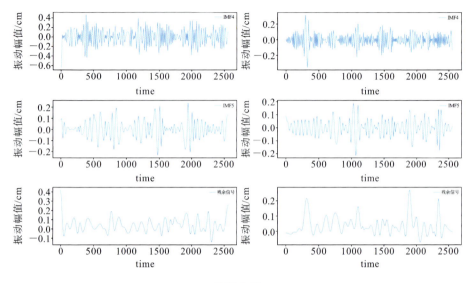

续图 7-25

在理论上，EMD 方法可以应用于任何类型的时间序列（信号）的分解，因而在处理非平稳及非线性数据上，EMD 方法比之前的平稳化方法具有更明显的优势。所以，EMD 方法一经提出就在不同的工程领域得到了迅速有效的应用，例如在海洋、大气、天体观测资料与地球物理记录分析等方面。这种方法的本质是通过数据的特征时间尺度来获得本征波动模式，然后分解数据。图 7-26 所示为原始数据和经 EMD 方法扩充的数据的训练集及测试集误差曲线。从图中

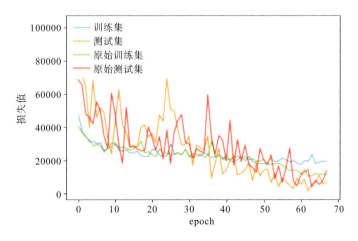

图 7-26　原始数据和经 EMD 方法扩充的数据的训练集及测试集误差曲线

可以看到,虽然经 EMD 方法扩充的数据在训练过程中的波动要大于原始数据,但最终收敛的结果显示,经 EMD 方法扩充的数据训练集和测试集的误差值均小于原始数据的误差值,这说明 EMD 方法的特征扩充是有效的。

图 7-27 展示了原始数据和经 EMD 方法扩充的数据训练得到的模型在测试集上的拟合情况,结果同样表明 EMD 方法的特征扩充是有价值的。

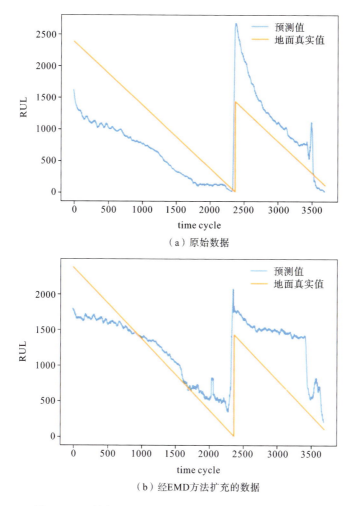

图 7-27 原始数据和经 EMD 方法扩充的数据的拟合结果

除了我们提出的模型外,我们还尝试了其他的几种模型,并将它们应用于原始数据和 EMD 扩充数据,并计算了各个模型在测试集上的评分,如表 7-5 所示。从原始数据可以发现,我们提出的模型得到的评分是最高的。而经 EMD

方法扩充的数据导致我们的模型评分有所下降,这其中可能的原因是分解后的特征将原本紧凑的振动信息分散开来,在用 LSTM 进行计算时,LSTM 特殊的遗忘机制将被分散的信息遗失了。CNN 的对比实验证明了 EMD 方法的有效性,我们将进一步探索如何将我们提出的模型与 EMD 方法结合。

表 7-5 几种不同模型在两种数据集上的评分

	Ours	CNN-1D	CNN-2D
PHM2012	0.334	0.134	0.184
EMD-PHM2012	0.237	0.245	0.213

考虑到 PHM2012 数据集的样本量问题,我们尝试将迁移学习应用于该数据集以适应数据量的限制问题。我们仅使用第一种负载压力条件下的数据对模型进行训练;训练结束后,仅利用 200 条(总数据量为 2152 条)第三种负载压力条件下的数据对模型进行微调,微调的训练时间非常短暂,仅 40 多秒。从图 7-28 和表 7-6 中可以看到,不管是曲线拟合程度还是评分,仅用小样本数据进行迁移学习取得了良好的效果。

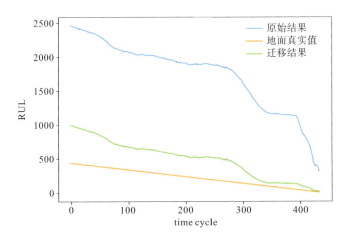

图 7-28 本节提出的模型在第一种和第三种条件下迁移学习的实验结果

表 7-6 本节提出的模型在第三种条件下迁移学习和监督学习的评分

	条件 3
迁移学习	0.147
监督学习	0.046

7.2.6 讨论及建议

本节中我们提出一种基于时序卷积-长短期记忆网络结构,该网络结构由时序卷积网络和长短期记忆网络组成,尝试预测工业设备的剩余有效寿命。在实验仿真方面,我们采用 PHM2008 和 PHM2012 两种不同种类设备的运行状态数据集来检验我们提出的模型。通过检验我们发现,该网络结构具有良好的通用性,对于不同类型的设备,在测试集上都能够得到良好的拟合结果,当然,在实验过程中同样发现了一些问题。在 PHM2012 数据集中,我们发现无论哪种模型都无法较好地对第二种负载压力条件下的轴承数据进行建模。通过分析我们发现,其主要原因在于数据样本及样本特征的限制。因此,如何采用有效的特征扩充方法对数据进行特征扩充是接下来需要解决的问题。此外,考虑到 PHM2012 数据集样本较少,如何利用 PHM2008 数据集训练得到的模型对 PHM2012 数据集进行微调建模,即如何将迁移学习应用于这两类数据集的迁移建模上是一个很有价值的研究方向。

7.3 数据驱动技术在载人深潜器设备管理中的应用

7.3.1 案例背景

1. 载人深潜器及水声通信机

深潜技术是进行海洋开发的必要手段,它是由深潜器、工作母船(水面支援船)和陆上基地组成的一个完整的系统。深潜器作为关键部分,主要用来执行水下考察、海底勘探、海底开发、打捞和救生等任务,并可以作为深海活动的水下作业基地。载人水下深潜器,由于需要同时具有载人、水下观察和作业能力,如到达深海的海山、热液、盆地和洋中脊等复杂海底地形进行巡航、悬停、正确就位和定点坐坡等高难度作业,其电气化、自动化的程度较高,系统建造难度较大,整体系统内的子系统互动复杂,存在着非线性、动态性和不确定性等特征。为实现对深潜器的实时监控和信息采集,我国近些年研发的载人深潜器在重要设备和模块上安装了大量传感器,可以实现数据的有效记录和设备的状态监测。

水声通信机用于在载人潜水器与水面支援母船之间建立实时通信联系。在下潜作业过程中,水声通信系统可将深潜器的各种信息和现场图片准确传送到水面,供指挥部做出决策,指导水下作业;同时,潜航员与水面指挥人员通过语音、文字和指令通信可以随时就水下作业情况进行交流,某载人深潜器声学系统总体布置图及水声通信机的位置如图 7-29 所示。由此可见,水声通信机是综合性的通信系统,对载人深潜器来说,水声通信机对信息传输的作用至关重要。若水声通信机发生故障或者风险事件将对深潜器的水下安全行驶产生极大影响。

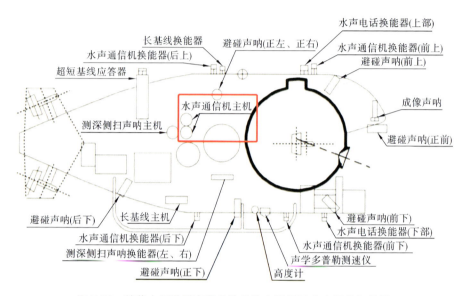

图 7-29　某载人深潜器声学系统总体布置图及水声通信机位置

2. 研究目标:探索性研究水声通信机漏水伪报的原因

漏水检测对于一台具有载人功能的深潜器来说是极其重要的,因为潜水器发生漏水不但会对一些设备性能产生不良影响,还会严重威胁驾驶人员和科考人员的生命安全。一旦发生漏水报警,深潜器需要立即抛载上浮,会造成人力、物力和财力的浪费,也会使得深潜试验失败。不幸的是,在不同深度的海试过程中,我国某型号载人深潜器曾发生漏水预警事件,尤其在 5000 米级的几次海试过程中,水声通信机中的漏水预警装置发出了报警。该深潜器的水声通信机部分的电子单元固定在一个圆柱形封闭罐体内,漏水检测仪固定在罐体底部封口处来检测罐体是否有水渗入。然而,基于出海前的测试,已确保水声通信机的漏水报警器可以正常工作(即通过测试确认有水出现才会报警,检测功能正常),同时返航后的检测结果表明其他深潜器设备的漏水检测装置并未发生漏水报警(没有海水在潜航过程中渗入船体)。同时考虑到整个深潜试验中漂浮、下潜、作业、上浮和漂浮的过程是个镜像对称过程,而漏水预警只发生在返航阶段,因此我们推测在深海环境海试过程中,一些环境影响因素变化使得返航阶段中的水以"某种形式"出现,被水声通信机中的漏水检测仪检测到,从而导致伪报警。基于此,此次研究的目标是利用数据驱动的分析方法,判断水声通信机漏水伪报警的推测是否正确,同时探索漏水伪报警的原因和影响因素。

3. 数据驱动方法的优劣势分析

数据驱动方法主要利用全量数据,通过统计分析、信号处理、机器学习和人工智能等手段,对数据进行关联分析、分类聚类、异常挖掘、预测分析等来寻找变量数据间的相关性,以直接从数据中挖掘"知识"来指导决策。相较于传统知识的驱动方法,数据驱动方法主要有以下特征。

优势:

(1) 数据产生过程中,领域专家或研究者的介入度很低;

(2) 各类模型算法具有较广的适用范围;

(3) 基于相关性结果开展应用;

(4) 建模方法具有一般的通用流程;

(5) 适应性广,可应用于绝大多数应用场合;

(6) 可处理高维复杂性工程问题。

劣势:

(1) 需要大量数据进行模型训练和验证;

(2) 信噪比更高,需要科学有效的筛选;

(3) 主要反映变量间的相关性,难以体现因果关系;

(4) 无法实现有效机理解释和分析。

就目前水声通信机漏水检测仪伪报警问题来说,研究目标是探索影响漏水伪报警的原因和影响因素。由于此问题尚无明确的分析方向,因此无法有效地利用传统知识驱动方法进行分析、测试和校验,而数据驱动方法可以不受知识驱动模型应用的约束,同时具有标准化的应用流程,适应性广。数据驱动方法利用的重要条件之一是需要大量数据进行模型训练和验证,而从目前掌握的深潜器传感器数据采集量上看,数据量完全可以满足模型训练和验证的需求。同时,在分析过程中,也将与漏水的知识结合来提高分析的效率,如对监测到的高维数据进行科学有效的筛选,对分析结果进行合理的因果性机理解释等。

综上可知,就本问题的分析性质和要求,可以利用数据驱动方法来实现水声通信机漏水伪报警原因的探索性分析。

7.3.2 技术框架

1. 数据来源及介绍

本次探索性分析利用的数据源自某型号载人深潜器在 5000 米级 4 次深潜试验过程中安装的大量传感器,传感器可监测 380 多维设备的相关数据,以及下潜过程中的海洋环境数据,可以实现从载人深潜器入水下潜到返航上浮的全程全设备状态监控。图 7-30 至图 7-40 展示了传感器采集的局部数据情况。4 次深潜试验均在同一海域,每次试验深潜器载有不同的驾驶人员和科学家进行试验作业。

右舷接线箱	副蓄电池箱	备用蓄电池	液压系统油	配电罐漏水	计算机罐漏	左舷接线箱
9.085693	9.080811	9.080811	-.01342773	9.095459	9.090576	9.08813
9.085693	9.088135	9.080811	-.008544922	9.090576	9.090576	9.08813
9.085693	9.080811	9.080811	-.008544922	9.095459	9.090576	9.08813
9.085693	9.080811	9.080811	-.01342773	9.090576	9.090576	9.08813
9.085693	9.088135	9.080811	-.01342773	9.095459	9.090576	9.09301
9.093018	9.080811	9.080811	-.008544922	9.095459	9.090576	9.08813
9.085693	9.088135	9.080811	-.008544922	9.095459	9.090576	9.08813
9.0979	9.093018	9.085693	-.008544922	9.100342	9.100342	9.097
9.093018	9.093018	9.090576	-.008544922	9.100342	9.095459	9.097
9.085693	9.088135	9.085693	-.008544922	9.100342	9.100342	9.097
9.085693	9.088135	9.085693	-.008544922	9.100342	9.100342	9.097
9.085693	9.080811	9.080811	-.01342773	9.100342	9.100342	9.097
9.085693	9.088135	9.080811	-.01342773	9.095459	9.090576	9.08813
9.093018	9.088135	9.080811	-.01342773	9.095459	9.090576	9.09301
9.085693	9.088135	9.080811	-.01342773	9.090576	9.090576	9.08813

图 7-30 各设备的漏水监测数据

舶推	舯推左	舯推右	舰推左	舰推右	舰推上	舰推下
.6224719	-.5593231	.5305393	.6415816	-.7258992	0	0
.6224719	-.5593231	.5305393	.6415816	-.7258992	0	0
.6240513	-.5601713	.5310305	.6433305	-.7285278	0	0
.6240513	-.5601713	.5310305	.6433305	-.7285278	0	0
.6344875	-.5658067	.5343067	.6548764	-.7458112	0	0
.6256241	-.5610171	.5315209	.6450716	-.7311417	0	0
.6360175	-.5666374	.5347915	.6565678	-.7483333	0	0
.6271903	-.5618606	.5320104	.646805	-.7337415	0	0
.6271903	-.5618606	.5320104	.646805	-.7337415	0	0
.6256241	-.5610171	.5315209	.6450716	-.7311417	0	0
.6149333	-.5552931	.5282119	.6332258	-.7133036	0	0
.613314	-.5544323	.5277157	.6314334	-.7105869	0	0
.6224719	-.5593231	.5305393	.6415816	-.7258992	0	0
.6208856	-.5584727	.5300472	.6398247	-.7232557	0	0
.6192926	-.5576199	.5295543	.63806	-.7205973	0	0
.6192926	-.5576199	.5295543	.63806	-.7205973	0	0
.6176925	-.5567647	.5290605	.6362592	-.7179235	0	0
.608412	-.5518321	.5262218	.6259953	-.7023376	0	0
.6192926	-.5576199	.5295543	.63806	-.7205973	0	0

图 7-31 推进器控制监测数据

多普勒计程仪高度 ▼	多普勒计程仪横向速度 ▼	多普勒计程仪前进速 ▼	多普勒计程仪温度 ▼	时间 ▼
21.4825	0	0	6.17	7/12 13:53:59
21.4825	0	0	6.17	7/12 13:53:59
21.4825	0	0	6.17	7/12 13:54:00
21.4825	0	0	6.17	7/12 13:54:00
21.4825	0	0	6.16	7/12 13:54:01
21.4825	0	0	6.16	7/12 13:54:01
21.4825	0	0	6.16	7/12 13:54:02
21.4825	0	0	6.16	7/12 13:54:02
21.4825	0	0	6.14	7/12 13:54:03
21.4825	0	0	6.14	7/12 13:54:03
21.4825	0	0	6.14	7/12 13:54:04
21.4825	0	0	6.14	7/12 13:54:04
21.4825	0	0	6.14	7/12 13:54:05
21.4825	0	0	6.14	7/12 13:54:05
21.4825	0	0	6.14	7/12 13:54:06
21.4825	0	0	6.14	7/12 13:54:06
21.4825	0	0	6.14	7/12 13:54:07
21.4825	0	0	6.12	7/12 13:54:07
21.4825	0	0	6.12	7/12 13:54:08
21.4825	0	0	6.12	7/12 13:54:08

图 7-32 多普勒计程仪监测数据

纵倾 ▼	左移/右移 ▼	前进/后退 ▼	航向 ▼	上浮/下潜 ▼	载人舱漏水 ▼	24V电流检测 ▼
0	9.959717	0	0	-9.766846	-9.999084	20.70649
0	9.959717	0	0	-9.766846	-9.999084	20.79739
0	9.959717	0	0	-9.766846	-9.999084	20.70649
0	9.959717	0	0	-9.766846	-9.999084	20.70649
0	9.959717	0	0	-9.766846	-9.999084	20.79739
0	9.959717	0	0	-9.766846	-9.999084	20.70649
0	9.959717	0	0	-9.766846	-9.999084	21.11581
0	9.959717	0	0	-9.766846	-9.999084	21.11581
0	9.959717	0	0	-9.766846	-9.999084	20.88832
0	9.959717	0	0	-9.766846	-9.999084	22.02787
0	9.959717	0	0	-9.766846	-9.999084	21.61702
0	9.959717	0	0	-9.766846	-9.999084	20.79739
0	9.959717	0	0	-9.656982	-9.999084	20.88832
0	9.959717	0	0	-9.661865	-9.999084	20.5702
0	9.959717	0	0	-9.661865	-9.999084	20.79739
0	9.959717	0	0	-9.661865	-9.999084	20.70649
0	9.959717	0	0	-9.661865	-9.999084	20.79739
0	9.959717	0	0	-9.661865	-9.999084	20.79739
0	9.959717	0	0	-9.625244	-9.999084	20.79739

图 7-33 航行控制操纵盒监测数据

深度	高度	俯仰角	横倾角	航向角	东向速度	北向速度	升沉
1009.892	0	-.8843994	-.7141113	30.3772	0	0	
1010.145	0	-.9173584	-.6976318	30.64087	0	0	
1010.526	0	-.9832764	-.6921387	31.04736	0	0	
1010.782	0	-1.016235	-.6921387	31.32202	0	0	
1011.158	0	-1.082153	-.7086182	31.89331	0	0	
1011.417	0	-1.104126	-.7250977	32.18445	0	0	
1011.798	0	-1.137085	-.736084	32.61841	0	0	
1012.054	0	-1.170044	-.7250977	32.89856	0	0	
1012.436	0	-1.224976	-.7141113	33.31055	0	0	
1012.692	0	-1.257935	-.703125	33.57971	0	0	
1013.071	0	-1.296387	-.6866455	33.97522	0	0	
1013.324	0	-1.312866	-.6756592	34.22791	0	0	
1013.705	0	-1.334839	-.6591797	34.59045	0	0	
1013.96	0	-1.351318	-.6427002	34.82666	0	0	
1014.348	0	-1.356812	-.6262207	35.17273	0	0	
1014.601	0	-1.356812	-.6262207	35.38696	0	0	
1014.982	0	-1.356812	-.6481934	35.71655	0	0	
1015.233	0	-1.345825	-.6756592	35.91431	0	0	
1015.617	0	-1.323853	-.7305908	36.21643	0	0	
1015.864	0	-1.307373	-.769043	36.40869	0	0	

图 7-34 速度相关控制量监测数据

深度	高度	俯仰角	横倾角	航向角	东向速度	北向速度	升沉
1009.892	0	-.8843994	-.7141113	30.3772	0	0	
1010.145	0	-.9173584	-.6976318	30.64087	0	0	
1010.526	0	-.9832764	-.6921387	31.04736	0	0	
1010.782	0	-1.016235	-.6921387	31.32202	0	0	
1011.158	0	-1.082153	-.7086182	31.89331	0	0	
1011.417	0	-1.104126	-.7250977	32.18445	0	0	
1011.798	0	-1.137085	-.736084	32.61841	0	0	
1012.054	0	-1.170044	-.7250977	32.89856	0	0	
1012.436	0	-1.224976	-.7141113	33.31055	0	0	
1012.692	0	-1.257935	-.703125	33.57971	0	0	
1013.071	0	-1.296387	-.6866455	33.97522	0	0	
1013.324	0	-1.312866	-.6756592	34.22791	0	0	
1013.705	0	-1.334839	-.6591797	34.59045	0	0	
1013.96	0	-1.351318	-.6427002	34.82666	0	0	
1014.348	0	-1.356812	-.6262207	35.17273	0	0	
1014.601	0	-1.356812	-.6262207	35.38696	0	0	
1014.982	0	-1.356812	-.6481934	35.71655	0	0	
1015.233	0	-1.345825	-.6756592	35.91431	0	0	
1015.617	0	-1.323853	-.7305908	36.21643	0	0	
1015.864	0	-1.307373	-.769043	36.40869	0	0	

图 7-35 船体控制监测数据

罗盘纵倾角	罗盘横倾角	备份1	罗盘航向角	罗盘纵倾角	罗盘横倾角	备份	时
0	0	0	30.7	.5	-1.3	0	07/12
0	0	0	30.4	1	-1.2	0	07/12
0	0	0	30.4	1	-1.1	0	07/12
0	0	0	30.5	1.2	-.9	0	07/12
0	0	0	30.5	1.1	-1.1	0	07/12
0	0	0	30.7	.8	-1.3	0	07/12
0	0	0	30.7	.8	-1.5	0	07/12
0	0	0	30.3	.6	-1.7	0	07/12
0	0	0	30.4	.6	-1.5	0	07/12
0	0	0	30.7	1	-1.4	0	07/12
0	0	0	30.6	.8	-1.5	0	07/12
0	0	0	30.3	1.1	-1.2	0	07/12
0	0	0	30.4	.7	-1.3	0	07/12
0	0	0	30.5	1	-1.1	0	07/12
0	0	0	30.7	1.1	-1.2	0	07/12
0	0	0	30.6	1.2	-1.1	0	07/12
0	0	0	30.6	1.2	-1.1	0	07/12
0	0	0	30.2	.8	-1.4	0	07/12
0	0	0	30.7	.8	-1.3	0	07/12

图 7-36 罗盘监测数据

氧气浓度	二氧化碳浓度	舱内压力	舱内温度	舱内湿度	应急液压源	备份2	备
19.7	.2870002	96.09998	28.7	57.39999	0	0	
19.49999	.2850002	95.29998	28.49999	56.99999	0	0	
19.19999	.2820002	94.09998	28.19999	56.39999	0	0	
18.99999	.2800003	93.29997	27.99999	55.99998	0	0	
18.69999	.2770003	92.09997	27.69999	55.39998	0	0	
18.49999	.2750003	91.29996	27.49999	54.99998	0	0	
18.19999	.2720004	90.09996	27.19999	54.39998	0	0	
17.99999	.2700004	89.29996	26.99999	53.99998	0	0	
17.69999	.2670004	88.09995	26.69999	53.39997	0	0	
17.49999	.2650005	87.29995	26.49999	52.99997	0	0	
17.19999	.2620005	86.09995	26.19999	52.39997	0	0	
16.99998	.2600005	85.29994	25.99998	51.99998	0	0	
16.69998	.2570006	84.09994	25.69998	51.39997	0	0	
16.49998	.2550006	83.29993	25.49998	50.99997	0	0	
16.19998	.2520006	82.09993	25.19998	50.39996	0	0	
15.99998	.2500007	81.29993	24.99998	49.99996	0	0	
15.69998	.2470006	80.09992	24.69998	49.39996	0	0	
15.49998	.2450006	79.29992	24.49998	48.99996	0	0	
15.19998	.2420006	78.09991	24.19998	48.39996	0	0	
14.99998	.2400006	77.29991	23.99998	47.99995	0	0	

图 7-37 生命支持系统监测数据

设备大数据

潜标1距离	潜标2距离	潜标3距离	潜标4距离	避碰前上声呐	避碰前声呐	避碰前下声呐
1212.890625	212.86010742	-45.77636719	1212.890625	254	254	254
1212.890625	212.86010742	-45.77636719	1212.890625	254	254	254
1212.890625	212.86010742	-45.77636719	1212.890625	254	254	254
1212.890625	212.86010742	-45.77636719	1212.890625	254	254	254
1212.890625	212.86010742	-45.77636719	1212.890625	254	254	254
1212.890625	212.86010742	-45.77636719	1212.890625	254	254	254
1212.890625	212.86010742	-45.77636719	1212.890625	254	254	254
1212.890625	212.86010742	-45.77636719	1212.890625	254	254	254
1212.890625	212.86010742	-45.77636719	1212.890625	254	254	254
1212.890625	212.86010742	-45.77636719	1212.890625	254	254	254
1212.890625	212.86010742	-45.77636719	1212.890625	254	254	254
1212.890625	212.86010742	-45.77636719	1212.890625	254	254	254
1212.890625	212.86010742	-45.77636719	1212.890625	254	254	254
1212.890625	212.86010742	-45.77636719	1212.890625	254	254	254

图 7-38　声学计算机监测数据

系统vp1压力	110V电源电	24V电源电流	系统vp2压力	油箱压力	VP2油箱温压	10LPM补偿器	15LPM补偿器	纵倾系
.2	4.3956	.2	8.20749	12.1953	30.5335	70.41	69.152	
15.69422	11.8437	.2	8.20749	12.1953	30.5335	70.41	69.152	
16.34696	11.7216	.2	15.90191	12.2814	30.5335	70.35	69.152	
16.13927	11.8437	.2	15.90191	12.2814	30.5335	70.35	69.152	
16.13927	11.8437	.2	15.90191	12.2814	30.5335	70.35	69.152	
16.13927	11.8437	.2	15.90191	12.2814	30.5335	70.35	69.152	
16.13927	11.8437	.2	15.90191	12.2814	30.5335	70.35	69.152	
16.13927	11.8437	.2	14.71511	12.3388	30.8593	70.23	71.2	
16.13927	11.8437	.2	14.71511	12.3388	30.8593	70.23	71.2	
16.13927	11.8437	.2	14.73489	12.3101	30.6964	70.35	69.024	
15.42719	11.9658	.2	14.68544	12.3101	30.3706	70.29	69.28	
15.37554	11.7216	.2	14.65577	12.2814	30.5335	70.32	69.184	
15.40741	11.8437	.2	14.67555	12.3101	30.3706	70.29	69.792	
15.38763	11.5995	.2	14.6261	12.3101	30.3706	70.29	70.08	
15.4173	11.9658	.2	14.6261	12.3101	30.2077	70.29	69.824	
15.26895	11.5995	.2	14.61521	12.3101	30.5335	70.32	69.952	
15.3184	11.5995	.2	14.57665	12.3675	30.5335	70.29	70.272	
15.2195	11.8437	.2	14.54698	12.3388	30.2077	70.05	70.464	
15.33818	11.7216	.2	14.49753	12.3101	30.0448	70.02	70.464	
15.3184	11.7216	.2	14.49753	12.3388	30.6964	70.08	70.656	
15.27884	11.8437	.2	14.48764	12.3101	30.3706	70.14	70.752	
15.17005	11.5995	.2	14.33929	12.3101	30.5335	70.02	70.688	
15.06126	12.4542	.2	14.36896	12.3388	30.6964	70.08	70.4	

图 7-39　液压系统监测数据

运动传感器横摇	运动传感器纵倾角	运动传感器艏向	运动传感器Heave	运动传感器Surge	运动传感器Sway
-.2416992	.4504395	57.56836	-3.311157	.2502441	.1464844
-.2307129	.5218506	57.57935	-3.28064	.2685547	.1342773
-.2197266	.5657959	57.58484	-3.265381	.27771	.1281738
-.2032472	.6097412	57.60132	-3.24707	.289917	.1251221
-.1977539	.6262207	57.6123	-3.237915	.2960205	.1251221
-.1977539	.6317139	57.6178	-3.222656	.2960205	.1281738
-.1977539	.6317139	57.6123	-3.213501	.289917	.1342773
-.2087402	.6207275	57.58484	-3.213501	.2746582	.1373291
-.2197266	.6097412	57.56836	-3.222656	.2685547	.1373291
-.2471924	.5767822	57.54639	-3.262329	.2685547	.1251221
-.2801514	.5493164	57.54089	-3.292847	.27771	.1159668
-.302124	.4943848	57.55737	-3.335257	.289917	.09765625
-.2966309	.4669189	57.57385	-3.35083	.289917	.09155273
-.2581787	.4504395	57.59033	-3.347778	.2807617	.08850098
-.2307129	.4504395	57.59033	-3.33252	.2685547	.09155273
-.1922607	.4724121	57.57935	-3.305054	.2593994	.09155273
-.1757813	.4833984	57.57385	-3.292847	.2563477	.09155273
-.1867676	.4943848	57.56836	-3.274536	.2716064	.08544922
-.2087402	.4943848	57.56836	-3.265381	.289917	.07629395
-.2526855	.4943848	57.58484	-3.24707	.3204346	.06713867
-.2856445	.5053711	57.59583	-3.225708	.3326416	.06408691
-.302124	.5548096	57.60132	-3.17688	.3295898	.06408691
-.2966309	.5877686	57.59583	-3.143311	.3173828	.07019043

图 7-40 运动传感器监测数据

传感器采集的数据类型包括连续型数据(如：舯右转速检测，舯左电机电流检测，副蓄电池能源消耗量)和0-1离散型数据(如：高度计开关，纵倾泵电源，推进器电源)。

2. 探索性分析技术框架

本探索性分析基于设备传感器采集的高维数据，围绕"漏水指标特征分析→指标间关联性分析→筛选指标比对分析"的思路，开展数据驱动的漏水伪预警原因分析工作。分析技术主要利用基于皮尔逊相关系数的一系列衍生方法来实现，具体分析技术框架路线如图 7-41 所示。

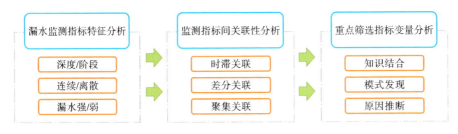

图 7-41 分析技术框架路线图

首先，在漏水监测指标特征分析阶段，将对水声通信机漏水检测仪的漏水监测值进行特征分析，包括漏水发生的深度区间和试验阶段，以及对不同海试漏水强弱性进行总结,同时还将梳理传感器数据类型等。

然后,在监测指标间关联性分析阶段,基于上一阶段的漏水特征分析,对整体海试和漏水阶段开展关联性分析探索,着重分析不同监测指标与水声通信机漏水监测指标间的复杂关联关系,如时滞关联、差分关联以及聚集关联等,实现漏水监测值和 300 多维传感器监测数据间的关联性辨识,同时,结合物理知识和经验,在关联性分析基础上,完成高关联数据的筛选。

最后,利用上一阶段的分析筛选监测指标,分析高相关变量趋势特征,通过不同结果比对(漏水海试和不漏水海试监测数据),基于高相关监测指标提取能够反映漏水倾向的模式,并给出合理性解释。

本次分析主要基于皮尔逊相关系数衍生的关联方法来实现某型号载人深潜器水声通信机漏水伪预警的原因探索。皮尔逊相关系数可表示如下:

$$p_{ij} = \frac{\langle Y_i X_j \rangle - \langle Y_i \rangle \langle X_j \rangle}{\sqrt{(\langle Y_i^2 \rangle - \langle Y_i \rangle^2)}\sqrt{(\langle X_j^2 \rangle - \langle X_j \rangle^2)}} \tag{7-13}$$

其中:p_{ij} 是两组时间序列 $\{Y_i\}$ 和 $\{X_j\}$ 间的皮尔逊相关系数;符号 $\langle \cdots \rangle$ 表示均值。

在分析高维时间序列的群体关联关系时,树形结构是一个有效的表达方式。通过对高维时间序列数据的知识挖掘,群体关联关系能够用树形结构加以描述。本探索性分析将利用一种改进型最小生成树技术,来分析载人深潜器传感器记录的高维变量间的群体性关联特征。所用的最小生成树的距离计算公式为

$$d_{ij} = \sqrt{2(1 - |p_{ij}|)} \tag{7-14}$$

其中:$|p_{ij}|$ 是相关系数 p_{ij} 的绝对值;d_{ij} 是马氏距离。

此种改进型距离公式需要满足欧几里得空间的定义

$$d_{ij} = 0 \Leftrightarrow i = j \tag{7-15}$$

$$d_{ij} = d_{ji} \tag{7-16}$$

$$d_{ij} \leqslant d_{ik} + d_{kj} \tag{7-17}$$

显而易见,改进型距离公式 $d_{ij} = \sqrt{2(1 - |\rho_{ij}|)}$ 满足公式(7-15)和公式(7-16),同时已有文献完成了对公式(7-17)的证明,在此不再赘述。

当前的最小生成树方法仅仅基于相同时刻的群体相关性进行分析。在实际设备运行过程中,很多情况下的相关性存在着时间的滞后(或提前),即设备各子系统以及组分间的关联和响应可能存在多样的时滞关系,因此,为更好辨识载人深潜器各运行指标间的关联特性,本次分析利用时滞相关系数来探索监测指标间的时滞关联性,时滞关联系数计算公式如下所示:

$$p_{i,j}(n) = \langle (Y_{i,t} - \mu_i)(X_{j,t+n} - \mu_j) \rangle / (\sigma_i \sigma_j) \qquad (7\text{-}18)$$

其中：$p_{i,j}(n)$ 是时滞相关系数；μ_i 和 μ_j 是均值；σ_i 和 σ_j 是各自时间序列 $\{Y_i\}$ 和 $\{X_j\}$ 的标准偏差；n 是时滞时间间隔；$Y_{i,t}$ 是时间序列 $\{Y_i\}$ 在 t 时刻的监测值；$X_{j,t+n}$ 是时间序列 $\{X_j\}$ 在 $t+n$ 时刻的监测值。

7.3.3 应用结果

1. 漏水检测仪监测量散点图和漏水特征

图 7-42 至图 7-45 展示的是 4 次 5000 米级载人深潜试验水声通信机的漏水监测数据和下潜深度记录。水声通信机漏水检测仪监测值的波动范围在 0～9 之间。大于或等于 9 表明未探测到有水渗入水声通信机，随着监测值变小，则表明漏水情况愈发严重。

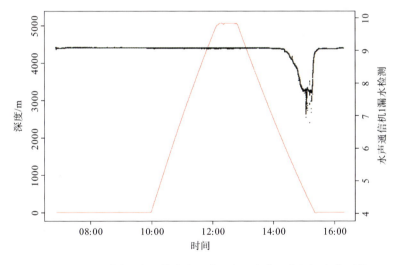

图 7-42　5000 米级 1# 深潜试验下潜深度和水声通信机漏水监测值

通过深度计可以发现，深潜试验作业的主要步骤为：母船释放深潜器→海面漂浮（船体性能检测）→下潜→试验作业→上浮→海面漂浮（船体性能检测）→母船回收深潜器几个环节。传感器从母船释放后海面漂浮开始就进行数据记录，从 4 次试验的监测数据可以初步发现，下潜以及深海作业时并未出现水声通信机漏水预警事件，而在返航过程的上浮或海洋漂浮阶段出现了漏水预警事件，因此整个试验可以分为预警正常状态和预警异常状态（共同特征），预警正常状态的监测值均在 9 左右波动，而异常状态的监测值则显著低于 9。

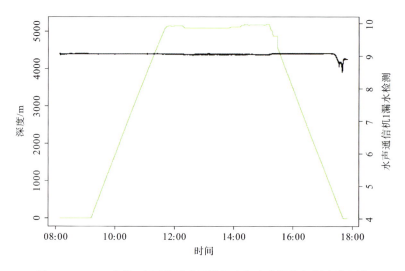

图 7-43　5000 米级 2# 深潜试验下潜深度和水声通信机漏水监测值

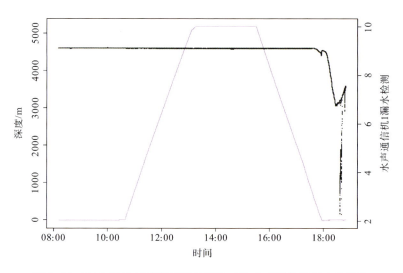

图 7-44　5000 米级 3# 深潜试验下潜深度和水声通信机漏水监测值

通过观察水声通信机漏水监测值可以发现，1# 试验返航时间较早，在返航的上浮和漂浮阶段存在漏水预警事件，最小漏水监测值为 6.23，而当深潜器在海面漂浮一段时间直至回收到母船时，预警强度逐渐削弱；2# 与 1# 试验类似，也在上浮和漂浮过程中出现漏水预警，但程度并不严重，最小漏水监测值为 8.52，随着在海面漂浮的时间变长，预警强度也随之降低（母船回收深潜器时水声通信机漏水预警仍未恢复正常）；3# 和 4# 试验中的母船回收深潜器时间较

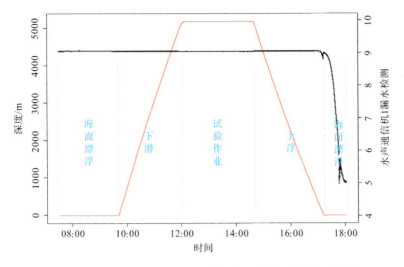

图 7-45　5000 米级 4# 深潜试验下潜深度和水声通信机漏水监测值

晚,漏水预警没有强度减弱的情形出现,并且预警强度较之于 1# 和 2# 试验有所加大。3# 试验漏水监测值最小,漏水程度最为严重,最小值达到 2.26,而 4# 试验的漏水监测值最小也达到了 4.95。

实际上,整个深潜试验的过程是一个对称镜像过程,如开始和结束时的海面漂浮性能检测阶段,以及下潜和上浮阶段。然而,4 次试验均在返航阶段出现漏水预警事件,推测可能存在着环境条件或者操作发生变化,某些因素随之发生变化的情况,导致"水"以某种形式出现在水声通信机的罐体内,进而引起漏水检测仪预警。

2. 关联性分析

深潜器是一个由大量机械子设备、零部件和控制器构成的复杂系统,各子系统和组分间存在着复杂的互动和关联。针对水声通信机漏水检测仪,需要知道哪些监测量与漏水监测量存在关联和互动,基于此,我们将利用大量传感器监测指标数据,来进行指标间的关联性分析(包括分时段、时滞、差分和聚集效应);由于采用的方法是基于皮尔逊相关系数的分析方法,分析出的结果是统计学上的"关联"或"因果",因此还需要结合经验知识,筛掉伪相关因素,实现"去伪存真",从而探索漏水伪报的原因。

由于一些传感器监测值和漏水监测值间可能存在同阶单整的情形,考虑利用监测值差分变化量间的关联性进行分析,如图 7-46 至图 7-59 所示,展示了部分传感器监测值和漏水监测值的一阶差分和原始完整监测时间的数据关联

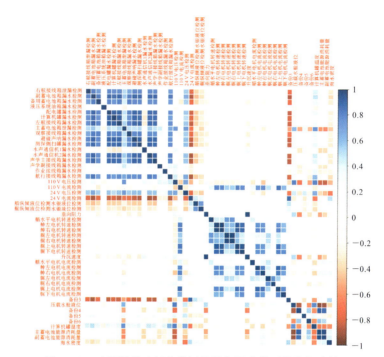

图 7-46　1#深潜试验部分监测数据与漏水监测值的相关性

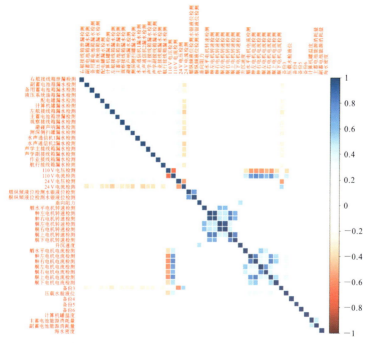

图 7-47　1#深潜试验部分监测数据与漏水监测值的一阶差分相关性

第7章 案例分析

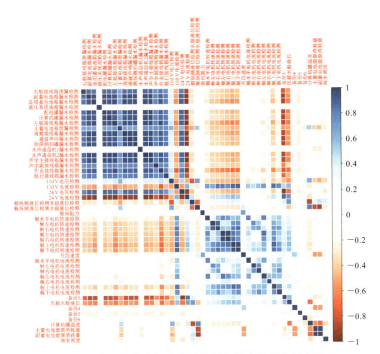

图 7-48 2# 深潜试验部分监测数据与漏水监测值的相关性

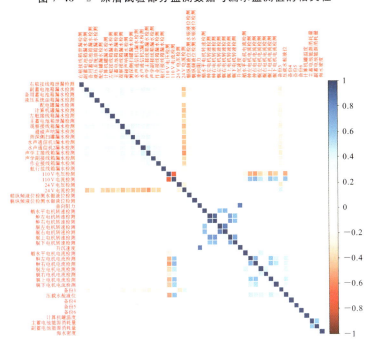

图 7-49 2# 深潜试验部分监测数据与漏水监测值的一阶差分相关性

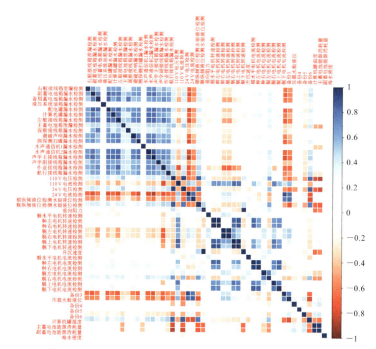

图 7-50　3# 深潜试验部分监测数据与漏水监测值的相关性

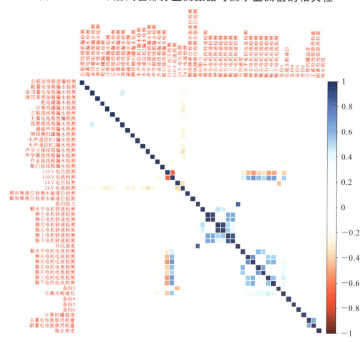

图 7-51　3# 深潜试验部分监测数据与漏水监测值的一阶差分相关性

第 7 章 案例分析

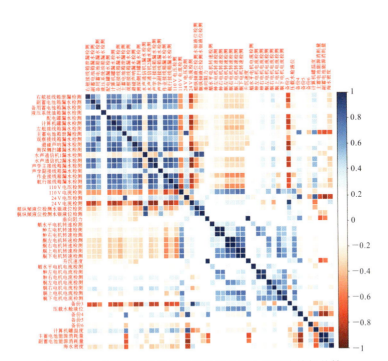

图 7-52　4# 深潜试验部分监测数据与漏水监测值的相关性

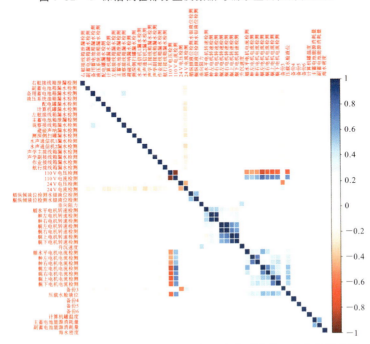

图 7-53　4# 深潜试验部分监测数据与漏水监测值的一阶差分相关性

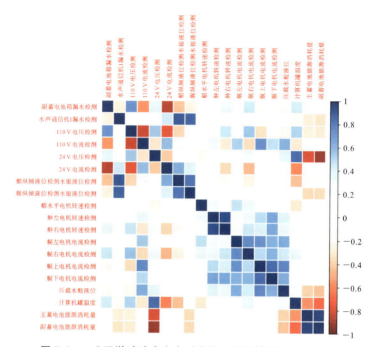

图 7-54 4#深潜试验未考虑时滞的通信机罐监测量相关性

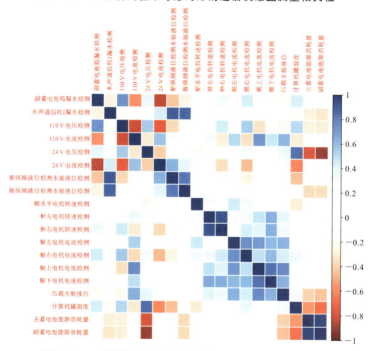

图 7-55 4#深潜试验考虑时滞的通信机罐监测量相关性

第 7 章
案例分析

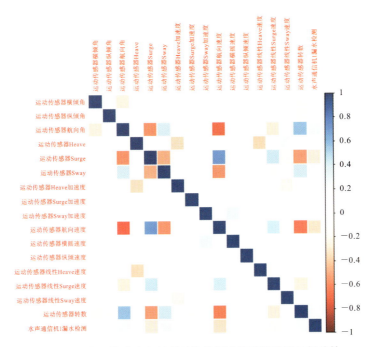

图 7-56 4# 深潜试验未考虑时滞的运动传感器监测量相关性

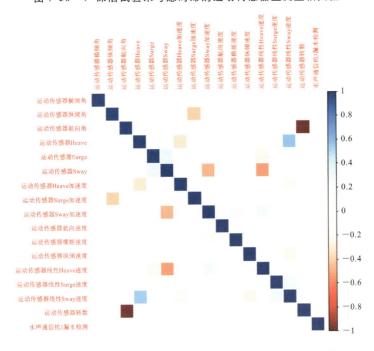

图 7-57 4# 深潜试验考虑时滞的运动传感器监测量相关性

· 267 ·

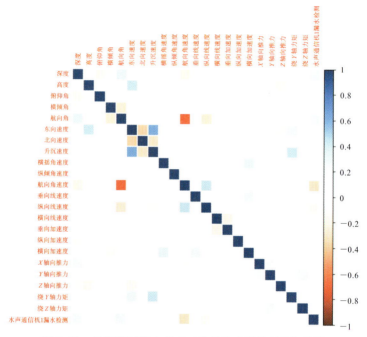

图 7-58　4#深潜试验未考虑时滞的传感器控制量相关性

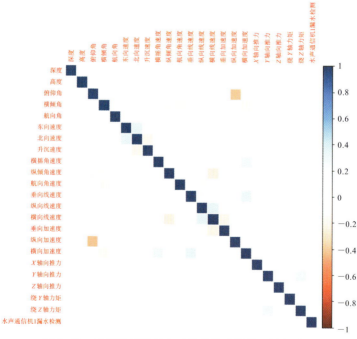

图 7-59　4#深潜试验考虑时滞的传感器控制量相关性

性热力图对比(1#～4#海试),以及时滞效果对监测变量与漏水监测值相关性的影响(4#海试)。其中,水声通信机1号漏水监测指标曾发生了预警。由图可知,一阶差分下所有试验的传感器监测值均与水声通信机漏水监测指标相关性极弱,由此可知在完整深潜试验时间范围内,水声通信机漏水监测与其他监测指标增量间的实时关联性不高。但从无差分的原始监测数据分析结果来看,存在部分因素与漏水监测指标呈现高相关性的情形,如"艏纵倾液位检测水银液位检测""艉纵倾液位检测水银液位检测""主蓄电池能源消耗量"和"副蓄电池能源消耗量"等指标。实际上,由传感器获取的大量高维监测数据均为非平稳时间序列数据,且差分后也未具有平稳特征,因此,无法进行协整检验来实现变量间的长期稳定关联。

同样的,通过分析时滞效果对监测变量与漏水监测值相关性的影响,可以发现,漏水监测值与其他变量的相关性并没有因时滞的存在而发生显著的变化,一些变量在无时滞条件下具有弱相关性,在时滞条件下的相关性甚至变得更加微弱,其他未呈现的变量也具有相似的相关特征。由此可知,差分和时滞均未对变量间的关联特征产生实际影响。

为进一步寻找可能存在的关联因素,将监测数据依据漏水发生时间,分成前后两段。由于在正常未发生漏水的情形下,漏水监测值应在9左右波动,也就是一个期望为9的白噪声过程,与有显著变化幅度的监测量的相关性较弱,因此,利用(近)漏水到返航结束期间的监测数据来进行关联性分析,在此以4#海试深潜器传感器监测数据为例进行说明。图7-60至图7-66展示了4#海试的深潜器不同子系统监测变量间的相关热力图。可以发现,更多的监测变量与水声通信机漏水检测变量(包括连续型和离散型变量)有着较强的相关性(大于0.8),包括"24 V电流检测""艏纵倾液位检测水银液位检测""艉纵倾液位检测水银液位检测""艉右电机电流检测""艉上电机电流检测""艉下电机电流检测""计算机罐温度""主蓄电池能源消耗量""副蓄电池能源消耗量""海水密度""盐度""速度""舱内温度"和"舱内湿度"。在诸多变量中,有一些变量在返航阶段的变化趋势是固有变化趋势(即同深度级别的不同海试均出现的变化趋势),如电流、能源消耗、密度、盐度、速度、湿度和温度等。考虑到与水的物理形态变化相关变量(温度和湿度)可能潜在影响漏水预警,其余相关变量在后续分析研究中将不予考虑。因此,可能存在的影响因素包括"艏纵倾液位检测水银液位检测""艉纵倾液位检测水银液位检测""罐体温度""舱内湿度"和"海水温度"。

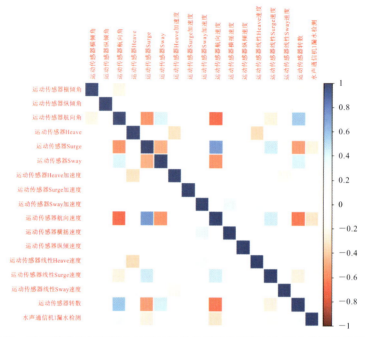

图 7-60　4#深潜试验(近)漏水过程的运动传感器监测变量与漏水监测值的相关性

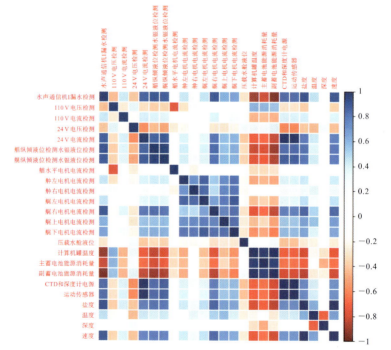

图 7-61　4#深潜试验(近)漏水过程的通信机罐监测量与漏水监测值的相关性

第7章 案例分析

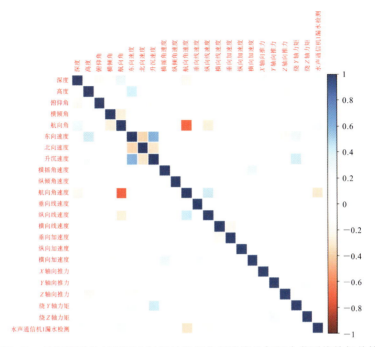

图 7-62　4#深潜试验(近)漏水过程的控制传感器变量与漏水监测值的相关性

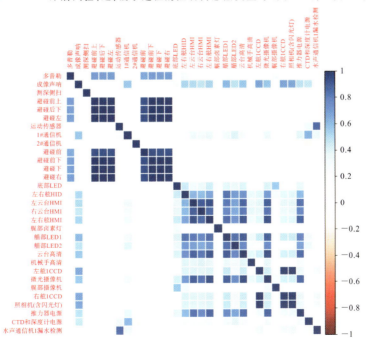

图 7-63　4#深潜试验(近)漏水过程的操作设备检测传感器变量与漏水监测值的相关性

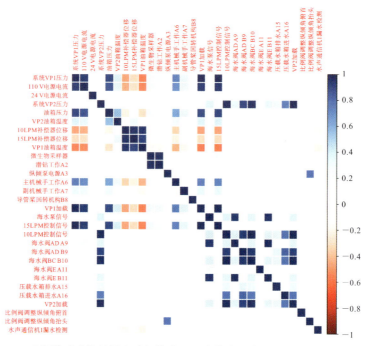

图 7-64　4# 深潜试验(近)漏水过程的液压系统传感器变量与漏水监测值的相关性

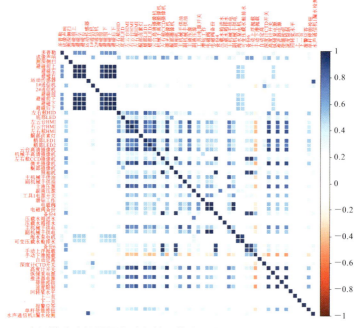

图 7-65　4# 深潜试验(近)漏水过程的压载水舱传感器变量与漏水监测值的相关性

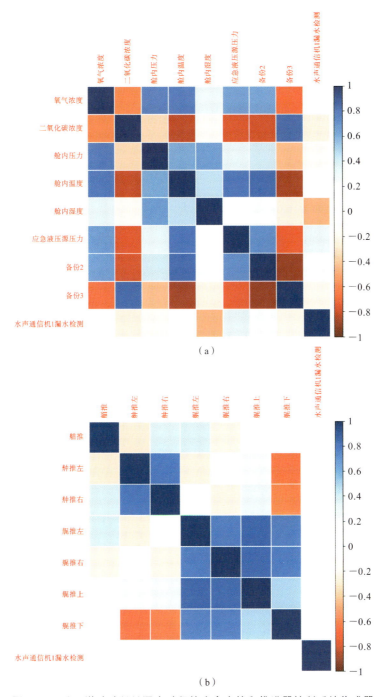

图 7-66　4#深潜试验(近)漏水过程的生命支持和推进器控制系统传感器
变量与漏水监测值的相关性

同样的，在 1#～3# 海试监测数据中也可以发现与 4# 海试类似的分析结果（与漏水监测值相关性高的监测变量种类有些许出入，但整体类别相同，比如温度和湿度，以及表征深潜器变化姿态的倾液位检测变量）。4 次海试监测数据的分析结果如表 7-7 所示。从表中可以发现高维数据中与探索研究目标关联度高的变量还是较少，这也间接证明了大数据"价值密度低"这一特征。

表 7-7　5000 米级深潜器预警前后分阶段关联性分析结果

分析内容	分析范围	变量个数			
		20110725	20110727	20110729	20110731
检测连续型监测变量与水声通信机漏水检测项相关系数的绝对值是否大于 0.5	所有范围	0	0	1	3
	未预警范围	9	7	12	0
	预警范围	7	4	12(大于 0.7)	10(大于 0.8)
检测连续型监测变量与水声通信机 1 漏水检测项相关系数是否为"NA"	所有范围	80	87	82	42
	未预警范围	104	104	96	104
	预警范围	80	87	82	42
检测整数型控制变量与水声通信机 1 漏水检测项相关系数的绝对值是否大于 0.5	所有范围	1	0	0	1
	未预警范围	0	26(大于 0.7)	5	0
	预警范围	1	3	5	2

分析各变量间的关联性之后，为进一步挖掘漏水预警原因是否受群体变量聚集趋势（变化趋势）影响，探索变量间聚集模式对漏水预警的影响，本次探索性研究利用了改进型最小生成树的分析方法，来分析众多变量在漏水预警期间是否具有某种聚集趋势。改进型最小生成树可将正负相关性都纳入聚集模式分析中来，从而克服传统最小生成树无法将与某变量存在正负相关性高的变量同时聚集的缺点。生成改进型最小生成树利用的是各次海试数据中与水声通信机漏水监测值存在一定相关性（大于 0.3）的监测数据，可以发现，各次海试数据形成的整个树形体均围绕漏水检测项（序号 70）展开，然而，4 次海试的最小生成树结构并未发现明显的共性特征，也就是说，出现漏水预警的海试监测数据并没有聚集模式显现。由此推断，漏水预警的出现并未导致系统的关联聚集特性向某种模式形态转化，无法利用关联模式识别方式进行漏水预警识别。

综上所述,为对水声通信机漏水预警原因进行探索,我们利用了四次 5000 米级载人深潜器深海试验传感器采集的设备数据进行关联分析。通过分析,可以总结出大部分因素对漏水监测值无时滞影响;差分条件下,各变量间的较弱关联性暗示着漏水事件出现受大多数变量值变化幅度的影响较小;聚集模式分析则表明漏水发生时,尚无明显聚集特征显现,各次海试监测指标间的关联聚集性可能因环境和操作因素的不同而不具有共同特性(见图 7-67 至图 7-70)。结合各变量指标实际情况,初步筛选出与水形态变化密切相关的温度和湿度,

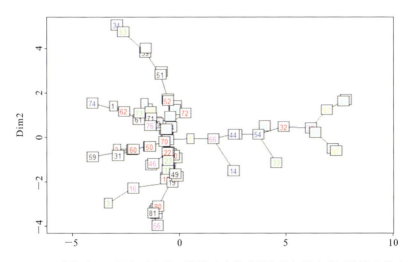

图 7-67　1#海试(近)漏水过程的深潜器试验传感器变量与漏水监测值聚集模式

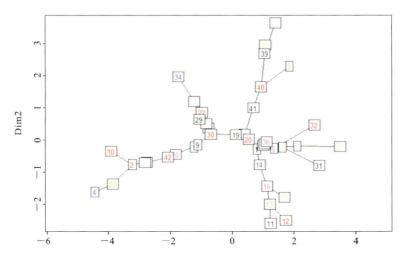

图 7-68　2#海试(近)漏水过程的深潜器试验传感器变量与漏水监测值聚集模式

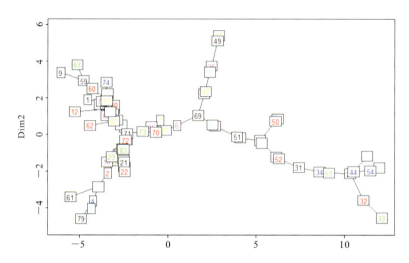

图 7-69　3# 海试(近)漏水过程的深潜器试验传感器变量与漏水监测值聚集模式

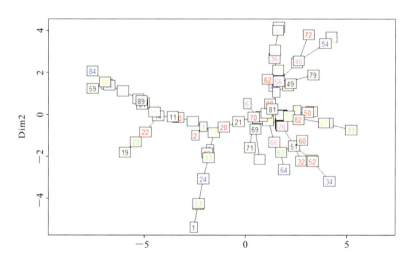

图 7-70　4# 海试(近)漏水过程的深潜器试验传感器变量与漏水监测值聚集模式

以及表征深潜器变化姿态的倾液位检测变量为潜在影响因素指标。

3. 重点监测变量分析

将"艏纵倾液位检测水银液位"和"艉纵倾液位检测水银液位"监测指标与漏水监测指标进行对比分析(见图 7-71 至图 7-76),可以发现在返航阶段,倾液位与漏水监测值具有某种程度的"一致性",当倾液位发生显著变化时,漏水预警也随之发生。随着倾液位变化频率加快或幅度加大,如舰体大幅振动或晃

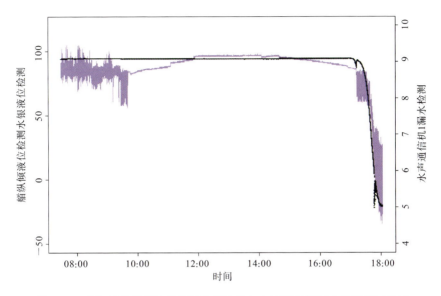

图 7-71　4# 海试艏纵倾液位检测水银液位与水声通信机漏水监测值对比图

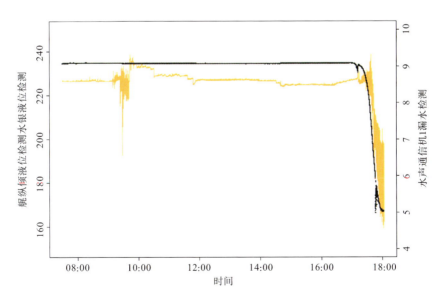

图 7-72　4# 海试艉纵倾液位检测水银液位与水声通信机漏水监测值对比图

动,漏水监测值呈逐步增大趋势。同时还可发现,漏水预警强度大小还与舰体振动或者晃动频度(即多次小幅的振动或者晃动)有关,如 2# 海试深潜器返航时,频度和振幅均没有 3# 和 4# 的大,对应地,2# 水声通信机的漏水监测值同样

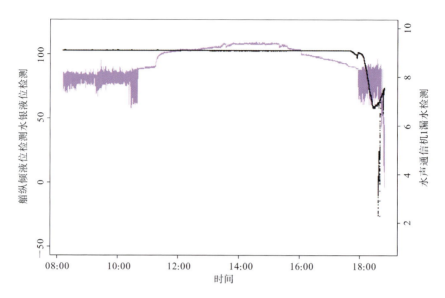

图 7-73 3# 海试艏纵倾液位检测水银液位与水声通信机漏水监测值对比图

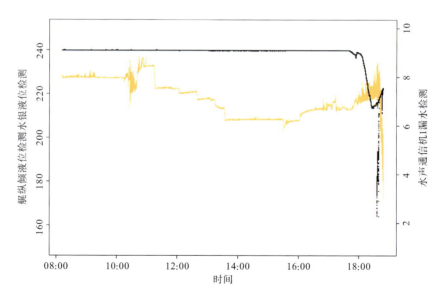

图 7-74 3# 海试艉纵倾液位检测水银液位与水声通信机漏水监测值对比图

也比 3# 和 4# 的高,即漏水检出程度没有 3# 和 4# 的大。

另一个值得注意的地方是在不同海试的下潜阶段,舰体也都发生了不同程度的振动或者晃动,然而在此阶段并未发现任何漏水预警事件。

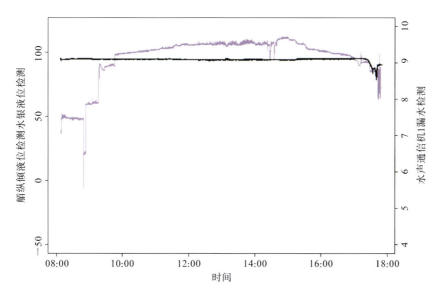

图 7-75　2# 海试艏纵倾液位检测水银液位与水声通信机漏水监测值对比图

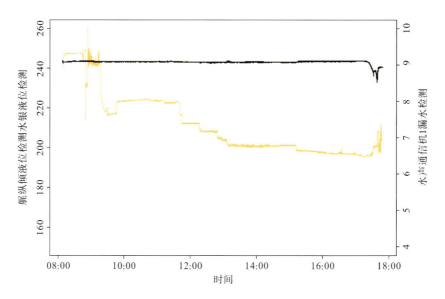

图 7-76　2# 海试艉纵倾液位检测水银液位与水声通信机漏水监测值对比图

图 7-77 至图 7-80 展示的是温度相关监测变量和水声通信机漏水监测值对比图。其中,"计算机罐温度"代表漏水检测仪所在罐体的温度,"温度"代表舰体所处的海洋监测温度,"温差"则是两者的差值。整个海试阶段,海洋温度(外部温度)和舰内温度(内部温度)均呈现"U"字形走势,不过下潜阶段、作业阶段

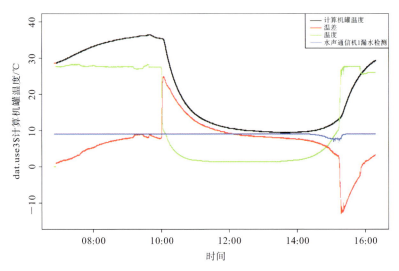

图 7-77　1#海试舰体内外温度及水声通信机漏水监测值对比图

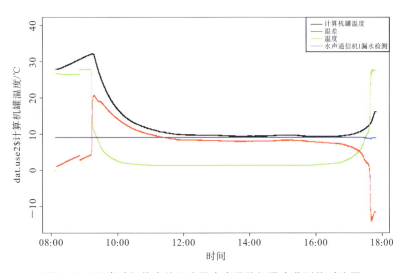

图 7-78　2#海试舰体内外温度及水声通信机漏水监测值对比图

和返航阶段的内部温度高于外部温度，在返航结束后的海面漂浮阶段则出现外部温度高于内部温度的情况。事实上，当温度较高且温差不大时，内温很难达到露点，不易产生冷凝水，但随着内外温度的下降，以及人的呼吸作用，舱内产生冷凝水的概率会大大增加，随着时间延长，冷凝水则会越积越多。这个推测在海试中已经得到了验证，操控员需要准备大量的吸水材料来去除冷凝水。基于此，可以对水声通信机漏水预警原因进行如下推测：随着下潜深度不断增加，

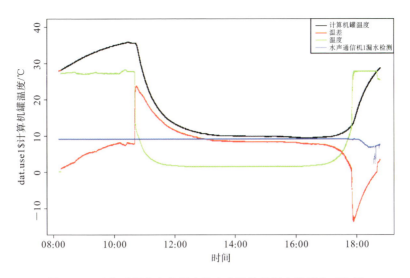

图 7-79　3#海试舰体内外温度及水声通信机漏水监测值对比图

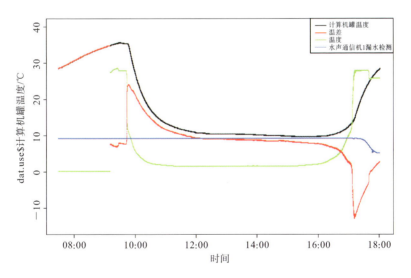

图 7-80　4#海试舰体内外温度及水声通信机漏水监测值对比图

温度降低,冷凝水产生量也逐渐增加,舰体在上浮或海面漂浮过程中大幅振动或晃动,使得冷凝水发生流动,或者是舰体高频次小幅晃动使得冷凝水发生流动,从而被漏水检测仪探知,进而在未有海水渗入或水泄漏情形下发生漏水伪预警。综上,水声通信机产生漏水伪预警需要两个方面的条件:① 温度和湿度环境可以满足大量生成冷凝水的条件;② 深潜器舰体振动或晃动达到了足以让冷凝水流动的程度,最终使得冷凝水被漏水检测仪探测到。推测的漏水伪预警事件发生过程如图 7-81 所示。

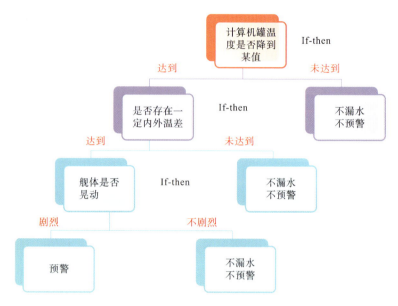

图 7-81　推测的漏水伪预警事件发生过程

为进一步证明推测的合理性,利用未发生漏水伪预警事件的海试数据进行对比分析。如图 7-82、图 7-83 所示为某次未发生漏水预警的艏、艉纵倾液位检

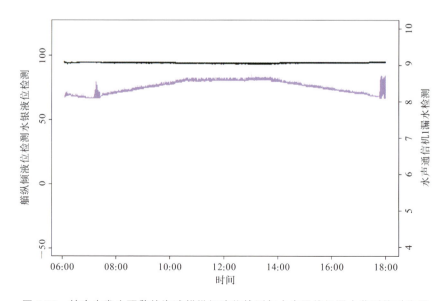

图 7-82　某次未发生预警的海试艏纵倾液位检测与水声通信机漏水监测值对比图

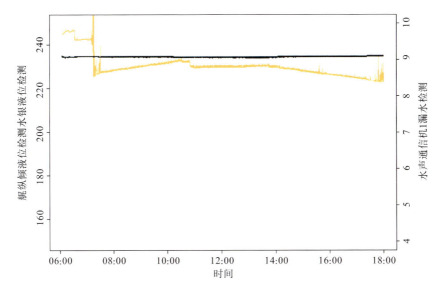

图 7-83 某次未发生预警的海试艉纵倾液位检测与水声通信机漏水监测值对比图

测水银液位与水声通信机漏水监测值对比图,从中可以发现,整个海试过程中,水声通信机未发生漏水预警,虽然艏、艉纵倾液位在海面漂浮、下潜和上浮阶段均存在着振动或晃动,但整体上与发生漏水预警事件的强度或频度相比,仍有一定差距。虽然艉纵在海试起始阶段(海面漂浮和下潜阶段)波动幅度较大,但由于此时并无冷凝水,因此漏水监测值在 9 上下波动,未发生漏水预警,而在海试的上浮和海面漂浮阶段,虽有冷凝水产生,但深潜器的振动或者晃动并未达到让冷凝水流动且被漏水检测仪探测到的程度,因此在返航阶段也未发生漏水预警事件。

7.3.4 小结讨论

在某型号载人深潜试验过程中,水声通信机在未有海水渗入的情形下发生漏水预警事件。水声通信机漏水会对通信性能产生不良影响,还会威胁驾驶人员的人身安全。然而,由于深潜器漏水试验工程难度较大,成本高,系统复杂,现有的工程手段暂时无法有效地直接辨识漏水原因,给出合理解释。在此背景下,本次研究主要基于深潜器上的传感器采集的 380 多维数据,采用数据驱动结合知识的分析方法,探索漏水伪报警原因和影响因素。

具体而言,本次分析工作基于设备传感器采集的高维数据,主要围绕"漏水指标特征分析→指标间关联性分析→筛选指标比对分析"的思路并结合领域知识,利用基于皮尔逊相关系数的一系列衍生方法来实现漏水伪报原因分析的探索性研究工作。通过分阶段、增量和时滞条件下的关联性和关联模式分析,漏水发生与温度(罐体温度、舱内湿度、海水温度)和舰体晃动监测指标(舶纵倾液位检测水银液位检测、舯纵倾液位检测水银液位检测)原值间有较大的实时关联性,并无群体关联聚集效应,结合领域知识,最终形成对水声通信机漏水预警原因的如下推测:随着下潜深度不断增加,温度降低,冷凝水产生量也逐渐增加,舰体在上浮或海面漂浮过程中的大幅振动或晃动,使得冷凝水发生流动,或者是舰体高频次小幅晃动使得冷凝水发生流动,从而被漏水检测仪探知,进而在未有海水渗入或水泄漏情形下发生漏水伪预警。

基于漏水伪预警推测,建议在水声通信机所在的罐体内增加干燥剂投放点和剂量。未来还将通过新增加的载人深潜试验,应用机器学习和深度学习方法对本研究形成的推测进行验证。

7.4 主成分追踪在高炉炼铁故障检测中的应用

高炉炼铁是国家经济体系的支柱产业,一旦发生异常工况,造成的经济损失和安全危害是非常严重的。因此,为了保证高炉设备的安全可靠运行,异常工况检测是十分必要的。大型高炉生产过程运行在高温、高压以及高粉尘的情况下,是一个时刻发生各种物理化学反应的复杂过程,同时大型高炉是一个半自动化的生产设备,需要现场操作人员人为地调整生产参数。由于设备采集到的训练数据可能会包含大量的离群点以及小故障等异常值,因此使用传统的数据驱动方法进行故障检测可能会导致较差的检测效果。本节是对 5.3 节中介绍的主成分追踪方法的应用案例分析。案例来源于浙江大学控制科学与工程学院博士毕业生论文。

7.4.1 案例背景

钢铁冶炼是现代工业中的一个重要组成部分,而在整个钢铁冶炼过程中,高炉是其中一个关键的单元,消耗整个钢铁冶炼流程中超过 70% 的能量。大型高炉炼铁流程是一个运行在高温、高压以及高粉尘条件下的复杂生产过程。一个大型高炉本体和五个冶炼辅助系统设备组成完整的炼铁设施。图 7-84 所示是高炉本体的示意图,内部可以从上到下分为炉喉、炉身、炉腰、炉腹、炉缸以及炉基等部分。冶炼辅助系统设备包括原料上料系统(传送带等)、送风系统(鼓风机、热风炉等)、煤气回收除尘系统(文氏管等)、渣铁处理系统(铁口、沟口

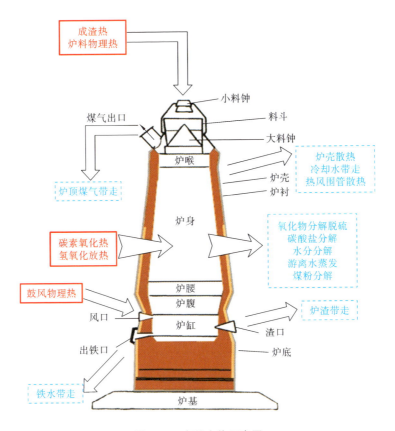

图 7-84 高炉本体示意图

等),以及喷吹燃料系统(配煤、制煤设备等)。炼铁流程如图 7-85 所示。

在高炉炼铁设施中,固体原料(包括焦炭和矿石)按照特定的数量比例交替从高炉的顶部放入。同时,高压热风从高炉本体底部的多个鼓风口吹入。高压热风被预先加热到 1200 ℃,热风中包含丰富的氧气以及一些辅助原料,例如油、天然气和煤粉。这些辅助原料与焦炭在管道中发生化学反应,产生大量的热以及包含 CO 和 H_2 的热风。这些热量将高炉本体加热到 2000 ℃,气体 CO 和 H_2 进一步与铁矿石发生化学反应得到热金属,积聚在高炉炉膛中。在这些物理化学反应中,一些化学性质比较稳定的元素(例如 SiO_2)会漂浮在热的熔融液体金属上面,形成炉渣。这些熔融的液体金属和炉渣周期性地从出铁口流出,继续后续的炼铁步骤。

在大型高炉系统中,为了保证安全性和可靠性,故障检测一般可以从三个

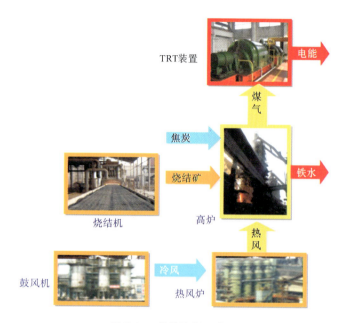

图 7-85　炼铁流程示意图

方面展开：数据方面、变量方面、系统方面。主成分追踪针对的是数据方面，目的是提高高炉生产过程采集到的生产数据的可靠性。为了保证设备的正常稳定运行，同时提高数据采集的可靠性，在多数情况下，对于同一种生产状态，会利用多个传感器来测量。因此，理论上在没有任何异常值的情况下，采集到的过程变量之间是有相关性的，表现在采集数据矩阵中，则数据矩阵是低秩的。

大型高炉系统是一套不间断运行的设备，包含大量的数据测量传感器。同时，利用相应的数据采集软件，对产生的大量生产数据进行记录传输。在这个过程中，传感器的误差、设备故障的存在以及数据传输网络的不稳定性等，可能会导致存储的数据包含离群点。在统计学中，离群点定义为一个远离其他观测值的观测点。离群点出现的原因可能是测量的变化或者当前的实验存在误差。在统计分析中，离群点可能会导致严重的问题。

一般情况下，大型高炉系统均是由操作工长主观控制的。因此，对于生产经验不同的工长，参数的调节以及运行方案可能有所不同。在实际的高炉设备运行过程中，小故障例如高炉炉温的微小变化、少量炼铁原料的投入以及部分原料悬挂在高炉本体中等情况，均有可能被操作人员误认为是干扰，而不加以控制，从而导致这些情况存在于收集到的数据中。

如果采集到的数据矩阵中包含离群点以及小故障等异常值,而这些数据矩阵在大型高炉系统故障检测过程中,作为正常工况条件下采集到的训练矩阵用来建立过程模型时,利用传统的数据驱动方法会导致较差的故障检测效果。例如,以最常用的主元分析方法为例,异常值的出现会在很大程度上影响负荷向量的方向,从而导致较差的故障检测效果。

高炉炼铁过程产生的数据矩阵在没有异常值的情况下是低秩的,离群点和小故障在生产过程中是偶尔出现的,表现在数据矩阵中是稀疏的,即采集的高炉数据矩阵是由一部分低秩矩阵和稀疏矩阵组成的,符合 5.3 节中介绍的主成分追踪方法的数据处理特征。因此,本节考虑将高炉炼铁数据用于主成分追踪方法的应用案例分析。

7.4.2 技术框架

7.4.2.1 基于主成分追踪的高炉过程离群点处理及故障检测

1. 问题描述

给定一个数据矩阵 $X \in \mathbf{R}^{n \times m}$,每一行是一个采样时刻获得的观测值,每一列是一个变量。在这个数据矩阵中,可能包含一些离群点。离群点是一种不正常工况,表现为采集到的一些数据明显偏离其他值。由于数据矩阵分解是为了获得低秩系数矩阵 Z,因此上述数据矩阵 X 被分解为两部分:

$$X = XZ + E \tag{7-19}$$

其中:Z 是一个低秩系数矩阵,包含变量与变量之间明确的关系以及过程的有用信息,可以用来建立统计量进行故障检测;E 是一个稀疏矩阵,包含过程中存在的离群点。

为了方便以及更好地验证所提出算法的适用性,需要考虑以下两个假设:

假设 1 不包含离群点的过程是没有噪声并且具有列低秩的。

假设 2 离群点是一种不正常工况,表现为采集到的一些数据明显偏离其他值,也就是说包含离群点的数据矩阵在某一列中的某一行是不为零的。

上述假设过程是没有噪声的,这个假设在大型高炉冶炼过程是可以被接受的,因为从幅值上来说,噪声的幅值比离群点小。如果有兴趣的话,可以根据稳定主成分追踪方法,利用一个松弛因子 N 来解决噪声的问题,那么新的限制条件则为 $X = A + E + F + N$。

2. 改进的主成分追踪方法处理离群点

此处利用低秩矩阵表示(LRR)方法,将 LRR 的思想融入 PCP 方法中,得到一种基于主成分追踪的故障检测方法,可以进一步称为改进的主成分追踪(IPCP)方法。这种方法是一种鲁棒的方法,能够建立一个有效的故障检测统计量。接下来详细介绍该方法。

假设有一个数据矩阵 $X \in \mathbf{R}^{n \times m}$,包含 n 个采样观测值,每个观测值包含 m 个变量。IPCP 方法通过求解式(7-20)所示的凸优化函数,来获得低秩系数矩阵以及稀疏矩阵。

$$\begin{aligned} \min \quad & \|Z\|_* + \lambda \|E\|_1 \\ \text{s. t.} \quad & X = XZ + E \end{aligned} \quad (7\text{-}20)$$

其中:$\|Z\|_*$ 是矩阵 Z 的核范数,是矩阵 Z 的奇异值之和;$\|E\|_1$ 是矩阵 E 的 l_1 范数,是矩阵 E 中所有非零元素之和。λ 是一个参数,用来平衡 IPCP 方法中的两个因子,参数的选择可以先根据一个标准公式计算,再根据经验调节。

$$\lambda = \frac{1}{\sqrt{\max(n,m)}} \quad (7\text{-}21)$$

这种方法旨在构建一个基于矩阵 X 的低秩系数矩阵 Z,消除离群点的影响。因子 $\|Z\|_*$ 被用来获得低秩系数矩阵,范数 $\|E\|_1$ 用来获得一个包含离群点的数据矩阵。矩阵 Z 是原始数据矩阵 X 的一个线性组合,表达变量之间明确的关系。因为在 IPCP 模型中,利用范数 $\|E\|_1$ 来收集离群点,所以该方法是一种鲁棒方法,和其他鲁棒方法相比,IPCP 方法能够从一个被离群点污染的数据矩阵中得到一个包含变量关系的低秩系数矩阵,并且可以在较少的限制条件下证明算法的收敛性。因此,该方法很容易实施和计算。注意:限制条件 $X = XZ + E$ 很难计算,需要引入一个辅助变量 J 来求解式(7-20)。因此,新的凸优化函数可以表达为式(7-22)的形式。

$$\begin{aligned} \min \quad & \|J\|_* + \lambda \|E\|_1 \\ \text{s. t.} \quad & X = XZ + E \\ & Z = J \end{aligned} \quad (7\text{-}22)$$

式(7-22)可以通过 IALM(inexact augmented Lagrange multiplier)算法求解,其中拉格朗日函数见式(7-23)。算法 7-1 列出求解式(7-23)的步骤。此外,该方法的收敛性证明和 LRR 方法相似。IPCP 方法具有较快的收敛速度,旨在获得一个低秩系数矩阵,迭代长度和变量之间的相关性有关。此外,训练矩阵的维数也会影响迭代步数。

$$L_\mu(Z, E, J, Y_1, Y_2) = \|J\|_* + \lambda \|E\|_1 + \langle Y_1, X - XZ - E \rangle + \langle Y_2, Z - J \rangle$$
$$+ \frac{\mu}{2}(\|X - XZ - E\|_F^2 + \|Z - J\|_F^2) \quad (7\text{-}23)$$

算法 7-1 利用 IALM 算法求解 IPCP 问题

输入：数据矩阵 $X \in R^{n \times m}$，参数 λ

初始化：$Z_0 = J_0 = 0, E_0 = 0, Y_1 = 0, Y_2 = 0, \mu_0 = 10^{-6}, \rho = 1.1, \max_\mu = 10^{10}, \varepsilon = 10^{-6}$

迭代直到收敛

$$J_{k+1} = \arg\min \frac{1}{\mu_k} \| J_k \|_* + \frac{1}{2} \| J_k - (Z_k + Y_2/\mu_k) \|_F^2$$

$$Z_{k+1} = (I + X^T X)^{-1} (X^T X - X^T E_k + J_{k+1} + (X^T Y_1 - Y_2)/\mu_k)$$

$$E_{k+1} = \arg\min \frac{\lambda}{\mu_k} \| E_k \|_1 + \frac{1}{2} \| E_k - (X - X Z_{k+1} + Y_1/\mu_k) \|_F^2$$

$$Y_1 = Y_1 + \mu_k (X - X Z_{k+1} - E_{k+1})$$

$$Y_2 = Y_2 + \mu_k (Z_{k+1} - J_{k+1})$$

$$\mu_{k+1} = \min(\rho \mu_k, \max_\mu)$$

收敛条件：$\| X - X Z_{k+1} - E_{k+1} \|_\infty < \varepsilon$ & $\| Z_{k+1} - J_{k+1} \|_\infty < \varepsilon$

输出：解 (Z_k, E_k)

在迭代过程中，计算矩阵 J 和矩阵 E 需要利用两个算子：软收缩算子 S 和奇异值收缩算子 D。

得到矩阵 E 的计算公式为

$$E_{k+1} = S_{\frac{\lambda}{\mu_k}} \left(X - X Z_{k+1} + \frac{Y_1}{\mu_k} \right) \tag{7-24}$$

矩阵 J 的计算公式为

$$J_{k+1} = D_{\frac{1}{\mu_k}} \left(Z_k + \frac{Y_2}{\mu_k} \right) \tag{7-25}$$

3. 故障检测步骤介绍

在上文中介绍了 IPCP 方法的原理以及求解过程，接下来要根据 IPCP 方法利用一个适合的统计量进行故障检测。通过将测试向量投影到正常工况训练数据矩阵得到的低秩系数矩阵，来获得一个在线故障检测统计量。低秩系数矩阵 Z 通过求解 IPCP 模型得到，该矩阵可以被看作原始数据矩阵 X 在低维特征空间的一个近似表达，包含着明确的变量关系。由此，故障检测统计量 L^2 可以表示为

$$L^2 = x^T Z \tag{7-26}$$

其中：x 是测试数据矩阵中的一个采样观测值。首先，这个统计量的意义在于将测试矩阵采样观测值投影到一个低秩系数矩阵上。因此向量 L^2 包含变量之间的明确关系。其次，利用变量之间的相关关系将上述向量转换为一个明确的可比较的数值，用来故障检测。如果这个数值大于某个正常工况下得到的阈值，则表示有故障出现。和 PCA 方法相似，正常工况下的阈值使用 Hotelling's T^2

统计量的阈值进行计算。

给定一个训练矩阵 $\boldsymbol{X}\in \mathbf{R}^{n\times m}$ 和一个测试矩阵 $\boldsymbol{D}\in \mathbf{R}^{p\times m}$。其中训练矩阵中有 n 个观测值,测试矩阵中有 p 个观测值,变量均为 m 个。则基于 IPCP 方法的故障检测步骤总结如下。

步骤一:标准化。

计算训练矩阵 $\boldsymbol{X}$ 中变量的均值向量 $\boldsymbol{\mu}\in \mathbf{R}^{1\times m}$ 和标准差向量 $\boldsymbol{\sigma}\in \mathbf{R}^{1\times m}$。将训练矩阵 $\boldsymbol{X}$ 中的每个元素进行标准化计算,得到标准化后的训练矩阵 $\boldsymbol{X}^*$。

$$x_i^* = \frac{x_i - \boldsymbol{\mu}}{\boldsymbol{\sigma}} \tag{7-27}$$

其中:x_i 是训练矩阵 $\boldsymbol{X}$ 中的第 i 行。

步骤二:分解矩阵。

利用 IPCP 方法分解获得一个低秩系数矩阵 $\boldsymbol{Z}$ 和一个稀疏矩阵 $\boldsymbol{E}$:低秩系数矩阵 $\boldsymbol{Z}$ 包含变量之间明确的关系以及过程中的重要信息;稀疏矩阵 $\boldsymbol{E}$ 包含过程的离群点。

$$\begin{aligned} &\min \quad \|\boldsymbol{Z}\|_* + \lambda \|\boldsymbol{E}\|_1 \\ &\text{s.t.} \quad \boldsymbol{X}^* = \boldsymbol{X}^*\boldsymbol{Z} + \boldsymbol{E} \end{aligned} \tag{7-28}$$

步骤三:计算相关系数。

计算标准化后训练矩阵 $\boldsymbol{X}^*$ 中的每个变量与第一个变量的相关系数 c_i,$i \in 1,2,\cdots,m-1$。

步骤四:计算相关系数比例。

计算每一个变量与第一个变量的相关系数在整体相关系数中的比例 $p_i \in \mathbf{R}^{m\times 1}$,$i \in 1,2,\cdots,m$:

$$p_{i+1} = \frac{c_i}{1+\sum_1^{m-1} c_i}, \quad p_1 = \frac{1}{1+\sum_1^{m-1} c_i} \tag{7-29}$$

步骤五:计算 Hotelling's T^2 统计量的阈值。

通过标准化后的训练矩阵 $\boldsymbol{X}^*$ 计算 Hotelling's T^2 统计量在正常工况下的阈值为

$$T_\alpha^2 = \frac{(n-1)m}{n-m} \times [F_\alpha(m, n-m)] \tag{7-30}$$

其中:$F_\alpha(m,n-m)$ 可以从 F-分布的表格中查询;显著性水平 $\alpha=0.05$,m 和 $n-m$ 是自由度。

步骤六:计算标准化测试矩阵。

对测试矩阵 $\boldsymbol{D}$ 进行标准化计算:

$$d_i^* = \frac{d_i - \mu}{\sigma} \tag{7-31}$$

其中：d_i^* 是标准化后的测试矩阵中的第 i 行；d_i 是原始测试矩阵中的第 i 行；μ 和 σ 分别是步骤一中计算得到的相应变量的均值向量和标准差向量。

步骤七：计算在线监测统计量。

根据上述 L^2 统计量的构建方式，可以得到测试矩阵的在线监测统计量为

$$L^2 = d_i^* \times Z \times p \tag{7-32}$$

其中：d_i^* 是标准化后的测试矩阵的第 i 行；Z 是低秩系数矩阵；p 是步骤四中得到的相关系数比例向量。

步骤八：监测在线过程。

如果在步骤七中计算得到的测试矩阵的 L^2 统计量大于步骤五中计算得到的正常条件下的阈值，则说明有故障出现。

7.4.2.2 基于鲁棒主成分追踪方法的高炉小故障处理及故障检测

1. 问题描述

给定一个数据矩阵 $X \in \mathbf{R}^{n \times m}$，每一行是一个采样时刻获得的观测值，每一列是一个变量。在这个数据矩阵中，包含一些小的故障。一个小的故障是发生在一段连续的时间内，一个或多个变量上的连续过程。由于数据矩阵分解是为了获得没有小故障的低秩矩阵，因此上述数据矩阵 X 被分解为三部分：

$$X = A + E + F \tag{7-33}$$

其中：A 是一个低秩矩阵，包含过程的重要信息，可以建立模型进行故障检测，$E + F$ 是一个稀疏矩阵，包含过程发生的小故障数据，矩阵 E 从列方向得到小故障数据，矩阵 F 从行方向得到小故障数据。

考虑以下两个假设：

假设 1 不包含小故障的过程是没有噪声并且具有列低秩的。

假设 2 一个小故障是发生在一个或多个变量上的一段连续采样时间内的异常工况，也就是说包含小故障的数据矩阵在连续几列、某几行上是不为零的。

2. 鲁棒主成分追踪方法处理小故障

小故障发生时收集到的数据矩阵在一些行和列是损坏的。因此，需要使用一种鲁棒主成分追踪（RPCP）方法，同时从数据矩阵的行和列处理这些损坏的数据，而不能单纯利用处理过程噪声和离群点的方法。考虑一个数据矩阵 $X \in$

$\mathbf{R}^{n \times m}$,每一行是一个采样时刻获得的观测数值,每一列是同一个变量在全部采样时刻获得的数值。对于 RPCP 方法,需要从训练数据矩阵 $\mathbf{X}$ 中分解得到一个低秩数据矩阵 $\mathbf{A}$ 和一个包含小故障的数据矩阵 $\mathbf{E}+\mathbf{F}$。利用矩阵 $\mathbf{E}$ 从数据矩阵的列方向对小故障数据进行收集,利用矩阵 $\mathbf{F}$ 从数据矩阵的行方向对小故障数据进行收集。采用两个矩阵是为了能够同时从矩阵的行和列两个方向对故障进行分离,以免在迭代过程中出现利用下一时刻的数据矩阵 $\mathbf{E}$ 求解当前时刻的数据矩阵 $\mathbf{F}$ 的问题,详细内容可见算法 7-2。上述目标可以通过求解式(7-34)所示的一个凸优化函数来实现:

$$\begin{aligned} \min \quad & \|\mathbf{A}\|_* + \lambda \|\mathbf{E}\|_{1,2} + \beta \|\mathbf{F}\|_{2,1} \\ \text{s.t.} \quad & \mathbf{X} = \mathbf{A} + \mathbf{E} + \mathbf{F} \end{aligned} \tag{7-34}$$

其中:$\|\mathbf{A}\|_*$ 是矩阵 $\mathbf{A}$ 的核范数,通过计算矩阵 $\mathbf{A}$ 的奇异值之和获得;$\|\mathbf{E}\|_{1,2} = \sum_{j=1}^{m} \sqrt{\sum_{i=1}^{n}(\mathbf{E}_{ij})^2}$ 是矩阵 $\mathbf{E}$ 的 $l_{1,2}$ 范数;$\|\mathbf{F}\|_{2,1} = \sum_{i=1}^{n} \sqrt{\sum_{j=1}^{m}(\mathbf{F}_{ij})^2}$ 是矩阵 $\mathbf{F}$ 的 $l_{2,1}$ 范数。参数 λ 和 β 用来平衡 RPCP 方法中的三个范数因子,参数的选择可以先根据标准公式(7-35)来计算,再根据经验调节。

$$\lambda = \beta = \frac{1}{\sqrt{\max(n,m)}} \tag{7-35}$$

对于式(7-34)所示的凸优化函数,可以使用 IALM 算法求解。其中增广拉格朗日函数为

$$\begin{aligned} L(\mathbf{A},\mathbf{E},\mathbf{F},\mathbf{Y},\mu) = & \|\mathbf{A}\|_* + \lambda \|\mathbf{E}\|_{1,2} + \beta \|\mathbf{F}\|_{2,1} + \langle \mathbf{Y}, \mathbf{X} - \mathbf{A} - \mathbf{E} - \mathbf{F} \rangle \\ & + \frac{\mu}{2} \|\mathbf{X} - \mathbf{A} - \mathbf{E} - \mathbf{F}\|_F^2 \end{aligned} \tag{7-36}$$

算法 7-2 列出了求解 RPCP 问题的迭代过程。因为 E_k 和 F_k 分别从列和行的方面来存储小故障,所以在迭代过程中求解 F_k 时,利用 E_k 而不是 E_{k+1}。

算法 7-2 利用 IALM 算法求解 RPCP 问题

输入:数据矩阵 $X \in \mathbf{R}^{n \times m}$,参数 λ, β

初始化:$A_0 = 0, E_0 = 0, F_0 = 0, Y_0 = 0, \mu_0 = 10^{-8}, \rho = 1.1, \max_\mu = 10^{10}, \varepsilon = 10^{-6}$

迭代直到收敛

$$A_{k+1} = \arg\min \frac{1}{\mu_k} \|A_k\|_* + \frac{1}{2} \left\| A_k - \left(X - E_k - F_k + \frac{Y_k}{\mu_k} \right) \right\|_F^2$$

$$E_{k+1} = \arg\min \frac{\lambda}{\mu_k} \|E_k\|_{1,2} + \frac{1}{2} \left\| E_k - \left(X - A_{k+1} - F_k + \frac{Y_k}{\mu_k} \right) \right\|_F^2$$

$$F_{k+1} = \arg\min \frac{\beta}{\mu_k} \|F_k\|_{2,1} + \frac{1}{2} \left\| F_k - \left(X - A_{k+1} - E_k + \frac{Y_k}{\mu_k} \right) \right\|_F^2$$

$$Y_{k+1}=Y_k+\mu_k(X-A_{k+1}-E_{k+1}-F_{k+1})$$
$$\mu_{k+1}=\min(\rho\mu_k,\max_\mu)$$
收敛条件:$\|X-A_{k+1}-E_{k+1}-F_{k+1}\|_\infty<\varepsilon$
输出:解(A_k,E_k,F_k)

注意:虽然求解A_k,E_k和F_k是凸优化过程,但是它们都有闭环形式的解。矩阵A_k通过求解奇异值收缩算子D的方法来获得。

矩阵A_k的计算公式为

$$A_{k+1}=D_{\frac{1}{\mu_k}}\left(X-E_k-F_k+\frac{Y_k}{\mu_k}\right) \tag{7-37}$$

此外,矩阵E_k和F_k可以根据定理7-1求解。

定理7-1 对于任何参数α,β以及向量$t\in\mathbf{R}^q$,公式

$$\min_{s\in\mathbf{R}^q}\alpha\|s\|+\frac{\beta}{2}\|s-t\|^2 \tag{7-38}$$

的最小值可以通过公式

$$s(t)=\max\left\{\|t\|-\frac{\alpha}{\beta},0\right\}\frac{t}{\|t\|} \tag{7-39}$$

求解,其中$0\cdot(0/0)=0$。

3. 故障检测步骤介绍

训练矩阵被分解为一个包含过程有用信息的低秩矩阵A以及一个包含过程小故障的稀疏矩阵$E+F$。单独考虑矩阵E或者F都是没有意义的。低秩矩阵A是一个不包含小故障的数据矩阵,利用Hotelling's T^2统计量进行故障检测。

给定一个训练矩阵$X\in\mathbf{R}^{n\times m}$和一个测试矩阵$Z\in\mathbf{R}^{p\times m}$。其中训练矩阵中有$n$个观测值,测试矩阵中有$p$个观测值,变量均为$m$个。则基于RPCP方法的故障检测步骤总结如下。

步骤一:分解矩阵。

利用RPCP方法将训练矩阵X分为两部分:一个低秩矩阵A,包含过程的有用信息;一个块稀疏矩阵$E+F$,包含过程的小故障。

$$\begin{aligned}\min\quad&\|A\|_*+\lambda\|E\|_{1,2}+\beta\|F\|_{2,1}\\ \text{s.t.}\quad&X=A+E+F\end{aligned} \tag{7-40}$$

步骤二:计算统计量。

计算低秩矩阵A中每个变量的均值以及标准差,同时对标准化后的低秩矩阵A进行奇异值分解。

$$[U,\Lambda,P]=\text{svd}(A) \tag{7-41}$$

其中：U、P均为负荷向量矩阵；Λ为奇异值矩阵。

步骤三：计算Hotelling's T^2统计量的阈值。

通过训练矩阵X计算Hotelling's T^2统计量在正常工况下的阈值为

$$T_\alpha^2 = \frac{(n-1)m}{n-m} \times [F_\alpha(m, n-m)] \qquad (7\text{-}42)$$

其中：$F_\alpha(m, n-m)$可以从F-分布的表格中查询；显著性水平$\alpha=0.05$，m和$n-m$是自由度。

步骤四：计算标准化测试矩阵。

对测试矩阵Z进行标准化计算：

$$d_{ij} = \frac{z_{ij} - \bar{a}_j}{s_j} \qquad (7\text{-}43)$$

其中：d_{ij}是标准化后的测试矩阵D中的第ij个元素；z_{ij}是测试矩阵Z中的第ij个元素；$\bar{a}_j$和s_j分别是步骤二中计算得到的相应变量的均值向量和标准差向量。

步骤五：计算Hotelling's T^2统计量。

根据Hotelling's T^2统计量的计算公式，可以得到测试矩阵的在线监测统计量为

$$T_i^2 = d_i \times P \times \Lambda^{-2} \times P^\top \times d_i^\top \qquad (7\text{-}44)$$

其中：d_i是标准化后的测试矩阵D的第i行。

步骤六：监测在线过程。

如果在步骤五中计算得到的测试矩阵的Hotelling's T^2统计量大于步骤三中计算得到的正常条件下的阈值，则说明有故障出现。

7.4.3 应用结果

在实际的高炉冶炼过程中，故障是很稀少的。因此，选择了650个采样观测值，包含1个正常工况以及6个异常工况。6种异常工况详见表7-8。其中350个采样点为正常数据，分为7组；300个采样点为故障数据，包括6类故障，每类故障50个采样观测值。每个采样观测值包含18个变量。变量名称如表7-9所示。

表7-8 高炉冶炼过程中的主要故障列表

序 号	名 称	采样观测样本数
0	正常工况	350
1	低料线	50

续表

序 号	名 称	采样观测样本数
2	炉温过凉	50
3	炉温过热	50
4	管道形变	50
5	悬料	50
6	塌料	50

表 7-9 高炉冶炼过程中的变量列表

序 号	名 称	序 号	名 称
1	透气性指数	10	热风压力
2	标准风速	11	实际风速
3	冷风流量	12	热风温度
4	鼓风动能	13	顶温1
5	高炉煤气量	14	顶温2
6	高炉煤气性指数	15	顶温3
7	理论燃烧温度	16	顶温4
8	顶压	17	阻力系数
9	全压差	18	鼓风湿度

7.4.3.1 基于IPCP方法的故障检测在大型高炉冶炼过程中的应用

在该应用中仅仅列出高炉冶炼过程中故障3和故障6的故障检测结果。训练集为50个正常工况采样观测值。6个测试集分别由50个正常工况采样观测值以及50个异常工况采样观测值组成。L^2统计量在正常情况下的阈值为21.54。参数$\lambda=1/\sqrt{100}=0.1$。迭代步数为290步,收敛速度小于3 s。对于PCA方法,通过基于90%累计贡献率的方法,选择4个主元。基于IPCP方法的故障诊断结果如图7-86和图7-87所示。FDR(fault detection rate)和FAR(fault alarm rate)的结果如表7-10所示。

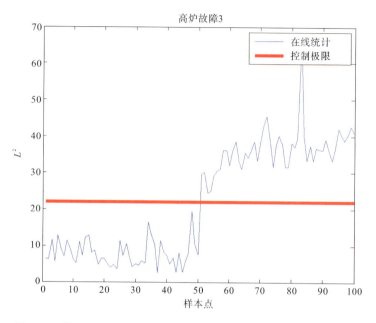

图 7-86 基于 IPCP 故障检测方法的高炉冶炼过程故障 3 仿真结果图

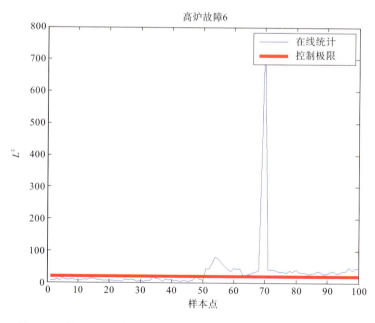

图 7-87 基于 IPCP 故障检测方法的高炉冶炼过程故障 6 仿真结果图

表 7-10　基于 IPCP 方法的高炉冶炼过程故障检测 FDR 和 FAR

故　障	FDR-IPCP	FAR-IPCP
1	36.00%	12.00%
2	100.00%	12.00%
3	100.00%	0.00%
4	100.00%	0.00%
5	100.00%	4.00%
6	100.00%	0.00%

故障 3 是炉温过热,图 7-86 所示为大型高炉冶炼过程中炉温过热故障的检测结果。从图中可以看出,基于 IPCP 方法能够检测出过程的大部分故障。故障 6 是高炉塌料,指的是原料下降异常,悬在高炉本体的中间。图 7-87 所示为塌料故障的检测结果。从表 7-10 中可以看出 IPCP 方法具有较好的故障检测效果。在实际的高炉冶炼过程中,存在一些不确定的变化以及干扰,收集到的数据矩阵会包含一些离群点,而数据的质量在很大程度上会影响之后的统计分析和方法应用,因此,将离群点去除会提高故障检测效果。同时,IPCP 方法通过求解一个凸优化函数,得到了去除异常值之后过程变量之间存在的本质关系,并且利用变量包含的本质关系建立过程监测统计量,充分利用了数据中包含的信息,因此具有较好的故障检测效果。从上述仿真结果中可以看出,IPCP 方法符合大型高炉冶炼过程采集到的数据特征,具有较好的适用性。

7.4.3.2　基于 RPCP 方法的故障检测在大型高炉冶炼过程中的应用

在该应用中,高炉冶炼过程中可能出现的故障 3 和故障 5 被作为研究对象。25 个正常工况采样观测值和每 50 个异常工况采样观测值组成 6 个测试数据矩阵。参数 λ 和 β 首先根据公式 $\lambda = \beta = \dfrac{1}{\sqrt{\max(n,m)}}$ 计算,再根据实际经验调节,$\lambda = \beta = 0.56$。对于 RPCA 方法,通过基于 90% 累计贡献率的方法,选择 4 个主元。基于 RPCP 方法的故障诊断结果如图 7-88 和图 7-89 所示。FDR 和 FAR 被用来验证故障检测效果,其结果如表 7-11 所示。

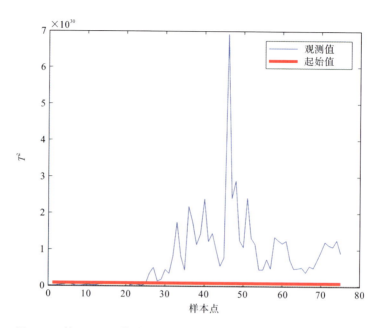

图 7-88 基于 RPCP 故障检测方法的高炉冶炼过程故障 3 仿真结果图

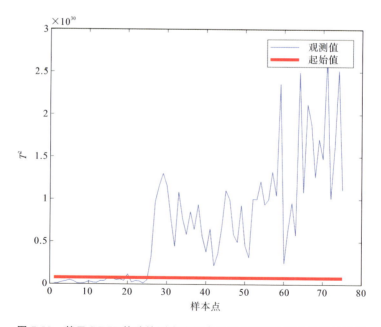

图 7-89 基于 RPCP 故障检测方法的高炉冶炼过程故障 5 仿真结果图

表 7-11　基于 RPCP 方法的高炉冶炼过程故障检测 FDR 和 FAR

故障	FDR-RPCP	FAR-RPCP
1	86.00%	4.00%
2	100.00%	4.00%
3	100.00%	4.00%
4	100.00%	4.00%
5	100.00%	4.00%
6	98.00%	4.00%

从图 7-88 和图 7-89 以及表 7-11 中可以看出，RPCP 方法的故障检测效果较好。通过求解一个凸优化函数，同时从数据矩阵的行和列将小故障数据分离出来，能够有效地移除数据矩阵中包含的小故障，说明该方法是适合大型高炉冶炼过程的。图 7-88 显示的是高炉炉温过热故障的检测结果。从图 7-88 中可以看出，RPCP 方法能够在第 26 个采样点发现故障，这与高炉工长记录的生产状态一致，证明了这种方法对于大型高炉冶炼过程的故障检测效果。炉温过热在大型高炉冶炼过程中是一个普遍的故障，会导致较高的原料消耗和缩短高炉的寿命。故障 5 是悬料，指的是在某个生产状态，原料不能顺利下降，悬挂在高炉本体的某个位置。图 7-89 所示为悬料故障的检测结果。故障在第 26 个采样点发生，应用 RPCP 方法能够及时地检测出故障。

7.4.4　小结讨论

大型高炉系统是运行在高温、高压、高粉尘环境下，并时刻存在复杂的物理化学反应的设备，同时高炉是一个半自动化设备，是由操作工长控制的，操作方式比较主观。因此，在大型高炉系统中，一般会存在离群点以及未被控制的小故障等异常值。本节根据高炉炼铁生产过程的原理以及出现过程异常值的数据特征，将高炉过程故障检测作为主成分追踪方法的应用案例，分别对算法原理、故障检测步骤以及仿真结果进行了分析介绍。

7.5　本章小结

本章介绍了 4 个设备大数据的案例，包括工业过程故障检测与识别、工业设备的寿命预测、载人深潜器的设备管理、大型高炉系统的故障诊断，并相应进行了分析研究。通过案例分析，进一步说明了大数据对设备运行管理的重要性。

本章参考文献

［1］ VENKATASUBRAMANIAN V，RENGASWAMY R，YIN K，et al. A review of process fault detection and diagnosis，Part Ⅰ：quantitative model-based methods［J］. Computers & Chemical Engineering，2003，27（3）：293-311.

［2］ GERTLER J. Fault detection and diagnosis［M］. London：Springer，2013.

［3］ LIU R，YANG B，ZIO E，et al. Artificial intelligence for fault diagnosis of rotating machinery：a review［J］. Mechanical Systems and Signal Processing，2018，108：33-47.

［4］ ISERMANN R. Process fault detection based on modeling and estimation methods—a survey［J］. Automatica，1984，20（4）：387-404.

［5］ CHOW E，WILLSKY A. Analytical redundancy and the design of robust failure detection systems［J］. IEEE Transactions on Automatic Control，1984，29（7）：603-614.

［6］ FRANK P M，DING X. Survey of robust residual generation and evaluation methods in observer-based fault detection systems［J］. Journal of Process Control，1997，7（6）：403-424.

［7］ NANDI S，TOLIYAT H A，LI X. Condition monitoring and fault diagnosis of electrical motors—a review［J］. IEEE Transactions on Energy Conversion，2005，20（4）：719-729.

［8］ DAI X，GAO Z，BREIKIN T，et al. Disturbance attenuation in fault detection of gas turbine engines：a discrete robust observer design［J］. IEEE Transactions on Systems，Man，and Cybernetics，Part C（Applications and Reviews），2009，39（2）：234-239.

［9］ JU S N，CHEN C L，CHANG C T. Constructing fault trees for advanced process control systems & application to cascade control loops［J］. IEEE Transactions on Reliability，2004，53（1）：43-60.

［10］ WIDODO A，YANG B S. Support vector machine in machine condition monitoring and fault diagnosis［J］. Mechanical Systems and Signal Processing,2007,21(6): 2560-2574.

[11] LV F, WEN C, BAO Z, et al. Fault diagnosis based on deep learning [C]//2016 American Control Conference (ACC). Boston, MA,USA: IEEE, 2016: 6851-6856.

[12] JYOTI K, SINGH S. Data clustering approach to industrial process monitoring, fault detection and isolation[J]. International Journal of Computer Applications, 2011, 17(2): 41-45.

[13] HE X, WANG Z, ZHOU D H. Robust fault detection for networked systems with communication delay and data missing[J]. Automatica, 2009, 45(11): 2634-2639.

[14] KINGMA D P, BA J. Adam: a method for stochastic optimization[J]. arXiv preprint arXiv:1412.6980, 2014.

[15] JARDINE A K, LIN D, BANJEVIC D. A review on machinery diagnostics and prognostics implementing condition-based maintenance[J]. Mechanical Systems and Signal Processing,2006,20(7):1483-1510.

[16] HENG A, TAN A C, MATHEW J, et al. Intelligent condition-based prediction of machinery reliability[J]. Mechanical Systems and Signal Processing, 2009,23(5):1600-1614.

[17] VACGTSEVANOS G, LEWIS F L, ROEMER M, et al. Intelligent fault diagnosis and prognosis for engineering systems[M]. Hoboken, N J, USA: Wiley, 2006.

[18] THURSTON M,LEBOLD M. Open standards for condition-based maintenance and prognostic systems[C]// Maintenance and Reliability Conference (MARCON), 2001.

[19] HENG A, ZHANG S, TAN A C, et al. Rotating machinery prognostics: state of the art, challenges and opportunities[J]. Mechanical Systems and Signal Processing, 2009, 23(3):724-739.

[20] BAI S, KOLTER J Z, KOLTUN V. An empirical evaluation of generic convolutional and recurrent networks for sequence modeling[J]. arXiv preprint arXiv:1803.01271,2018.

[21] HOCHREITER S, SCHMIDHUBER J. Long short-term memory[J]. Neural Computation, 1997, 9(8):1735-1780.

[22] SRIVASTAVA N, HINTON G, KRIZHEVSKY A, et al. Dropout: a simple way to prevent neural networks from overfitting[J]. Journal of Machine Learning Research, 2014, 15(1):1929-1958.

[23] SAXENA A, GOEBEL K, SIMON D,et al. Damage propagation modeling for aircraft engine run-to-failure simulation[C]//Proceedings of International Conference on Prognostics and Health Management. IEEE, 2008:1-9.

[24] NECTOUX P, GOURIVEAU R, MEDJAHER K, et al. PRONOSTIA: an experimental platform for bearings accelarated life test[C]//IEEE International Conference on Prognostics and Health Management, Denver, CO, USA, 2012:1-8.

[25] HUANG N E, SHEN Z, LONG S R, et al. The empirical mode decomposition and the Hilbert spectrum for nonlinear and non-stationary time series analysis[C]//Proceedings of the Royal Society of London Series a-Mathematical Physical and Engineering Science, 1998, 454 (1971): 903-905.

[26] CUI W C. Development of the Jiaolong deep manned submersible[J]. Marine Technology Society Journal, 2013,47(3):37-54.

[27] CUI W C, LIU F, HU Z, et al. On 7000m sea trials of the manned submersible Jiaolong[J]. Marine Technology Society Journal,2013,47(1):67-82.

[28] LIU F, CUI W C, LI X Y. China's first deep manned submersible, Jiaolong[J]. Science China-Earth Sciences, 2010,53:1407-1410.

[29] FU D Z, ZHENG Z Y, et al. A modified-distance-based minimum spanning tree method for analyzing hierarchical structure of power generation system[C]//12th World Congress on Intelligent Control and Automation (WCICA), 2016.

[30] ZHENG Z Y, YAMASAKI K, TENENBAUM J, et al. Carbon-dioxide emissions trading and hierarchical structure in worldwide finance and commodities markets[J]. Physical Review E, Statistical Nonlinear, and Soft Matter Physics, 2013,87:012814.

[31] AN R, YANG C, ZHOU Z, et al. Comparison of different optimization